suhrkamp nova

Der Feminismus ist die erfolgreichste soziale Bewegung in der Geschichte. Dieses Buch betrachtet seine vielfältige Vergangenheit, Gegenwart und Zukunft aus deutscher Perspektive. Es setzt eine bedeutende, eine notwendige Wegmarke für alle, die sich dem Kampf um Freiheit und Gleichheit und Gerechtigkeit verschrieben haben, für alle, die fragen: Woher kommt, wohin geht der Feminismus? Was ist erreicht, was muss weiter erstritten werden?

Stefanie Lohaus, geboren 1978, ist Mitbegründerin und Mitherausgeberin des feministischen *Missy Magazine*. Seit 2022 ist sie Teil des

Leitungsteams der Europäischen Akademie für Frauen in Politik und Wirtschaft (EAF Berlin), eines Forschungs- und Beratungsinstituts für mehr Frauen und Vielfalt in Verantwortungspositionen, und leitet in diesem Rahmen das gesellschaftliche Bündnis »Gemeinsam gegen Sexismus«. Sie schreibt regelmäßig für die Kolumne »10nach8« auf *ZEIT ONLINE* und hat unter anderem für die *FAZ*, *FAS* und *Vice* Beiträge verfasst. Als Interviewpartnerin ist sie regelmäßig im *Deutschlandfunk*, im *WDR*, bei »hart aber fair« oder der »3sat Kulturzeit« zu Gast.

STEFANIE LOHAUS

STÄRKER ALS WUT

Wie wir feministisch wurden und warum es nicht reicht

Suhrkamp

Klimaneutral
Druckprodukt
ClimatePartner.com/14438-2110-1001

Erste Auflage 2023
suhrkamp taschenbuch 5359
Originalausgabe

Umschlaggestaltung: Lübbeke, Naumann, Thoben, Köln
Satz: Satz-Offizin Hümmer GmbH, Waldbüttelbrunn
Druck und Bindung: CPI books GmbH, Leck
Printed in Germany
ISBN 978-3-518-47359-7

www.suhrkamp.de

STÄRKER ALS WUT

Inhalt

Die Wut und Wir

Ja, ich bin eine wütende Feministin. Was auch sonst? Gesagt zu bekommen, ich sei intelligenter, als ich aussähe. Ich könne nicht mit Technik umgehen, weil ich eine Frau sei. Im Flugzeug zu überhören, dass der Sitznachbar Angst hat, weil die Pilotin ihre Tage haben könnte. Meine Kinder täglich den Horden von Prinzessinnen, Ponys, Bauarbeitern in Büchern und Zeichentrickserien auszusetzen. Erklärt zu bekommen, dass man als Mutter den Beruf doch eigentlich ohnehin lieber aufgeben würde. Vom Kunden nach zwei Minuten Gespräch zu hören, man wolle den Chef sprechen, schließlich tue eine Frau sich mit solcher Arbeit schwer. Auf dem Heimweg im Dunkeln Angst zu haben. Das alles macht: wütend. Wahnsinnig wütend. Die Wut entsteht durch die Herabwürdigung, aber auch durch den Vergleich mit anderen. Durch die Erkenntnis, dass andere solche Situationen seltener, nie oder wenn, dann anders erleben. Durch die Einsicht, dass nicht nur individuelle Erfahrungen, sondern strukturelle Ungerechtigkeiten existieren, auf die es kaum möglich ist, zu reagieren.

Wut ist die einzig psychologisch gesunde Reaktion auf erlebte Ungerechtigkeit, auf die Einschränkung der Freiheit, auf das Erleben von Gewalt und Beschämung. Wir können sie an jedem Kind beobachten, die Wut. Auch meine Wut begann klein. Das erste Mal spürte ich sie im Kindergarten, als mir ein Erwachsener erzählte, dass Mädchen nur halb so viel wert seien wie Jungs. Es sollte ein Scherz sein, doch das wusste ich nicht. Der kindliche Wutanfall war schnell vergessen, der Zweifel blieb.

Die Wut wird verdrängt. Klar, denn wer ständig Wut empfindet, ist nicht handlungsfähig, trifft falsche Entscheidungen. Als ich einer Freundin den Titel meines Buches verriet, sagte sie sofort: »Aber du bist doch gar nicht wütend.« Sie empfand ihn als zu negativ, zu wenig konstruktiv. Die wütende Feministin ist ein Klischee. Doch ich habe kein Problem damit, dieses Klischee aufzurufen. Als Feministin wird man ohnehin an Klischees gemessen. Ich habe häufiger die Erfahrung gemacht, dass Männer mir nach dem dritten Bier bescheinigten, dass ich ja außergewöhnlich freundlich sei für eine Feministin. Weibliche Wut wird in unserer Gesellschaft sanktioniert und trivialisiert. Wütende Frauen gelten schnell als zu emotional, ihre Wut wird kleingeredet, die dahinterliegenden Gründe gar nicht erst wahrgenommen. Nicht die wütende Feministin ist das Problem, sondern die Tatsache, dass Frauen immer noch nicht angemessen wütend sein dürfen.

Wenn mich eines motiviert, meine Zeit dem Kampf gegen Sexismus, gegen Geschlechterstereotype und strukturelle Diskriminierung zu widmen, dann ist es die Vorstellung, etwas Konstruktives aus dieser Wut zu schaffen. Und so gesellschaftliche Veränderung zu erreichen und stärker als die Wut zu sein. Feminismus ist eine mühselige Angelegenheit, die nicht selten das Gefühl erzeugt, festzustecken, an einem Ort, in einer Zeit, die sich dauernd wiederholt.

Weshalb ich oft vergesse, dass sich viel zum Positiven verändert hat in den vergangenen vierzig Jahren in Deutschland. Frauen sind in zahlreiche Berufsfelder vorgedrungen – auch wenn sie oft immer noch stark unterrepräsentiert sind, sie haben an Macht und Einfluss gewonnen. Männer müssen nicht mehr gefühllose Arbeitstiere sein, sind als sorgende Väter gesellschaftlich vielerorts erwünscht. Das Thema Sexismus und Gewalt gegen Frauen, der Mangel an Kinderbetreuung, ist von der politischen Agenda nicht mehr wegzudenken. Feminismus wurde vom Unwort zum Trendwort.

Die Frauenbewegung ist die erfolgreichste soziale Bewegung des 20. Jahrhunderts. Die Beteiligung aller ist im demokratischen Wertesystem ausdrücklich erwünscht – auf vielfältige Weise. Neben dem Engagement in Parteien spielt die politische Zivilgesellschaft eine entscheidende Rolle, um den »Willen des Volkes« zu artikulieren. Deswegen ist Feminismus zunächst eine demokratische Angelegenheit. Es geht darum, die ersten drei Artikel unseres Grundgesetzes, die sich mit Gleichheit, Gerechtigkeit, Freiheit und Menschenrechten für alle befassen, in die Realität zu überführen.

Die Frauenbewegung – korrekter Frauen- und Lesbenbewegung genannt – konnte deswegen so erfolgreich sein, weil sie an die demokratischen Werte von Selbstbestimmung, Freiheit und Gleichheit anschloss, die Frauen bis dato verweigert worden waren. Feminist*innen waren und sind vereint in dem Bestreben, diese Werte zu leben und Wirklichkeit werden zu lassen. Was sie trennt, sind Fragen danach, wessen Erfahrungen im Zentrum der Auseinandersetzung stehen sollten, was unter diesen Werten zu verstehen sei, wie ihre Umsetzung erreicht werden kann und mit welchen Methoden.

Und doch haben weder die erzielten Erfolge noch die vielen Theorien, Methoden und Ansätze die entscheidende Wende gebracht. Der Tipping-Point zu einer wirklich geschlechtergerechten Gesellschaft wurde noch nicht erreicht. Auch wenn alles zusammen den Weg in Richtung Zukunft weist, müssen wir jetzt als Gemeinschaft anders, zielgerichteter und pragmatischer vorgehen, um nicht noch 132 Jahre für die Gleichstellung kämpfen zu müssen. So lange braucht es laut Global Gender Gap Report, sollte die Entwicklung so voranschreiten wie bisher.

Beim Festakt zum hundertjährigen Jubiläum des Frauenwahlrechts im Deutschen Historischen Museum in Berlin, begangen im November 2018 zusammen mit Bundeskanzlerin Dr. Angela Merkel, fiel auf, wie selten Feminist*innen diese Errungenschaften selbst feiern. Dass sie einander eher kritisch beäugen. Gegenseitiges Misstrauen bleibt oft spürbar, dabei sollten Feminist*innen einander auf die Schulter klopfen und fragen: Wie haben wir das hingekriegt? Was ist gut gelungen? Was können wir darauf aufbauend verändern, besser machen? Stattdessen wird jede Gesetzesänderung, jeder Fortschritt recht schnell zerredet und vergessen, als neuer, weiterhin unzureichender Status quo hingenommen. Die schwach ausgeprägte Fehlerkultur unter Feminist*innen, nach der abweichende Haltungen in nur wenigen Fragen zu Spaltung oder Ausschlüssen führt, ist ein Problem, sie schwächt die Bewegung. Manche Feminist*innen wirken defizitorientiert und stark von theoretischen Konzepten geprägt, die schwer in die Praxis zu überführen sind. Beides, kritisches Denken und eine Orientierung an Visionen und Utopien, hat wichtige und positive Aspekte, führt dann aber eben oft zu Frustration und Ermüdung. Dem Gefühl, es nicht richtig zu machen. Nicht umsonst gibt es den Begriff des »Feminist Burnout«.

Das »Wir« des Titels dieses Buches, es ist unter Feminist*innen beides: ersehnt wie verpönt. Die Frauen- und Lesbenbewegung der 70er Jahre wird aus heutiger Perspektive oft für das »Wir« kritisiert: »Wir Frauen«, »Gemeinsam sind Frauen stark«, das sind feministische Slogans der damaligen Zeit. Das »Wir« sei essentialistisch, biologistisch, konstruiert, mache marginalisierte Positionen unsichtbar, so lautet die Kritik, die schon in den 70ern und 80ern aus Sicht derer formuliert wurde, die in der Bewegung marginalisiert oder ausgeschlossen wurden. Wirkzusammenhänge zwischen Sexismus, Rassismus, Antisemitismus, Klassenunterdrückung oder Behindertenfeindlichkeit wurden weder gesehen noch erfragt. Daraufhin gründeten Lesben eigene Zusammenschlüsse, wie etwa die Proll-Lesbengruppen, die Klassenunterschiede thematisierten. Die Lesbenbewegung ist historisch als eigene Bewegung zu verorten, zwar eng mit der Frauenbewegung verknüpft, dennoch abgegrenzt und zu weiten Teilen eigenständig. Und auch jüdische und Schwarze Frauen und Krüppel-Frauen fanden sich zusammen, um ihre Gemeinsamkeiten entlang anderer Zugehörigkeiten und Identifikationen zu klären und in politisches Handeln zu übersetzen. Insbesondere in den 90er Jahren war die migrantische Frauenbewegung sehr aktiv, als Reaktion auf den massiv zutage tretenden Rassismus nach der Wiedervereinigung.

Die feministische Bewegung als Geschichte einer einheitlichen Gruppe von *weißen*, nichtjüdischen, nichtmigrierten Mittelschichtfrauen zu beschreiben, ist also falsch. Auch wenn Angehörige dieser Gruppe dominierten und bis in die jüngste Vergangenheit für viele nicht-feministisch interessierte Personen die in der Öffentlichkeit einzig sichtbaren und damit auch vorstellbaren Feminist*innen waren. Vieles von dem, was heute unter den Begriff der Intersektionalität fällt, findet sich in den früheren Auseinandersetzungen wieder. Auch deswegen spricht die Forschung lange nicht mehr von dem Feminismus, sondern von Feminismen.

Die *weißen* Frauen der damaligen Zeit verteidigten sich: Tatsächlich enthalte das feministische Venussymbol eine Faust, die das Symbol für Frauen, für Weiblichkeit, durchdringt, zerschlägt. Schon damals wäre es ihnen darum gegangen, ein temporäres, strategisches »Wir« anzustreben, nicht um Festschreibung von Geschlechterstereotypen oder das Unsichtbarmachen marginalisierter Positionen. Aber wirklich gemeinsam wurde selten gestritten. Die Kritikfähigkeit in Zusammenhang mit diskriminierendem Verhalten innerhalb der Frauenbewegung schien gering ausgeprägt – und ist es teilweise bis heute.

Differenzen und Bündnisfähigkeiten, beides sollte als Stärke gesehen werden: Ja, es braucht Gemeinsamkeiten und strategische Allianzen, doch es braucht genauso unterschiedliche Sichtweisen, Stärken, Praktiken und politische Ansichten: Ohne diese hätte der Feminismus nicht in die verschiedensten gesellschaftlichen Bereiche und ihre Institutionen vordringen können.

Um die Gegenwart zu beschreiben, spreche ich nicht mehr von der Frauen- und Lesbenbewegung, sondern der feministischen Bewegung. Sie umfasst alle Geschlechter, also auch trans und nicht-binäre Personen sowie emanzipierte cis Männer. Trotz kontroverser Diskussion innerhalb der Bewegung denkt und handelt ein beträchtlicher Teil der Aktivist*innen spätestens seit den 2010er Jahren geschlechterinklusiv. Und überhaupt: Feminist*in sein, das ist zunächst eine Selbstbezeichnung, keine Partei oder Privatclub.

Genauso wenig kann ich in diesem Buch dem Anspruch auf Vollständigkeit genügen: Schon das umfangreichste Werk von damals, *Die neue Frauenbewegung* von Ilse Lenz, zählt über tausend schmal gesetzte Seiten und versammelt selbst nur die wichtigsten Dokumente und Texte. Mir geht es darum, grundlegende Stimmungen und Debatten der jeweiligen Zeit zu veranschaulichen, Schlaglichter auf weniger bekannte Aspekte zu werfen und vielleicht auch mit dem ein oder anderen Missverständnis über die feministische Bewegung aufzuräumen.

Die Auswahl dessen, worüber ich schreibe, ist sehr persönlich. Sie hat damit zu tun, wen ich getroffen habe, was ich gelesen und gelernt habe. Verwechselt dieses ich bitte nicht mit dem »Wir« des Titels. Vielleicht erkennt ihr euch an der einen oder anderen Stelle wieder, vielleicht regt ihr euch über mich auf oder seht die Dinge gänzlich anders. Das ist alles in Ordnung.

Mir geht es auch darum, festzustellen, dass es nicht reicht, feministisch zu werden. Feministisch zu sein, fiel mir leicht. Ich wurde Feministin, weil mich Erfahrungen mit Sexismus über die Jahre immer mehr gestört und politisiert haben. Unterdrückungsmechanismen – Rassismus, Antisemitismus, Behindertenfeindlichkeit, um nur wenige zu nennen – anzuerkennen und zu verstehen, denen ich nicht persönlich ausgesetzt bin, das war viel schwieriger. Hier wechsle ich die Rolle, bin in der privilegierten Position. Muss mich und meine Annahmen hinterfragen, die Wut oder auch Enttäuschung der anderen aushalten. Auch das ist Teil meiner Geschichte und Teil dessen, wie sich Feminismus verändert hat.

Das Private ist politisch, wie es die Frauen- und Lesbenbewegung seit den 70er Jahren immer wieder betont hat. Damit ist gemeint, dass Gesellschaftsordnungen und Machtverhältnisse sich nicht nur auf der öffentlichen Bühne abspielen, sondern auch im Privaten. Eine autoritäre, patriarchale Staatsordnung wird auch im Kleinen gelebt, in der Familie und im Freundeskreis. Doch das Politische ist auch privat, wie die US-amerikanische Soziologin Myra Marx Ferree herausgearbeitet hat: Politische Sozialisation, das ist ein Prozess, der lebenslang verläuft und in der Kindheit beginnt. Sozialer Wandel beginnt im Privaten, wird von Einzelpersonen, Familien, Freundeskreisen angestoßen. Nicht selten reagiert Politik nur auf veränderte Einstellungen der Menschen, gibt diese eben nicht durch Normen und Gesetze vor. Ich beschreibe also diesen politischen Prozess des »feministisch Werdens« exemplarisch an der Person, die ich am besten kenne: mir selbst.

Als neue Generation Feminist*innen, die seit Ende der 2000er aktiv geworden sind, wurden viele von uns sehr stark von US-amerikanischen Ansätzen geprägt. Und im direkten Vergleich mit angelsächsischen und skandinavischen Ländern fällt regelmäßig auf, dass Deutschland Jahrzehnte hinterherhängt, wenn es um Fragen von Geschlechtergerechtigkeit geht oder um Forderungen im Sinne von Intersektionalität und geschlechtlicher Vielfalt. Es bestehen nach wie vor Ängste, dass das Geschlecht als Diskriminierungskategorie in den Hintergrund gerät, wenn auch andere Formen der Diskriminierung in den Blick genommen werden. Und selbstverständlich haben auch Feminist*innen Vorurteile und können selbst diskriminieren. Sie können rassistisch, transfeindlich, antisemitisch, behindertenfeindlich, klassistisch denken und handeln, ob bewusst oder unbewusst. Gleichzeitig sind sich immer mehr von uns darüber im Klaren, dass eine feministische Bewegung nur dann Sinn ergibt und erfolgreich ist, wenn sie sich mit den Anliegen aller FLINTA-Personen solidarisch erklärt. Das Akronym FLINTA* steht für Frauen, Lesben, intersexuelle, nicht-binäre, trans und agender Personen – für all jene, die aufgrund ihrer Geschlechtsidentität patriarchal diskriminiert werden, und ist in 2023 ein gängiger Begriff in der feministischen Bewegung.

Die feministische Bewegung der Gegenwart ist äußerst vielfältig. Sie ist in alle Bereiche des gesellschaftlichen Lebens vorgedrungen, hat eigene Institutionen geschaffen und sich in bestehenden etabliert. Und trotzdem stellt sie den Status quo beständig in Frage, ist laut und unbequem. Sie gibt nicht auf, auch wenn eine (geschlechter)gerechte Welt nach wie vor in weiter Ferne ist, Krisen und Rückschläge auf erfolgreiche Phasen folgen. Feminismus hat mich gelehrt, eine selbstbestimmte Frau zu sein, er hat mein Leben geprägt wie kaum etwas anderes. Und das Beste ist: Es geht immer weiter vorwärts.

Ob Kinder oder keine, entscheiden wir alleine

Die 80er

Ich habe keine Erinnerung daran, wann ich das erste Mal das Wort Emanze gehört habe und ob mir zu diesem Zeitpunkt bewusst war, was es bedeutete. Wahrscheinlich hatte ich eines dieser abendlichen Wohnzimmergespräche überhört. Gespräche in zigarettenrauchverhangenen Wohnungen, in denen der Freundeskreis meiner Eltern, strickende Frauen und bärtige Männer (Vollbärte, Schnurrbärte, you name it), nicht wenige davon Lehrer*innen, abends zusammenkamen, um über Gott und die Welt zu sprechen. Es wurde viel gelacht und hitzig diskutiert. Wir Kinder waren selbstverständlich dabei; damals wurde wenig Aufhebens um Schlafenszeiten gemacht, zumindest nicht bei uns. Kinder waren Teil des Alltags der Erwachsenen und passten sich diesen an. Man nahm sie einfach mit. Tagsüber in die Lehrerkonferenz (wo wir auch am liebsten unter dem Tisch saßen), abends zu den gemütlichen Partyrunden. Man ließ sie im Zweifel auf oder hinter Jackenbergen im Schlafzimmer der Gastgeber einschlafen. Die Gefahren des Passivrauchens waren nicht bekannt oder wurden verdrängt. Ich saß unter dem Tisch und aß so viele Süßigkeiten und Erdnussflips, wie ich in mich reinstopfen konnte. Dabei lauschte ich den Gesprächen der Erwachsenen und hoffte, nicht entdeckt zu werden. »Na, hast du Elefantenohren?«, hieß es dann. Und im Zweifel: »Jetzt musst du dich aber schlafen legen.« Das galt es zu vermeiden, denn an diesen Abenden lernte ich – fürs Leben, wie ich glaubte.

Denn dann redeten alle frei und miteinander. Ich lernte – so dachte ich – über meine Zukunft als Erwachsene, wenn ich nur aufmerksam zuhörte. Vielleicht geschah es in diesen Situationen, dass sie über die Emanzen sprachen und warum man sie für übertrieben oder lächerlich hielt. Natürlich sei Gleichberechtigung wichtig, aber Männer und Frauen, die seien nun mal verschieden, das sei ja ganz klar. Warum sonst würden Frauen nach dem Studium heiraten und Kinder bekommen? Und überhaupt, es sei so viel passiert, der Feminismus sei inzwischen überflüssig. Die Frauen protestierten gelegentlich, nie übermäßig.

Vielleicht lief es auch im Fernsehen. Es gab drei Programme: ARD, ZDF und den dritten regionalen Sender, bei uns im Ruhrgebiet den WDR. Ich durfte das Kinderprogramm schauen, nachmittags und abends. *Die Sesamstraße*, *Die Sendung mit der Maus*, *Rappelkiste*, *Luzie, der Schrecken der Straße*, *Pippi Langstrumpf*. Auch wenn einige der Sendungen mit fortschrittlichen Familienbildern (Alleinerziehende!) oder selbstbewussten Protagonistinnen aufwarteten: Feminismus fand im Fernsehen nicht statt. Frauen waren Ansagerinnen, die gut dabei aussahen, wie sie Texte vom Papier ablasen, und selbst das hatten sie sich hart erkämpft.

Zuweilen, wenn ich nicht einschlafen konnte, kletterte ich abends zu meiner Mutter auf die braune Ledercouch im Wohnzimmer. Und manchmal schickte sie mich nicht sofort zurück ins Bett, sondern ließ mich noch eine Weile mit ihr fernsehen. Vielleicht sah ich dabei eine der vielen Talkshows im öffentlich-rechtlichen Fernsehen, in denen Alice Schwarzer auftrat.

Schwarzer, die ihre Laufbahn als bekannteste Feministin

Deutschlands in den 70er Jahren begonnen hatte, stand Mitte der 80er auf dem Höhepunkt ihrer Karriere. Sie wurde von der Journalistin zur Celebrity, zum Showstar. 1971 setzte sie den berühmten Stern-Titel »Wir haben abgetrieben!« nach französischem Vorbild um, 1975 wurde ihr Buch *Der kleine Unterschied und seine großen Folgen* zum Bestseller; im selben Jahr kam es zu ihrem berühmten TV-Schlagabtausch mit Esther Vilar, der antifeministischen Autorin des Buches *Der dressierte Mann*, ebenfalls ein Bestseller, in dem Frauen der angeblichen Ausbeutung des Mannes beschuldigt werden. Dieser müsse sich im Job abstrampeln, während die Hausfrau sich zu Hause einen Lenz mache und das liebe Geld verprasse.

Mit offensichtlichem Vergnügen tingelte Schwarzer in den 80ern durch die zahlreichen Fernsehtalkshows. Genoss sichtlich die Gespräche mit Moderatoren wie Thomas Gottschalk, Joachim Fuchsberger oder Alfred Biolek. Männer, jung oder alt, auf jeden Fall nett und sympathisch. Erklärte gut gelaunt und versöhnlich, warum Frauen dasselbe Recht auf ein eigenständiges Leben haben würden wie Männer. Interessanterweise ist es die gut gelaunte Schwarzer selbst, die rhetorisch dabei den Eindruck erweckt, der Feminismus habe schon so viel erreicht – im Vergleich zu 1970, als sie selbst anfing, politisch aktiv zu werden.

Auch ein junger Thomas Gottschalk findet im Talkshow-Format *Na sowas!*: Klar, diese Gleichberechtigung, die sei selbstverständlich. Aber wollten die Frauen nicht zu Hause bleiben? Und mangelt es der viel beschworenen Gleichheit auch bei Männern? Ja, auch Männer unterlägen Zwängen, müssten in der Bundeswehr gehorchen, in der Bank den Anzug tragen und vor ihren Chefs buckeln.

Die Gespräche plätschern dahin, es wird viel gelacht. Wann nochmal wurde Schwarzer als wütend wahrgenommen? Ihre humorvolle Art macht sie zu einem gern gesehenen Talkshowgast, hat aber den Nachteil, dass Feminismus trivial erscheint. Später, in den 90ern, ist sie ständiges Mitglied der Rate-Show *Ja oder Nein*. Die Show-Feministin. Wenn ich mir heute diese Sendungen anschaue, verstehe ich, warum ich lange Jahre der Meinung war, Gleichberechtigung sei längst erreicht, auf eine Art und Weise hat Schwarzer mit ihrer oft erstaunlich entpolitisierten TV-Präsenz dazu beigetragen.

Kinder erfahren die Welt als Momentaufnahme, im direkten Erleben. Sie haben keinen Zugang zu Informationen, die über ihr eigenes Erleben hinausgehen. Ich konnte daher nicht ahnen, wie die Situation von Frauen in Deutschland gewesen war und welche Kämpfe ausgefochten worden waren, bis das Thema Gleichberechtigung Teil der Talkshows und Partygespräche wurde.

Die Zahlen der 80er Jahre sprachen eine völlig andere Sprache. Was wurde seit dem Beginn der feministischen Bewegung in den späten 60ern erreicht? Wenig bis nichts. Insbesondere im Vergleich mit wirtschaftlich ähnlich prosperierenden Nationen schnitt Deutschland in Sachen Gleichberechtigung schlecht ab. 1980 lag die Frauenerwerbsbeteiligung in der BRD bei 48,2 Prozent und hatte sich damit seit Beginn der Aufzeichnungen 1950 nur geringfügig verbessert. 54 Prozent der weiblichen Bevölkerung verfügten über kein eigenes Einkommen und waren daher abhängig von Ehemännern, Verwandten oder im Falle einer Trennung von Sozialhilfe.

1988 betrug der Frauenanteil in den mittleren Führungsebenen der Unternehmen ganze 3 Prozent, in den Vorständen lediglich 1 Prozent. Frauen hatten an den Universitäten nur 2,5 Prozent der Professuren inne. Unter den mehr als hundert Abteilungsleitern in Bonner Bundesministerien: nur eine einzige Frau. Im öffentlich-rechtlichen Rundfunk waren im Durchschnitt 13 Prozent der angestellten Redakteur*innen weiblich, in den Nachrichtenredaktionen lag der Frauenanteil bei 5 Prozent, in allen Medien, also auch den privaten, lag der Anteil an Journalistinnen bei 20 Prozent. Das Problem beschränkte sich dabei nicht darauf, dass einzelne Frauen damals kaum in Führungspositionen mit guten Gehältern gelangen konnten, sondern vielmehr hatten Frauen so gut wie keine Möglichkeit, politischen Einfluss zu nehmen, ihre Stimme hörbar zu machen. Nicht in der Wirtschaft, nicht in der Politik, nicht im Gerichtswesen, nicht in den Medien, nicht in der Wissenschaft. Nirgendwo.

Die Statistiken sind löchrig: Noch heute ist die Datenlage schlecht, aber damals fehlte es an vielen grundlegenden Erkenntnissen. Die ersten ordentlichen Professuren für Frauenforschung an westdeutschen Hochschulen wurden ab Mitte der 80er Jahre ausgeschrieben und besetzt. Es fehlten Studien, die mit Daten und Fakten darüber aufwarten konnten, wie sich die Situation der Frauen über die Jahre veränderte; sie tat es zudem kaum.

Wozu auch Daten sammeln? Die Stellung der Frau in der Gesellschaft wurde nicht als Benachteiligung wahrgenommen, sondern als natürliche Gegebenheit, dass Frauen darunter überhaupt litten, war reine Behauptung, kein gesicherter Fakt. Frauen verzichteten doch freiwillig auf Geld und Macht, dachte man. Sie wollen doch Mütter und Hausfrauen sein. Es gab über viele Jahre keine Sprache, keine Zahlen, die etwas anderes belegen konnten. Keine Fakten, die erklärten, warum Entscheidungen, die Frauen trafen, auf gesellschaftliche Strukturen und nicht auf individuelle Vorlieben zurückzuführen sind.

Die Vorstellung, dass es der freie Wille von Frauen sei, ihren Beruf im Falle einer Mutterschaft aufzugeben, entsprach der Alltagserfahrung der Männer und Frauen. Immerhin war § 1356 BGB, der Ehemännern das Recht zugestand, ohne deren Wissen und Willen die Stelle der Ehefrau zu kündigen, sollte sie ihre häuslichen Pflichten vernachlässigen, 1977 abgeschafft worden. Wenn Frauen zu Hause blieben, dann konnte das doch nur freiwillig sein.

Viele Erkenntnisse aus den Sozialwissenschaften, der Neurologie oder Psychologie erreichten damals kaum eine Öffentlichkeit. Heute wissen wir, wie sehr Menschen in soziale Strukturen und Beziehungen eingebunden sind, wie wenig sie tatsächlich frei entscheiden. Heute wissen wir: Gesetze abschaffen ist das eine, die autoritären Denkmuster, Traditionen und Vorstellungen verändern, die die patriarchale Gesetzgebung ausmacht, das andere. Und unendlich viel schwieriger.

Am 1. Januar 1900 trat das Bürgerliche Gesetzbuch (BGB) im Deutschen Kaiserreich in Kraft und schrieb das Ideal der bürgerlichen Kleinfamilie, mit klar nach Geschlecht verteilten Rollen und der Vormundschaft der Ehemänner über Frauen und Kinder, fest. Schon damals begehrte eine lautstarke, virulente Frauenbewegung auf, zusammengesetzt aus Angehörigen verschiedenster Schichten und politischer Milieus: Erreichen konnte sie – bis auf die Einführung des Frauenwahlrechts 1918 – wenig.

Das Bürgerliche Gesetzbuch proklamierte die Familie als »Keimzelle des Staates und der Gesellschaft« und leitete so die Rolle der Frauen ausschließlich als Ehefrauen und Mütter her. Folgerichtig war weibliche Homosexualität extrem tabuisiert, männliche strafbar. Was die rechtlich sanktionierte männliche Bevormundung anbelangt, gab es durchaus Unterschiede zu anderen, damals bereits demokratischen Ländern: Während Ehemänner ihren Ehefrauen hierzulande nun verbieten konnten, einer Erwerbsarbeit nachzugehen, sie das Vermögen kontrollierten, und das Recht hatten, über die gemeinsamen Kinder zu bestimmen, hatten England und die USA bereits Gesetze verabschiedet, die sicherstellten, dass auch verheiratete Frauen über Eigentum verfügen konnten.

Vielleicht waren diese patriarchalen gesetzlichen Regelungen in meiner Familie weniger relevant. Wenn weder der Mann noch die Frau über ein Vermögen verfügt, beide arbeiten müssen, damit das Geld reicht, dann spielt es auch keine so große Rolle. Meine Großeltern mütterlicherseits waren Bäuer*innen, natürlich arbeiteten alle Menschen, die körperlich dazu in der Lage waren, mit; Kinder wurden in den Mehrgenerationenhaushalten von den Großeltern erzogen.

In der Tat war auch meine Mutter stets berufstätig, genau wie ihre Mutter. Sie war Lehrerin an einer Hauptschule, gerade einmal 24 Jahre alt, als ich geboren wurde. Zwei Jahre zuvor hatte sie ihr Referendariat abgeschlossen. Als Tochter eines Bergmanns und einer Putzhilfe hatte sie gegen alle Widerstände Abitur an einem Mädchengymnasium gemacht. »Puddingabitur« nannte man diesen Abschluss, der statt mit Latein mit Hauswirtschaftslehre als Prüfungsfach aufwartete und sich ausschließlich an Frauen richtete. Die daraus resultierende Studienfachwahl war stark eingeschränkt auf Pädagogik, Grund- und Hauptschullehramt.

1978, im Jahr meiner Geburt, war meine Mutter einige Jahre jünger als die ersten Aktivistinnen und Gründerinnen der Frauenbewegung in der Bundesrepublik Deutschland Ende der 60er. Diese lassen sich in Aktivistinnen, also diejenigen, die demonstrierten, schrieben, protestierten, Netzwerke gründeten, diskutierten, und in Sympathisantinnen – zu denen meine Mutter durchaus gehörte – unterteilen. 1974 gab es laut einer Schätzung hundert bis zweihundert feministische Gruppen und einige tausend Aktivistinnen.

Die Frauen- und Lesbenbewegung der Anfangsjahre war eine Jugendbewegung, die überwiegend aus Studentinnen und sogar Schülerinnen bestand. Anders als in anderen Ländern war in Deutschland so gut wie jede Verbindung zu der Frauenbewegung »davor«, welche sich bereits durch zahlreiche Vereine und Interessenverbände institutionalisiert hatte, jäh abgebrochen. Der Nationalsozialismus hatte das Andenken an die erste Frauenbewegung, aktiv von der Jahrhundertwende bis in die 30er Jahre der Weimarer Republik, weitestgehend zerstört. Einige Frauenrechtlerinnen entwickelten sich selbst zu überzeugten Nationalsozialistinnen, viele wurden »unpolitisch«, also zu Mitläuferinnen, und nicht wenige verfolgt, ins Exil getrieben oder ermordet. Denn viele der Feministinnen waren Jüdinnen.

Ein Vergleich: Der 1894 gegründete »Bund deutscher Frauenvereine« (BDF), eine Dachorganisation der bürgerlichen Frauenvereine, hatte mindestens 2200 Vereine mit mehr als einer Million Mitglieder. Der jüdische Frauenbund, 1904 von Bertha Pappenheim, Henriette May und Sidonie Werner gegründet, bildete sich als eigenständige Bewegung zwischen jüdischer Tradition und deutschem Bürgertum heraus und umfasste 50 000 Mitglieder. Sozialistische und proletarische Frauen waren hier gar nicht eingerechnet, da sie aufgrund des Ausschlusses aus dem BDF eigene Strukturen aufbauten.

Die Nachfolgeorganisation, der 1951 gegründete Deutsche Frauenrat, zählte bei seiner Gründung 14 Vereine. 2023 sind es rund 60 Mitgliedsorganisationen, die nach eigenen Angaben rund 12 Millionen Frauen repräsentieren.

Bis in die späten 60er Jahre hinein existierte also keine organisierte Bewegung, die emanzipatorisch im Sinne der Frauen agierte. Lediglich mutige Einzelkämpferinnen wie zum Beispiel die »Mütter des Grundgesetzes« Elisabeth Selbert (SPD), Frieda Nadig (SPD), Helene Weber (CDU) und Helene Wessel (Zentrumspartei), die sich für Artikel 3 Absatz 3 im Grundgesetz der BRD – »Männer und Frauen sind gleichberechtigt« – eingesetzt hatten, wobei der promovierten Juristin Elisabeth Selbert hier eine besondere Bedeutung zukommt.

Erst 1977, mit der Reform des § 1356 BGB, welcher die Haushaltsführung in einer Ehe regelte, wurde das System männlicher Ehevormundschaft in Deutschland gänzlich abgeschafft: »Die Frau führt den Haushalt in eigener Verantwortung. Sie ist berechtigt, erwerbstätig zu sein, soweit dies mit ihren Pflichten in Ehe und Familie vereinbar ist.« Diese Fassung war damals bereits ein Fortschritt gewesen. In der ursprünglichen Form, die noch aus dem Kaiserreich stammte, brauchte eine Ehefrau die Erlaubnis ihres Mannes für die Erwerbstätigkeit, dann durfte er ihr diese »nur noch« verbieten, falls sie ihren haushälterischen Pflichten nicht nachkommen sollte. In der Tat ermöglichte das Gesetz vor 1977, dass ein Ehemann ohne Zustimmung der Ehefrau deren Anstellungsvertrag fristlos kündigen konnte. Rückständig und skandalös. Antifeminist*innen führen gerne an, dass das Gesetz in der Praxis kaum bis gar nicht angewendet wurde und zusätzlich hohe rechtliche Hürden bei der Anwendung aufwies. Aber sie unterschätzen die normierende Wirkung, die Gesetze wie dieses hatten. Sie müssen nicht immer angewendet werden, damit Menschen ihr Verhalten anpassen, durch sozialen Druck geschieht das auch. Es reichte, dass der Mann missbilligte, wenn seine Frau arbeiten gehen wollte.

Meine Großeltern waren schlicht darauf angewiesen, dass meine Großmutter arbeitete. Bei ihnen verbrachte ich die Tage, an denen meine Mutter arbeiten gehen wollte (und musste) und ich nicht bei meinem Vater und seiner neuen Frau war. Ich spürte die mitleidigen Blicke der Freundinnen meiner Großmutter auf meine blonden Zöpfen, weil meine Eltern geschieden waren. Ich spürte die Verzweiflung meiner Mutter darüber, dass ihre neue Liebe – ein Fantast und Kleinkrimineller – keine Hilfe darstellte. Ich spürte den gesellschaftlichen Druck, der auf ihr lastete, die Blicke. Ich überhörte, wie die beste Freundin meiner Oma sorgenvoll über meine Zukunft sprach. Würde ich einmal drogenabhängig? Könnte ich ein normales Leben führen? Was sollte nur aus mir werden? Jahre später bei einem Besuch, ich muss da schon Mitte dreißig gewesen sein, bestätigte sie mir, wie sehr sie sich gesorgt hätten. Aber das aus mir ja doch etwas geworden wäre.

Ich spürte das Misstrauen, das meiner Mutter entgegengebracht wurde. Ich spürte gleichzeitig, in was für einer herausfordernden Situation sie steckte. Ihr Alltag bestand zu großen

Teilen aus Unterricht, Haushaltsführung, meiner Beaufsichtigung bzw. daraus, Sorge zu tragen, dass andere mich beaufsichtigen würden.

Tatsächlich war mein Leben anstrengend, doch es war behütet. Damit ich behütet werden konnte, waren meine Tage von ständigen Ortswechseln, langen Autofahrten, viel Organisation geprägt. Das alles führte dazu, dass ich ein braves Kind wurde. Bloß keinen Ärger machen, um das fragile System nicht zu gefährden. Noch heute fühlt es sich für mich oft unangemessen an, nur das zu tun, was ich will, weil ich so verinnerlicht habe, anderen keine Umstände zu machen.

Aber ich wurde geliebt. Bloß eben nicht nur von meiner Mutter, sondern von mehreren Erwachsenen. Von meinem Vater, meiner Stiefmutter, meinen Großeltern. Oder auch von Gabi, einer Schulfreundin meiner Mutter, die nach dem Kindergarten oft auf mich aufpasste. So lernte ich nebenbei verschiedenste Familienformen, Wertvorstellungen und Routinen kennen.

In den 80er Jahren war eine ernsthafte Kinderbetreuung gar nicht vorgesehen, galt im Grunde als verpönt. Mein Kindergarten in katholischer Trägerschaft hatte von 8:00 Uhr bis 12:30 Uhr geöffnet. Ein schmales Zeitfenster, damit die Hausfrau putzen, einkaufen und zum Friseur gehen konnte. Zu kurz, um einem Beruf nachzugehen. Und was wäre grundlegender für die Freiheit und die Autonomie als ökonomische Unabhängigkeit? Nur sie ermöglicht es, Beziehungen freiwillig einzugehen und zu beenden, toxischen Konstellationen zu entfliehen.

Die ersten die die Brisanz des Themas Kinderbetreuung für die Situation der Frauen in Westdeutschland erkannten, waren Berliner Studentinnen. In West-Berlin herrschte – wie auch im gesamten westdeutschen Bundesgebiet – großer Mangel an Kinderbetreuungseinrichtungen. Und die, die es gab, muteten aus pädagogischer Perspektive kaum ansprechend an, waren durchgeregelt, lieblos, autoritär. Deswegen organisierten sich die Frauen selbst, sie gründeten Kinderläden.

Die Kinderladenbewegung war aus der Studentenbewegung entstanden. Genauer gesagt aus der feministischen Kritik an ihr. Die 68er, in Deutschland angeführt von Jugendlichen und Student*innen, hatte Großes vor: Bildungsreform, Arbeitsreform, die grundlegende Veränderung der Gesellschaft. Sie wendete sich gegen die herrschenden, autoritären politischen und gesellschaftlichen Normen und vollzog den Aufbruch in die Demokratie von unten. Es waren junge Menschen, Studierende, die diese neue Form der Demokratie nachdrücklich einforderten. Und ja, sie waren radikal. »Was wäre möglich, wenn … und nicht was wäre nötig, dass eine Gesellschaft sich demokratisch verhält – das war die Fortschritt verheißende Frage,« schreibt Aktivistin Halina Bendkowski 1998 anlässlich des dreißigjährigen Jubiläums der Frauen- und Lesbenbewegung.

Schließlich war die BRD nach 1945 von den Alliierten zur Demokratie zwangsverpflichtet worden. Es vollzog sich keine Revolution von unten, an deren Ende die Demokratie stand, sondern ein verlorener Krieg nach Jahren der von der Mehrheit der Bevölkerung mitgetragenen Diktatur.

Im Sozialistischen Deutschen Studentenbund (SDS), einer der treibenden Organisationen der 68er-Bewegung, kam es zu heftigem Streit zwischen männlichen und weiblichen

Studierenden. Zu den Kernforderungen des SDS und der aus ihm gebildeten Außerparlamentarischen Opposition gehörte die Demokratisierung der Hochschulen, Menschenrechte, das Ende des Vietnamkrieges und des Kolonialismus. Doch leider merkten die bewegten Studenten nicht, dass sie, bei aller Radikalität und Utopie, ein Herrschaftsverhältnis ignorierten: das zwischen Männern und Frauen. Auch wenn einige wenige Frauen in der Hochschulpolitik zentrale Positionen einnahmen, war das Bewusstsein für Geschlechterstereotype oder geschlechtsspezifische Arbeitsteilung innerhalb der Studentenbewegung nicht ausgeprägt. Kurzum: Es waren die Genossinnen, die Kinder betreuten, Flugblätter tippten und Kaffee kochten. Auf öffentlichen Veranstaltungen kamen sie hingegen selten zu Wort. Die Männer übernahmen nicht nur keine Kinderbetreuung, sie erlaubten gar keine Kinder bei ihren Veranstaltungen und erkannten die Marginalisierung der Frauen nicht als Problem an.

Die West-Berliner Studentinnen verstanden, dass diese praktischen Schwierigkeiten, die sie selbst daran hinderten, auch als Mütter politisch aktiv zu sein, die Lebensrealität aller Mütter in Deutschland widerspiegelte, egal, ob es um politisches Engagement oder schlicht die Erwerbstätigkeit ging. Sie sahen die Transformation der Situation der Mütter als Schlüssel für die Transformation der gesamten Gesellschaft.

Erst kurz zuvor, 1966, hatte die Bundesregierung einen 639 Seiten starken Bericht zur Situation der Frauen in der Bundesrepublik vorgestellt. Darin wurden einmal mehr die Beharrungskräfte der westdeutschen Gesellschaft deutlich. Während in den USA 1963 mit dem Equal Pay Act das erste Gesetz weltweit gegen Lohndiskriminierung von Frauen verabschiedet wurde, lag der Gender Pay Gap in Westdeutschland im selben Jahr bei 31 Prozent. Während in anderen Industrienationen bereits kontroverse Debatten über unglückliche, intellektuell unterforderte Hausfrauen und weibliche Identitätskrisen geführt wurden – Simone de Beauvoirs *Das andere Geschlecht* war bereits 1954 erschienen, 1963 folgte Betty Friedans *Der Weiblichkeitswahn*, eine Abrechnung mit der Hausfrauenideologie der Nachkriegszeit in den USA –, konstatierte die politische Elite Westdeutschlands, dass Frauen zwar international als »eine unzufriedene Klasse« gelten würden, dies aber für die deutsche Hausfrau bestimmt nicht zutreffen würde.

Belege für diese Behauptung? Fehlanzeige. Stattdessen ein Bericht voller unbelegter Vorannahmen, Suggestionen und Floskeln, in dem mehr als deutlich wird, dass die Autoren Erwerbsarbeit am liebsten verbieten würden, was nur leider in einer Demokratie nicht möglich sei, wie die *Zeit*-Autorin Petra Kipphoff damals fassungslos kommentierte.

1968 waren die Studentinnen in West-Berlin also nicht nur vollkommen desillusioniert von der post-nationalsozialistischen BRD, sondern auch von ihren männlichen Mitstreitern im SDS, die sich um ihre Anliegen nicht kümmern wollten, bei denen die Revolution vor der Haustür endete. Sie organisierten sich im »Aktionsrat zur Befreiung der Frau«. Am 13. September 1968, neun Monate nach Ratsgründung, nahmen führende Mitglieder an der 23. Delegiertenkonferenz des SDS in Frankfurt am Main teil, um ihre Forderungen vorzustellen.

Schon im Vorfeld kam Widerspruch von einigen männlichen Kommilitonen: Die Anliegen galten bekanntermaßen als unwichtiger kapitalistischer Nebenwiderspruch, der sich im angestrebten Sozialismus ohnehin auflösen würde. Doch die Frauen kamen. Unter ihnen Helke Sander, Studentin an der Deutschen Film- und Fernsehakademie Berlin, Mutter eines achtjährigen Sohnes. Sie trug die Forderungen der Mütter vor. Es ist eine eindringliche, nüchterne Rede, die den Studenten den Spiegel vorhält: »Wir stellen fest, dass der SDS innerhalb seiner Organisation ein Spiegelbild gesamtgesellschaftlicher Verhältnisse ist. (...) Man gewährt zwar den Frauen Redefreiheit, ergründet aber nicht die Ursachen, warum sie sich so schlecht bewähren, warum sie passiv sind (...) Frauen suchen ihre Identität. Durch Beteiligung an Kampagnen, die ihre Konflikte nicht unmittelbar berühren, können sie sie nicht erlangen. Auch das ist nur Scheinemanzipation. Sie können sie nur erlangen, wenn die ins Privatleben verdrängten gesellschaftlichen Konflikte artikuliert werden, damit sich dadurch die Frauen solidarisieren und politisieren.«

Den Studentinnen war damals klar, dass die Dekonstruktion des westdeutschen Familienideals für die Emanzipation der Frau den erfolgversprechendsten Weg darstellte. Allerdings konnte der nicht allein durch individuelles Handeln bestritten werden, sondern benötigte strukturelle Veränderungen.

Die Frauen hatten sich vorgenommen, an diesem Tag ein Zeichen zu setzen und strukturelle Veränderungen einzufordern. Die Männer damals auf dem Kongress wussten, dass die Frauen etwas planten, und hatten sich bereits eine Strategie zurechtgelegt – Sanders Rede ignorieren, zur Tagesordnung übergehen –, die letztlich scheiterte.

Stattdessen kam es zu Tumulten. Die damals 29-jährige Sigrid Rüger, eine der führenden studentischen Aktivistinnen West-Berlins, Mutter eines zweijährigen Kindes und im neunten Monat schwanger mit dem zweiten, saß im Publikum. Sie hatte Tomaten dabei, wie sie später zu Protokoll gab. Jahrelang hatte sie als einzige Frau unter Männern in der universitären Gremienarbeit gearbeitet. Sie wusste, mit welchen Widerständen auf Sanders Rede zu rechnen war. Als Sander fertig war und deutlich wurde, dass es zu keiner Reaktion kommen würde, warf sie drei Tomaten in Richtung Podium und traf den 25-jährigen SDS-Bundesvorstand Hans-Jürgen Krahl. Solche Aktionen waren nichts Ungewöhnliches, regelmäßig traf es damals konservative, reaktionäre Politiker, nun aber einen der Ihren, was starken Symbolcharakter hatte.

Ganz im Geiste der 68er ging es den Frauen nicht nur um die schlichte Beseitigung eines Mangels an Betreuungseinrichtungen, um einer Erwerbsarbeit nachzugehen: Ihre Anliegen waren ebenso antikapitalistisch wie basisdemokratisch: mehr Zeit für politisches Engagement, eine Kindererziehung nicht nach den Prinzipien von Leistung und Gehorsam, sondern antiautoritär und menschlicher, und ein Ende der kapitalistischen Instrumentalisierung. Man wollte die pädagogischen Spätfolgen des Faschismus ein für alle Mal beseitigen. Die ganze Hoffnung lag auf der neuen Generation, den Kindern.

Der Tomatenwurf ging durch die Presse, verschaffte dem Kampf um Gleichstellung mehr Sichtbarkeit und initiierte nach langer Zeit eine neue Phase des feministischen Aktivismus. Die Frauenbewegung der Nachkriegszeit startete als linkes Projekt, ihr Ursprung war die 68er-Bewegung, auch wenn diese das feministische Politikverständnis abgelehnt hatte. Insbesondere lesbische Frauen waren ein Katalysator der Bewegung, gründeten das Lesbische Aktionszentrum und später das Berliner Frauenzentrum.

Auch wenn es der Anspruch der Frauen- und Lesbenbewegung war, alle Frauen zu erreichen, konnte sie diesen nicht einlösen, sie mobilisierte nur in ganz bestimmten gesellschaftlichen Räumen, wurde dort überhaupt wahrgenommen, in eher akademischen, städtischen Milieus. Warum, ist ungeklärt. Es könnte sein, dass die Lebensverhältnisse von Frauen im ländlichen Raum nicht genügend abgebildet wurden. Vielleicht waren es Klassenunterschiede. Für viele Feministinnen stand die Verwobenheit von Geschlecht und Kapitalismus, von Machtverhältnissen zwischen den Geschlechtern mit Machtverhältnissen in der Produktion im Vordergrund. Argumentiert wurde mit Marx. Für Frauen, die für diese Art linksradikaler Politik nicht viel übrighatten, waren kaum Anknüpfungspunkte vorhanden.

Die Analyse, dass die Situation von Frauen eng mit der Geschichte der Industrialisierung korrespondiert, ist sicherlich richtig, doch was bedeutete sie für den Alltag der Frauen in Deutschland? Denjenigen, die nicht studierten? Die vielleicht Gewalt in der Partnerschaft ausgesetzt waren? Die es sich nicht leisten konnten, sich zu trennen? Marx hielt dafür keine Lösung parat.

In Dinslaken, wie in so vielen anderen Orten Westdeutschlands auch, gab es keine Kinderladenbewegung. Weder 1968 noch im Jahr 1978, als ich geboren wurde. Ich verbrachte die Vormittage im Kindergarten und die Nachmittage mit meiner Mutter in ihrer Ganztagsschule, in der Töpfer-AG oder an den großen Tischen im Lehrerzimmer, ging mit meiner Oma zur Arbeit als Reinigungskraft, wartete im Nieselregen auf den Bänken vor der Turnhalle darauf, endlich von Mama abgeholt zu werden.

Die Norm der westdeutschen Kindheit in den 80ern mit einer Hausfrau als Mutter in einem Reihenhaus in der Vorstadt, einem Überstunden schiebenden Vater mit Aktenkoffer, ich habe sie nicht erlebt. Im Theaterstück *Frühlingsopfer* des feministischen Theaterkollektivs She She Pop erzählen Laiendarstellerinnen aus Ost- und Westdeutschland von ihrer Kindheit und ihren Müttern. Darunter beispielsweise der Bericht einer Frau, die – wie es damals erwünscht war – in so einem Reihenhaus aufwuchs und mit rollenden Augen von der endlosen Langeweile erzählt. Wie sie tagein, tagaus auf demselben Teppich spielte, denselben Tagesablauf hatte. In der Hinsicht fühle ich mich den ostdeutschen Erzählungen näher.

Doch der Frauen- und Lesbenbewegung an dieser Stelle vorzuwerfen, sie hätten nicht versucht, mehr Frauen zu erreichen, in die Provinzen der Republik vorzudringen, ist sicherlich zu kurz gedacht. Wie kann man dabei effektiv sein, ohne Verbündete mit Machtstrukturen, politischen Einfluss und finanzielle Mittel?

In der DDR war die Situation der Frauen eine gänzlich andere, obwohl beide deutsche Staaten hinsichtlich der Rolle der Frauen einen ähnlichen Ausgangspunkt hatten. Auch in der Deutschen Demokratischen Republik hatte der Schutz der Familie Verfassungsrang. Auch in der DDR bezog man sich auf die Vorstellung der Familie als »Keimzelle der Nation«, nannte sie aber »kleinste Zelle der Gesellschaft«. Und doch führte diese Vorstellung zu konträrer Politik: Bereits in den 50er Jahren wurde Frauen in der DDR das Recht eingeräumt, jederzeit einen Beruf auszuüben. Auch gab es Frauenförderpläne in Betrieben und zumindest das (nicht wirklich eingelöste) Versprechen, Frauen Leitungsfunktionen ausüben zu lassen. Das alles entsprach praktischerweise sowohl den ideologischen als auch den ökonomischen Zielsetzungen des sozialistischen Staates: Schon Karl Marx hatte die Befreiung der Frau durch ihre Eingliederung in den Produktionsprozess gefordert; der Mangel an Arbeitskräften sollte durch die Erwerbsbeteiligung der Frauen gelöst werden.

Männer wurden in der DDR explizit zur Familienarbeit verpflichtet: das Familiengesetzbuch, welches 1966 in Kraft trat, erhob die Gleichberechtigung der Partner zum Grundprinzip und verpflichtete beide dazu, sich sowohl an der Erziehung der Kinder als auch an der Führung des Haushaltes zu beteiligen. Die Ehegatten sollten laut Gesetz »ihre Beziehungen so zueinander gestalten, daß die Frau ihre berufliche und gesellschaftliche Tätigkeit mit der Mutterschaft vereinbaren kann.« Zum 50. Internationalen Frauentag verkündete der Staatschef, SED-Generalsekretär Walter Ulbricht, den Erfolg der Politik der 50er und 60er Jahre: »Im östlichen Teil haben wir genau entsprechend dem Programm, das wir im Juli 1945 verkündeten, die Gleichberechtigung der Frau verwirklicht. Und in den Thesen unseres Zentralkomitees heißt es, dass die Gleichberechtigung der Frau in der Deutschen Demokratischen Republik eine der größten Errungenschaften ist.«

Die Erwerbsquote von Frauen lag in der DDR im Jahr 1985 bei 91,2 Prozent. weltweit die höchste. Und in der Tat, eines der grundlegenden Probleme, mit denen Frauen in der BRD zu kämpfen hatten, gab es in der DDR nicht. Frauen hatten guten Zugang zu Universitäten, wurden ermutigt, technische und mathematische Berufe zu ergreifen. Ihnen stand kostenlose und ganztägige Kinderbetreuung zur Verfügung. Dadurch waren sie in dieser Hinsicht autonom, unabhängig. Sie konnten Kinder bekommen, ohne damit wesentlich eingeschränkter zu sein als kinderlose Frauen – und Männer in der DDR.

In der späteren gesamtdeutschen Erzählung der feministischen Bewegung geht dieser fundamentale Unterschied in der Sozialisation oft unter. Die 1981 geborene Journalistin und Schriftstellerin Mirna Funk, die viel zu jüdischen und feministischen Themen publiziert, verbrachte ihre Kindheit in der DDR. In ihrem 2021 erschienenen Bestseller *Who Cares – Von der Freiheit, eine Frau zu sein* kritisiert sie, »dass der feministische Diskurs in diesem Land von Frauen geführt wird, die wohlig aufgehoben in einem Mittelstandshaushalt in Westdeutschland aufwuchsen, in dem mittags das warme Essen – gekocht von der Akademikermutter ohne Arbeit – auf dem Tisch stand. Von Frauen also, die ihre Mütter nie haben arbeiten sehen, sondern mitbekommen mussten, was es heißt, finanziell abhängig zu sein, von einem Mann, von ihren eigenen Vätern nämlich.« Trotz dieses Umstandes sollte die DDR auf keinen Fall als feministische Utopie verklärt werden. Die wirtschaftliche Unabhängigkeit der Frauen wurde auf Kosten der Kinder ausgetragen, wie die gegenwärtige Diskussion um sogenannte Wochenkrippen – Betreuung rund um die Uhr, fünf Tage die Woche – zeigt, was zu teils gravierenden psychischen Folgen bei den Betroffenen führte. Eine Aufarbeitung, die erst vor kurzem begonnen wurde.

Fragen nach dem Verhältnis von Mutterschaft, Erwerbsarbeit und Kinderbetreuung markieren also neben denen nach lesbischer Sichtbarkeit und sexueller Autonomie Gründungsthemen der Frauen- und Lesbenbewegung in Westdeutschland. Doch recht schnell wurde deutlich: Feministinnen waren sich alles andere als einig darüber, welche Maßnahmen und Strategien die richtigen waren, um die Frauen von der ihr zugewiesenen Rolle zu befreien. Denn das war gar nicht so einfach. Die Kinderläden konnten zwar für einige wenige die Betreuung erleichtern und etwas Druck von den Frauen nehmen, jedoch waren sie selbstorganisiert und privat finanziert – und damit auch wieder vom Engagement und den Ressourcen der Eltern abhängig. Wer als Frau ein unabhängiges Leben, »wie ein Mann« leben wollte, musste kinderlos bleiben. Wer als Feministin nicht kinderlos bleiben wollte, musste sich damit abfinden, dass das Leben anstrengend und widersprüchlich werden würde. Das wusste schon Simone de Beauvoir, die in *Das andere Geschlecht* schrieb: »Man muß hinzufügen, daß in Ermangelung angemessen organisierter Kindergärten oder -horte ein einziges Kind genügt, um die Aktivität einer Frau vollkommen lahmzulegen. Sie kann ihre Arbeit nur fortsetzen, wenn sie das Kind Großeltern, Freunden oder Bediensteten überläßt. Sie hat die Wahl, entweder kinderlos zu bleiben, was sie oft als schmerzlichen Verlust empfindet, oder eine Belastung anzunehmen, die sich nur schwer mit der Ausübung eines Berufs vereinbaren läßt.«

Egal, welche Entscheidung frau traf, sie war gefangen. Die Auflösung dieses Dilemmas ließ sich allein auf die Zukunft projizieren. Es brauchte Utopien und einen Weg, der zu ihnen wies: die Philosophie.

Es entstanden zwei verschiedene, von französischen (und italienischen) Philosophinnen inspirierte Strömungen oder Denktraditionen, die unvereinbar schienen: Der Gleichheits- und der Differenzfeminismus. Gleichheitsfeministinnen bezogen sich auf Simone de Beauvoir. Sie hatte in ihrem zentralen Werk herausgearbeitet, dass die weibliche und die männliche Sozialisation, die über die Jahrhunderte grundverschieden war, ursächlich war für die Situation der Frauen. Während Jungen und Männer zum Subjekt, zu Autonomie, Freiheit und Selbstverwirklichung (»Transzendenz«) erzogen wurden, wurden Mädchen und Frauen zur »Immanenz« angehalten: sich anpassen, erdulden, erstarren. Im »Weg zur Befreiung« betitelten Schlusskapitel skizziert Beauvoir schließlich, was die unabhängige, befreite Frau benötigt: die politische Freiheit, die ökonomische Freiheit und die persönliche Befreiung aus der Rolle der passiven Unterlegenen. Einen Vorschlag dazu, wie Frauen insbesondere die beiden letzten Punkte erreichen sollen, wenn sie Mütter werden, liefert Simone de Beauvoir nicht, wie sie selbstkritisch anmerkt.

Hier kommen die Differenzfeministinnen ins Spiel, die den Schwerpunkt gerade auf die Fragen nach der Verschiedenheit von Frauen in Bezug zu Männern legten. Im Mittelpunkt der Überlegungen stand die Frage, wie Sprache, Kultur, Gesellschaft neu gedacht werden kann, Beziehungen unter Frauen anders gestaltet werden können. Wie Macht und Autorität für alle Menschen sinnvoll gestaltet und ausgefüllt werden können. Eine der wichtigsten differenzfeministischen Denkerinnen ist die französische Psychoanalytikerin Luce Irigaray, deren Hauptwerke *Speculum, Spiegel des anderen Geschlechts* und *Das Geschlecht, das nicht eins ist* 1974 und 1977 erschienen. Die frühen Differenzfeministinnen wollen das Weibliche, das über die Jahrhunderte abgewertet wurde, freilegen, nicht wie bei de Beauvoir überwinden. Irigaray und andere kritisieren, dass de Beauvoirs Weg nur dazu führen würde, dass Frauen sich an eine männliche Norm anpassen würden. Mutterschaft wird nicht abgelehnt, sondern muss gewissermaßen neu erfunden werden. Im Patriarchat, so Irigaray, gebaren Mütter nicht für sich, sondern für das Fortbestehen patriarchaler Strukturen; für den Ehemann, den Staat, für männliche Institutionen. Wie können sie lernen, Mutterschaft so zu leben, wie es ihnen entspricht, und Macht auf eine Weise auszuüben, die das Patriarchat nicht weiter stützt?

In den 80er Jahren gründete sich die italienische differenzfeministische Gruppe Diotima in Verona um die Philosophin Luisa Muraro, die den Begriff des Affidamento (»Vertrauen«) geprägt hat. Der Begriff betont das politische Potential der individuellen, vertrauensvollen Beziehung zwischen Frauen.

Alice Schwarzer und das Umfeld der von ihr gegründeten *Emma* betrachten sich als Gleichheitsfeministinnen. Doch auch die Differenzfeministinnen, die sich aus der Berliner Frauen- und Lesbenbewegung, dem Aktionsrat und den vielen anderen Frauenzentren und -gruppen zusammensetzten, hatten eine Zeitschrift: die *Courage*.

Anders als die seit 1976 von Schwarzer als Chefredakteurin geleitete *Emma* war *Courage* eine aus der Mitte der Bewegung heraus entstandene Zeitschrift, in der verschiedene Haltungen und Gruppenzugehörigkeiten aufeinanderprallten, nicht nur zu feministischen Themen, sondern auch zur Frage, wie man sich organisierte oder welche Qualität das Schreiben haben sollte – ihr Ansatz war weniger journalistisch-objektiv und mehr an der subjektiven Lebenswelt unterschiedlicher Frauen orientiert.

Die *Courage* saß in Berlin, vertrieben wurde sie bundesweit, zu ihren besten Zeiten in einer Auflage von 70 000 Exemplaren. Ebenfalls in Berlin entstand aus dem Umfeld des Aktionsrats die feministische Gruppe »brot & rosen«. Sie widmete sich bis dato tabuisierten Themen: weibliche Sexualität, weiblicher Körper, Abtreibung, Verhütung. Neben Helke Sander gehörte auch die Physiotherapeutin Verena Stefan zur Gruppe. Sie legte 1975 mit ihrem autobiografischen Roman *Häutungen* den ersten Bestseller der neuen Frauen- und Lesbenbewegung vor.

Als ich im Jahr 2010 gemeinsam mit meiner *Missy*-Mitgründerin Chris Köver und Kathrin Rönicke von der Online-Plattform *Mädchenmannschaft* auf Alice Schwarzer traf, war eine der ersten Fragen, die sie uns stellte, ob wir Gleichheits- oder Differenzfeministinnen seien. Letztere, von denen nicht wenige später bei den Grünen aktiv waren, stellte sie als reaktionäre Truppe dar, die biologistisch argumentieren und Mutterschaft überhöhen würde. Der Gleichheitsfeminismus, den sie selbst vertrete, das sei der von Simone de Beauvoir.

Ich nickte, ja ja. Ich hatte im Rahmen meines Kulturwissenschaftsstudiums einzelne Texte von bedeutenden Differenzfeministinnen wie Julia Kristeva oder Luce Irigaray gelesen, aber ich hatte den Eindruck, dass eine weiterführende

Diskussion um theoretische feministische Konzepte hier und heute fehl am Platz war.

Die Berliner Feministinnen selbst fühlen sich bis heute missverstanden, wenn ihnen ein biologistisches Verständnis von Geschlecht vorgeworfen wird.

Es scheint, als ob die Berlinerinnen und Schwarzer in eine Art Wettstreit um die Deutungshoheit eintraten, wer die Bewegung wirksamer repräsentiere und welcher Ansatz der bessere sei. In der Auseinandersetzung wurde scharf geschossen, von beiden Seiten, wobei die Voraussetzungen sich unterschieden: Schwarzer hatte mit ihrer beachtlichen medialen Reichweite die Möglichkeit, ihre Sichtweisen über die Frauenbewegung hinaus in die Öffentlichkeit zu tragen.

Weder der Gleichheits- noch der Differenzfeminismus haben es für sich genommen geschafft, die Gleichstellung der Geschlechter zu erreichen. Die philosophische Auseinandersetzung mit der herrschenden Geschlechterordnung ist wichtig für die Entwicklung von feministischen Utopien, doch führen sie auch zu einer Verengung des Blickwinkels auf einzelne Aspekte des Patriarchats, etwa auf Mutterschaft oder auf Sexualität. Aus der Theorie heraus entwickelte praktische Lösungsvorschläge und politische Maßnahmen sind daher in der Regel nie allumfassend und müssen regelmäßig darauf untersucht werden, inwiefern sie Leerstellen aufweisen oder ob sie nicht intendierte negative Folgen haben.

Denn bei allen Theorien wird in der historischen Rückschau immer wieder sichtbar, welche unerwarteten Entwicklungen eintreten beim Versuch, sie in die Praxis zu überführen. Was sich zum Beispiel in der Umsetzung der Idee von »Lohn für Hausarbeit« besonders deutlich zeigte. So hieß eine von der italienisch-amerikanischen Aktivistin und Philosophin Silvia Federici angeführte Kampagne. Sie basierte auf zwei Texten aus dem Jahr 1972: dem Manifest »Die Macht der Frauen und der gesellschaftliche Umsturz« der sozialistischen Feministin Mariarosa Dalla Costa sowie »Der Platz der Frau« von Selma James.

Beide Texte kritisierten in erster Linie die Klassentheorie von Karl Marx, in der das zu lösende Problem, der Hauptwiderspruch, derjenige zwischen Arbeitern und Fabrikbesitzern war. Die unbezahlte Hausarbeit der Frauen wurde nicht als ökonomische Größe gesehen, sie galt als Nebenwiderspruch, der sich in einer sozialistischen Gesellschaft, die automatisch als geschlechtergerechte Gesellschaft imaginiert wurde, lösen würde.

Dalla Costa beschreibt die unbezahlte Hausarbeit als existentiell notwendig für den Kapitalismus – und ein nüchterner Blick auf die Geschichte gibt ihr Recht. Die geschlechtsspezifische Arbeitsteilung verstärkte sich mit der Industrialisierung und der Entstehung der Lohnarbeit im Kapitalismus, von der Frauen systematisch ausgeschlossen wurden, ungemein. Und die Verfassungen der damals entstehenden modernen Nationalstaaten zementierten diese Ungerechtigkeit. So entstand die Kleinfamilie mit dem männlichen Familienoberhaupt samt Abhängigkeit von Frau und Kindern vom lohnabhängigen Mann erst im Kapitalismus. Man muss keine Marxistin sein, um diese Analyse zu teilen. Dalla Costa arbeitete in Theorie und Praxis heraus, was die Frauen im SDS einige Jahre zuvor kritisiert hatten: das Versäumnis der Linken, die zentrale Rolle der häuslichen Sorgearbeit für das Gelingen des kapitalistischen Systems zu erkennen. Sie füllte diese Leerstelle in der Kapitalismuskritik mit eigenen Analysen und Forderungen, und wurde zu einer der Pionierinnen feministischer Ökonomiekritik. Eine zentrale Forderung lautete: Lohn für Hausarbeit.

In Deutschland wurde die Kampagne von Gisela Bock und Barbara Duden vorangetrieben. Bock hatte den Text von Dalla Costa ins Deutsche übersetzt und in der *Courage* veröffentlicht. Zusätzlich rief sie zusammen mit der Literaturwissenschaftlerin und Berliner Feministin Pieke Biermann in der Märzausgabe 1977 zur Gründung von Gruppen auf. Beide stellten die Forderungen der Kampagne vor und druckten – zum ersten Mal in Deutschland – das internationale Flugblatt ab.

»Alle Frauen sollen vom Staat bezahlt werden – das ist das Programm dieser internationalen feministischen Strategie.«

Der 1966 erschienene Bericht der Bundesregierung zur Situation der Frauen in Westdeutschland hatte den Anteil unbezahlter Hausarbeit an der deutschen Wirtschaftsleistung beziffert. »Vergleicht man«, so steht dort, »die 52 Milliarden Arbeitsstunden im Haushalt mit der Zahl der in den Wirtschaftsbereichen geleisteten Arbeitsstunden von insgesamt 60 bis 65 Milliarden pro Jahr, so läßt sich die Bedeutung erkennen, die der Hausarbeit in einer wirtschaftlichen Betrachtung beizumessen ist.«

Hier wird deutlich, wie utopisch die Forderung nach bezahlter Hausarbeit war und wie wenig vereinbar mit dem herrschenden System. Hausarbeit sollte in der westdeutschen Alleinverdiener-Logik durch die Arbeit des Mannes mitbezahlt werden – mit einem Lohn so hoch, dass er für das Auskommen einer vierköpfigen Familie reicht. Eine radikale

Umverteilung, also etwa eine Halbierung der Erwerbsarbeitslöhne, wäre die einzige Möglichkeit, die angemessene Bezahlung der Hausarbeit zu finanzieren. Ein Ansatz, der politisch mit Sicherheit nicht durchsetzbar gewesen wäre.

Realpolitisch entwickelten sich aus der Lohn-für-Hausarbeit-Idee in der BRD – und im späteren Gesamtdeutschland – zwei sozialpolitische Errungenschaften: Das 1986 eingeführte Erziehungsgeld, das 600 DM umfasste (was heute inflationsbereinigt ungefähr 600 EUR entspräche), sowie die 2014 eingeführte Mütterrente, nach der die Erziehungszeiten von Müttern und Vätern Eingang in die Rentenberechnung finden.

Das Erziehungsgeld galt neben dem Ehegattensplitting gemeinhin als einer der Hauptfehlanreize und war mit ein Grund dafür, dass die Müttererwerbstätigkeit damals so viel niedriger war als in anderen Ländern. 2007 wurde es durch das auf dem vorherigen Nettolohn der beziehenden Elternperson basierende Elterngeld ersetzt. Seitdem werden statt pauschal 600 DM je nach vorherigem Einkommen bis zu 1800 EUR pro Monat bezahlt. Das Basiselterngeld für Niedriglohnempfänger*innen beträgt 300 EUR, wurde also im Vergleich zum Erziehungsgeld (wenn man die Inflation mit in die Rechnung einbezieht) halbiert. 2010 folgte eine weitere Reform: Hartz-IV-Empfänger*innen wurde das Elterngeld ganz gestrichen, die Leistung wird seither verrechnet, mit Hartz-IV-Bezügen und neuerdings mit dem Bürgergeld. Ein Umstand, den vor allem linke Feministinnen von Anfang an berechtigterweise kritisiert haben.

2012 stand ich hochschwanger vor einem Kinderladen in Berlin-Kreuzberg. Ich schaute mir verschiedene Kindergärten an, noch war der Kinderboom, der gegenwärtig zusammen mit dem vorherrschenden Personalmangel die Berliner Betreuungsinfrastruktur an ihre Grenzen bringt, nicht ausgebrochen. Auf meiner Liste standen eine städtische Kita, die evangelische und katholische Kita in der Nachbarschaft und eben der Kinderladen.

Kinderläden gibt es hier an jeder Ecke. Als ich noch nicht schwanger war, waren sie mir kaum aufgefallen, die spielenden Kinder, die man durch die Fensterscheibe der alten Ladengeschäfte in den typischen Berliner Gründerzeit-Altbauten beobachten konnte, doch nun war ich überrascht über die hohe Anzahl in meiner Nachbarschaft. Selektive Wahrnehmung. Manche der Einrichtungen hießen, wie man sich das so vorstellt: Die kleinen Strolche, Sonnenkäfer, Wichtel. Bei anderen schwang noch der andere, antiautoritäre Ansatz mit (Lausebande, Dschungel, Räuberhöhle) oder der Stolz auf das Berliner Kiezleben: Spreesprotten, Kreuzbären, Kiezkinder.

Kinderläden haben sich bewährt. Sie sind fester Bestandteil der Berliner Infrastruktur der Kinderbetreuung, rund 850 von 2800 Kinderbetreuungseinrichtungen in Berlin sind Kinderläden.

Durch die Ladenscheibe bekam ich Einblick in den Alltag der Kinder. Die Räume mit den hohen Decken waren häufig unterteilt. Obligatorisch schien eine Hochebene aus Kiefernholz zu sein. Die Kinder sollten Rückzugsräume haben, in denen sie ungestört spielen können. Ansonsten sah ich auch pädagogisch keinen großen Unterschied zwischen den Kinderläden und Kindergärten unter anderer Trägerschaft. Nicht immer geht es in Kinderläden heute darum, alternative Pädagogik zu betreiben, sondern um Pragmatismus. »Elterninitiative Kitas«, so werden die Kinderläden heute im Verwaltungssprech genannt, haben viele Vorteile für Kommunen und Städte.

In diesem Kinderladen hatte ich damals Pech und wurde in erster Linie mit den Nachteilen dieser Organisationsform konfrontiert: das Mehr an Verantwortung für die Eltern, um den reibungslosen Ablauf zu garantieren und Konflikte selbstständig zu lösen. Während ich vor der Tür auf meine Bekannte wartete, die uns für den Kinderladen gewinnen wollte, schleppen drei Menschen riesige Töpfe an mir vorbei. Die Köchin war krank, die Eltern mussten einspringen.

Wir betraten die Räumlichkeiten. Es war dreckig und auf dem Boden lagen Papierschnipsel herum. Die Eltern, die Putzdienst hatten, hatten abgesagt, ohne sich um Ersatz zu kümmern. Wer weniger Geld hatte, konnte, statt einen Extrabeitrag für das Bio-Essen zu zahlen, freiwillige Putzdienste übernehmen. Ich fand das unsympathisch und klassistisch, schließlich könnte man auch ein Solidaritätsprinzip einführen, nach dem Eltern mit mehr Mitteln mehr Geld einzahlen als solche mit weniger, ließ mir aber nichts anmerken. Am Schwarzen Brett, auf dem Eltern sich austauschen, las ich ein wütendes »Wer bringt denn endlich die Regalbretter an???«.

Ich entschied mich also dagegen, mein Kind dort zukünftig betreuen zu lassen, eine Kita sollte für mich Arbeit abnehmen und nicht mehr davon verursachen, auch wenn mir viele Freund*innen und Bekannte, die sich dafür entschieden hatten, versichern, dass das schon ein besonders mieser Eindruck war, der nicht ihren Erfahrungen entspricht. Viele der alteingesessenen Kinderläden haben sich über die Jahre professionalisiert. Es sind weniger die Eltern, die bestimmen (alle drei bis vier Jahre verlassen sie mit ihrem Kind die Kita ohnehin), als die Erzieher*innen, die die Läden im Hintergrund leiten und so für Professionalität und Kontinuität sorgen. Elterndienste, die früher täglich nötig waren, um die Betreuung der Kinder sicherzustellen, beschränken sich heute oft auf einen jährlichen Aufräumtag und Notfalleinsätze.

Am besten gefiel mir die katholische Kita in meiner Nachbarschaft. Es ging freundlich und ruhig zu, die Zusammensetzung der Kinder entsprach eher der Zusammensetzung des vielfältigen Kiezes.

Probleme zeichnen sich im Jahr 2022 auf einer ganz anderen Ebene ab: Der Mangel an Erzieher*innen ist so groß, dass die Betreuung vielerorts nicht mehr gewährleistet werden kann. Auch in unserer Kita sind seit drei Jahren mindestens zwei Stellen vakant und werden durch Kräfte einer Zeitarbeitsfirma besetzt. Während der Pandemie wurden die Öffnungszeiten verkürzt.

Was hat der feministische Kampf für mehr und bessere Kinderbetreuung gebracht? Auf der einen Seite: einiges. Kommunen in Deutschland sind seit 1996 verpflichtet, jedem Kind ab drei Jahren einen Kitaplatz zur Verfügung zu stellen, seit 2013 ab einem Jahr. In Ostdeutschland werden wesentlich mehr Kinder unter drei Jahren außerhalb der Familie betreut, dort sind es mehr die Hälfte aller Kinder, in Westdeutschland lediglich ein knappes Drittel.

Das Kita-Drama zeigt eindrücklich, wie schwer es ist, die gewachsenen patriarchalen Strukturen nachhaltig zu ändern. Noch heute mangelt es an ausreichender Kinderbetreuung, vor allem in den westdeutschen Bundesländern. Obwohl die Betreuungsinfrastruktur für unter Dreijährige in den 2010er Jahren stark ausgebaut wurde, klafften die Zahlen von benötigten und angebotenen Plätzen immer weiter auseinander. Grund für diese Entwicklung war, dass sich Mütter immer häufiger und früher eine Betreuung für ihre unter Dreijährigen wünschten und gleichzeitig die Geburtenrate stieg.

Die Bertelsmann Stiftung prognostiziert für das Jahr 2023 eine Betreuungslücke von rund 384000 Kindern zwischen ein und fünf Jahren. Alles Kinder, die keinen Kitaplatz haben, obwohl die Eltern dies wünschen. Das sind 384000 Elternpersonen, meistens Mütter, die nicht im gewünschten Umfang erwerbstätig sein können. Das Institut der deutschen Wirtschaft zählt für 2022 266000 unter Dreijährige und sieht eine leichte Verbesserung seit 2019, als die Lücke bei den Ein- bis Dreijährigen bei 358800 lag.

Wenig wird darüber geschrieben, was für Auswirkungen der Mangel an Kitaplätzen für die betroffenen Familien hat: »Wie wir es geschafft haben, den Angstgegner Kitaplatz zu besiegen und tatsächlich zum gewünschten Betreuungsbeginn einen Platz gefunden haben«, schreibt Jo Lücke auf ihrem Blog Feministin Motherhood 2019.

2015 wurde die Stadt Leipzig auf 15000 Euro Schadensersatz verklagt, weil sie drei Kindern keine Kitaplätze bieten konnte. In Tübingen wurden zu Beginn des Jahres 2023 die Schließzeiten der Kitas erneut verkürzt; Eltern müssen aushelfen. Es ist kein Personal da.

Was sich verändert hat, ist der Blick auf Kinderbetreuung: Heute geht eine solche Meldung durch das ganze Land, sorgt für Empörung, gehen Eltern auf die Barrikaden. Das hätte es früher nicht gegeben.

Der politische Zeitgeist, Herrschaftsverhältnisse und Protest drücken sich nicht nur in Handlungen, Reden und Schriften aus, sondern auch in Pop- und Alltagskultur. In Mode, Musik, Romanen, Gesten und Sprache wurde deutlich, wie die Frauenbewegung seit den späten 60ern begonnen hatte, die Gesellschaft zu verändern. Mehr noch: Während, wie oben beschrieben, die strukturellen Veränderungen auf sich warten ließen, machten wir auf der symbolischen Ebene Fortschritte.

Die Feministinnen produzierten nicht nur eigene Zeitschriften, sondern veranstalteten Partyreihen und Konzerte, gründeten Frauenzentren in runtergerockten Ladenlokalen, schrieben Romane, erfanden eigene Codes wie etwa das Frauenzeichen mit der geballten Faust oder die lila Latzhose, schlossen sich zu Bands zusammen, starteten eigene Verlage und vieles mehr. Es entstand eine eigene feministische Subkultur, nur dass sie nie so benannt wurde. Der Begriff der Subkultur wurde 1979 durch den britischen Soziologen Dick Hebdige geprägt und beschrieb jugendkulturelle Phänomene wie Punks, Mods, Teds und Rastafari, die durch Mode, Musik, Gesten und Sprache Herrschaftskritik übten. Dass die Frauen- und Lesbenbewegung selten bis nie in diesen Kontext gerückt wird, hat vielleicht zwei Gründe: der sexistische Bias in den Sozialwissenschaften, der in erster Linie Männer als Vertreter und treibende Kräfte von Subkulturen beschreibt. Zweitens sind zwar ein paar Bands entstanden, aber bis in die 90er hinein, als die Riot-Grrrl-Szene entstand, hatte die feministische Bewegung keinen eigenen Musikstil entwickelt.

Dennoch hatte sie als Teil der Studentenbewegung auch deren Look weiterentwickelt. Dieser war Ausdruck des Protests gegen das Establishment, mehr Anti-Mode als Mode. Männer legten Anzüge und Krawatte ab, man rasierte sich nicht und ging nicht zum Friseur. Kleidungsstücke aus anderen Ländern, insbesondere aus Indien, waren weit verbreitet. Heute vielfach als kulturelle Aneignung kritisiert, waren sie damals Ausdruck des Protests gegen den europäischen Kolonialismus und den westlichen, kapitalistischen Lebensstil.

Man kleidete sich eher Unisex. Männer wie Frauen trugen enge Schlaghosen, Karohemden, auch Absätze, Plateauschuhe sah man zumindest bei Männern auf der Bühne. Die Farbwelt setzte sich aus Braun, Beige, Orange, Gelb, Dunkelblau, Dunkelgrün und Rot zusammen. Männer hatten gelegentlich lange Haare, Frauen mal kurze. Selbst Babys, egal welchen Geschlechts, steckten in dunklen blauen Strampelanzügen und die Kindergarten- und Grundschulkinder trugen alle denselben halblangen Topfschnitt. Auch bei der Erziehung achteten zumindest bestimmte Milieus auf geschlechterbewusste Entscheidungen. Feministinnen ergänzten die Farbwelt um das berühmte Lila, hennagefärbtes Haar und Latzhosen.

In meiner Erinnerung endet die Zeit der braunen Cordhosen, der Topfhaarschnitte, der vielen kleinen Symbole des Aufbruchs, abrupt im Jahr meiner Einschulung im Jahr 1985. Hatte ich mich bei meinem letzten Geburtstag noch über einen orange-beige-braun-gestreiften Nicki-Pullover als Geschenk gefreut, wurde nun in diesem Jahr plötzlich alles rosa. Auf meinem Einschulungsfoto trage ich ein gestreiftes rosa Sommerkleidchen, dazu die rosa Schultüte und den rosa Schulranzen, und lächle mit meiner Zahnlücke stolz in die Kamera.

Was war passiert? Es existiert kaum Forschung zur Entstehung des sogenannten Gender-Marketings, der Vermarktung von Konsumgütern spezifisch an Frauen *oder* Männer, an Mädchen *oder* Jungs. Fest steht, dass im gesamten 20. Jahrhundert Gegenstände binär-geschlechtsspezifisch vermarktet wurden, orientiert an starren Geschlechterrollen.

»Mach dir keine Sorgen, Schatz, du hast ja nicht das Bier angebrannt«, hieß es auf einer US-amerikanischen Reklame der Brauerei Schlitz aus den 50er Jahren. Mir kam das mit Anfang zwanzig so empörend, gleichzeitig veraltet und weit weg vor, dass ich sie in meine erste WG-Küche hängte. Zu sehen ist ein Mann im schwarzen Anzug und Krawatte, ganz der Gentleman tröstet er die in Tränen aufgelöste Ehefrau, die in der rechten Hand eine qualmende Pfanne, in der linken ein weißes Taschentuch hält. Werbung für Haushaltsgegenstände wie Waschmaschinen, Bügeleisen, Kosmetikprodukte zielte in der Regel auf Frauen, die für Autos, Bohrmaschinen, Versicherungen auf Männer.

Meine Kindheitsbeobachtung, dass es bis Mitte der 80er Jahre in der Werbung egalitärer zuging, wird durch die Recherchen der Soziologin Elizabeth Sweet bestätigt. Sie hat die Spielzeugkataloge einer US-amerikanischen Kaufhauskette über das gesamte 20. Jahrhundert hinweg untersucht:

Bis in die 1940er-Jahre wurde Spielzeug weitestgehend geschlechterneutral vermarktet. Dann folgte der Wandel mit dem Ziel, den Konsum wohlhabender Eltern anzuregen, da diese, wenn sie Jungen und Mädchen hatten, Kleidung und Spielzeuge entsprechend mehrfach anschaffen mussten.

Laut Sweet traten 1965 die Geschlechterrollen deutlicher in den Vordergrund. Spielzeug für Mädchen sollte diese auf ihre Zukunft als Hausfrau vorbereiten. Im Gegensatz dazu wurde alles, was mit Technik, Wissenschaft, Kämpfen und Aggression zu tun hat, als Jungendomäne dargestellt.

Ab 1975 zeigte sich der Einfluss der Frauenbewegung: Eine Dehnung der Geschlechterrollen war zu beobachten, und auch das Ausmaß geschlechtsspezifisch dargestellten Spielzeugs nahm ab. In den Katalogen waren zum ersten Mal Jungen abgebildet, die mit Küchensets, Mädchen, die mit Baukästen spielten.

Auch meine Mutter ging geschlechterbewusst mit Spielzeug um, es gab Autos und Puppen, ich sollte eine Auswahl haben. Und möglichst nicht mit Plastikschrott, sondern pädagogisch wertvollem spielen. Plastikschrott, das waren Barbies, aber auch die Actionfigur She-Ra, das weibliche Gegenstück zu He-Man, eine Art Fantasy-Bodybuilding-Amazone, die mit anderen ähnlich gebauten Ladys im »Crystal Castle« lebte und allerlei Bösewichtinnen mit Zauberschwert und geflügeltem Einhorn besiegen musste. Aus feministischer Perspektive ein Fortschritt gegenüber Küchensets, schließlich hatten She-Ra und ihre Crew Muckis, Schwerter, Kampfgeist. Und sogar Barbie war in einer Vielzahl von Berufen erfolgreich und stand in zahlreichen Sportarten ihrem Boyfriend Ken in nichts nach.

Trotzdem, meine Mutter, die inzwischen mit der Ökobewegung liebäugelte und zu meiner Irritation angefangen hatte, mich mit Vollkorn-Waffeln und mit Rote Beete gefärbten Leinenkleidern auszustatten, konnte das feministische Potential von Barbie und She-Ra nicht entdecken, und so blieben solche Spielzeuge selten erfüllte Sehnsüchte.

Der symbolische feministische Aufbruch der 70er war im Jahr meiner Einschulung passé und Rosa und Hellblau hielten Einzug in die Kinderzimmer. Das Gender-Marketing nahm ab Mitte der 80er wieder zu und erreichte dann in den 90er Jahren seinen vorläufigen Höhepunkt. Diese Entwicklung ist Teil des reaktionären Backlashs, der mitten in meine Teenagerjahre fiel.

Die Zeit ab Mitte der 80er Jahre als rosa/hellblaues Jahrzehnt zu beschreiben, wäre jedoch stark vereinfacht. Wahrscheinlich zeichnete sich der Backlash in der Mode bei der Kinderkleidung nur besonders früh ab. Die 80er waren bunt und knallig, zündeten ein regelrechtes Fashion-Feuerwerk, und das Spiel mit Geschlecht war keinesfalls vorbei. Von Punk bis zum cleanen Preppy-Look, das Spektrum hatte sich enorm vergrößert. Es war die Zeit des Power Dressing. Frauen zeigten modisch, dass sie mit den Männern in der Businesswelt locker mithalten konnten. Anzüge und Kostüme, am besten mit Schulterpolster. Androgyne Künstler wie Boy George oder Grace Jones machten vor, wie sich die Grenzen zwischen männlicher und weiblicher Mode und Performance immer weiter verwischen lassen. Mit sieben Jahren war ich großer Nena-Fan und mein liebstes Geburtstagsgeschenk ein Kassettenkoffer mit den Konterfeis von Nena und Band, alle mit derselben Vokuhila-Frisur. Die Musikerin Ina Deter forderte »Neue Männer braucht das Land« und auch Herbert Grönemeyer problematisierte in seinem Song »Männer« das auf Härte und Gefühllosigkeit basierende Konzept hegemonialer Männlichkeit.

Lasst es glitzern, lasst es knallen – Sexismus in den Rücken fallen

Die 90er

Ich hatte mir den kleinen, weißen Fernseher aus dem Keller geholt. Ein altes Gerät, aus den 70ern, aber immerhin mit Farbbild. Ein eigener Fernseher! Mein neues Zimmer war zwar nur neun Quadratmeter groß; und ich schlief auf einem Hochbett, so nah an der Decke, dass ich mir den Kopf stieß, wenn ich nachts im Traum aufschreckte. Doch es war mein eigenes Reich.

Mein Leben hatte sich in den vergangenen Jahren grundsätzlich verändert. Als ich neun Jahre alt war, heiratete meine Mutter erneut. Sie war hochschwanger und mein kleiner Bruder kam im selben Jahr zur Welt. Wir zogen von unserer Mietwohnung in ein Reihenhaus mit Garten in einer ruhigen 60er-Jahre Siedlung. Meine Mutter und ihr neuer Mann, mein Bonusvater, bekamen innerhalb von sechs Jahren vier weitere Kinder. Ich war fortan kein Einzelkind mehr, sondern Teil einer riesigen Patchwork-Familie. Das älteste von sechs Kindern! Meine Mutter gab ihren Beruf zwar nie ganz auf, war jedoch wesentlich häufiger zu Hause als vorher. Um den Alltag mit inzwischen fünf Kleinkindern zu bewältigen, erhielt sie zusätzliche Hilfe von einer Kinderfrau und eine Reinigungskraft. Sie und ihr Mann hatten nun ein Haushaltseinkommen, mit dem sie es sich leisten konnten, familiäre Sorgearbeit an andere zu delegieren.

Ich liebte meine Geschwister, sie waren allesamt unheimlich süß, weshalb ich meiner Mutter gerne als Babysitter aushalf. Zeitweise teilte ich mir mit ihnen sogar freiwillig ein Zimmer. Aber jetzt, mit fünfzehn, wo gelegentlich auch schon mal ein Junge vorbeikam und ich in Ruhe knutschen wollte, war ich froh, wieder mein eigenes Zimmer zu haben, auch wenn es winzig war.

Warum ich den Fernseher wollte: Es gab einen neuen Musiksender, VIVA hieß der und war für mich der Inbegriff der Coolness. Die Studios wirkten wie ein alter Dachboden, alles schien improvisiert und selbst gemacht. Die Moderator*innen, die VJs oder VJanes, glichen meinen Freund*innen, nur eben cooler. Und damit so, wie wir gerne sein wollten. 40 Prozent der Musikvideos und Interviews handelten von Bands und Musiker*innen aus Deutschland. Und zwar nicht nur Bands, die weit oben in den Charts standen, sondern auch solche, von denen ich nie gehört hatte, die genauso bei uns im Kellerproberaum um die Ecke hätten entstehen können. Wie etwa die Berliner Band Lucilectric, deren Frontfrau mit den langen Dreadlocks auf einer Schaukel saß und trällerte, dass sie alles kann und sein darf, weil sie ein Mädchen ist.

Das VIVA-Programm war sehr viel näher an meinem Alltag dran als alles, was es vorher im deutschen Fernsehen gegeben hatte. Viele junge Frauen, die gut aussahen, aber nicht überirdisch-Model-gut, wie die ubiquitären Supermodels Claudia Schiffer, Cindy Crawford oder Nadja Auermann. Frauen traten hier als versierte Musikexpertinnen auf; was nicht selbstverständlich war (und leider immer noch nicht ist); denn auch in der Popwelt waren und sind patriarchale Machtverhältnisse und Geschlechtervorstellungen omnipräsent, sowohl auf als auch hinter den Bühnen.

Heike Makatsch, VJane der ersten Stunde und heute eine der bekanntesten Schauspielerinnen Deutschlands, avancierte schnell zu einem Vorzeigegesicht des Senders. Witzig, selbstbewusst, schlagfertig und leicht überdreht moderierte sie sich in mein Herz. Alles, was ich über sie und die anderen Viva-Moderator*innen lesen konnte, sog ich auf wie ein Schwamm, denn sie gaben mir, was ich wie alle Teenager so dringend brauchte: Orientierung und Zugehörigkeitsgefühl.

1994 gab Heike Makatsch dem *Spiegel* gemeinsam mit Regiestudentin Johanna Adorján und Werbetexterin Julia Hinrichsen ein Interview. Sie wurden als Repräsentantinnen einer neuen Frauengeneration befragt, die sich – so die Selbstauskunft – nicht als Frauen, sondern als Mädchen bezeichneten, als »Girlies«. Das Erste, was den *Spiegel*-Autoren im dazugehörigen Gesellschaftsartikel zu »Girlie« einfällt, war die Beschreibung des Aussehens: Kurze Röcke mit Kampfstiefeln, Lolita meets Bruce Lee. Angeblich nannten Frauen diesen Look Girliewear. Von Anfang an wurde »Girlie« in Deutschland apolitisch und in erster Linie als Kritik und Abgrenzung am Feminismus gelesen, als Postfeminismus. »Ich stehe nicht jeden Morgen auf und danke der Frauenbewegung für alles, was sie mir ermöglicht hat«, wird die damals 23-jährige Johanna Adorján – mittlerweile selbst Journalistin – zitiert.

»Eine neue Generation von jungen Frauen kämpft für einen neuen Feminismus und lebt ihre eigene Vorstellung von Weiblichkeit: viel Sex, viel Spaß und kein verbissener Männerhaß.«

Aha, Männerhass, so so. Interessanter Take, denn wer das Spiegelarchiv 2023 nach Texten zu Feminismus aus der Zeit um 1990 durchsucht, wird feststellen, dass dort in der Regel respektvoll über die Frauenbewegung und Feminismus geschrieben wurde. Und nun: Männerhass. Für mich waren es die ersten Texte, die ersten bewussten Eindrücke vom Feminismus, in einer Phase, in der ich erstmals die politische und gesellschaftliche Bedeutung dessen, was es heißt, eine Frau zu sein, reflektierte. Feministinnen seien hysterisch, hässlich und schlecht gevögelt, sie würden Männer hassen, Frauen zu Opfern machen, sexuelle Freiheit einschränken

Das Perfide an diesen Texten war, dass Feminismus nicht per se abgelehnt wurde, sondern eben nur der »alte« Feminismus. An dessen Stelle sollte etwas Neues, gänzlich anderes treten, ein Postfeminismus: »Forderungen nach gleichem Lohn für gleiche Arbeit, einem freizügigen Abtreibungsrecht und gleichen Aufstiegschancen gehören für die Mädchen nicht zu den Prioritäten; die Errungenschaften des Feminismus setzen sie als Existenzminimum voraus.«

Bloß ärgerlich, dass die Gesellschaft in den 90er Jahren nach wie vor weit entfernt war von diesem Existenzminimum und im Vergleich zum vorangegangenen Jahrzehnt zwar Fortschritte erzielt wurden, die jedoch in keiner Weise darauf hindeuteten, dass sich die Anliegen der Frauenbewegung erledigt hätten.

Wie kamen die jungen Frauen – und ich – nur zu dieser Fehleinschätzung? Wieso glaubten wir, dass Feminismus überflüssig sei und wir uns in einem postfeministischen Zeitalter befanden? Das hatte mehrere Gründe.

Einer war im Erfolg der Frauenbewegung begründet. Der Feminismus war sowohl auf der symbolischen als auch auf der juristischen Ebene erfolgreich gewesen. Die Normen hin zu mehr Gleichwertigkeit der Geschlechter hatten sich seit der 68er-Revolution rasant gewandelt. Viele Gesetze, die Frauen entmündigt hatten, waren abgeschafft worden, Sexismus war weniger akzeptiert als zuvor. Durch die neuen Normen zeigte sich Alltagssexismus – Sprüche à la »Fräulein Müller zum Diktat, bitte« – weniger direkt und damit weniger sichtbar, obwohl sich das dahinterstehende Denken, die Vorurteile und Stereotype nicht groß verändert hatten.

Die Wahrnehmung, dass die Gleichstellung der Geschlechter im Großen und Ganzen erreicht wäre, verstärkte sich noch dadurch, dass viele Ungleichheiten, an denen Frauen nach wie vor litten, nicht alle gleichermaßen betrafen. Ein Umstand, der bis heute feministischen Aktivismus erschwert. Wir sind eben kein »Wir«, sondern eine extrem große und diverse Gruppe, deren Erfahrungen sich entlang zahlreicher Parameter unterscheiden. So haben beispielsweise nicht alle Frauen sexualisierte Gewalt erfahren, auch wenn das potenziell möglich wäre. Hinzu kommt die starke Tabuisierung, damals wie heute, sodass ihr wahres Ausmaß häufig nicht deutlich wird. Lesbische und trans Frauen machen andere Erfahrungen als cis Frauen, Schwarze, arme, jüdische oder behinderte Frauen andere als nicht-behinderte, nicht-jüdische *weiße* Frauen aus der Mittelschicht. Illegale Abtreibungen verschwanden in den 90ern, auch wenn § 218 immer noch in Kraft war.

Als ein weiterer Grund für die postfeministischen Überzeugungen dieser Zeit dürften die großen Fortschritte in Sachen Bildungsgerechtigkeit zu nennen sein. Mädchen und Frauen machten ihre Erfahrungen mit patriarchalen Strukturen nun deutlich später, beim Berufseinstieg oder wenn sie

Kinder bekamen. Equal Pay, fehlende Vereinbarkeit von Beruf und Familie, mangelnde Aufstiegschancen, das Erreichen von Führungspositionen, das alles berührte den Alltag einer Zwanzigjährigen wie Makatsch oder eines Teenagers wie mich schlicht noch nicht. Uns fehlte die Erfahrung, die Sensibilität, die Wahrnehmung.

Hinzu kam, wie der Feminismus in der männlich dominierten Medienöffentlichkeit präsentiert, welches »Framing« vorgenommen wurde. Postfeminismus verkaufte man als cool, hip, jung und neu, Feminismus als vorgestrig. Popkultur war »postfeministisch«, junge Frauen, die Musik machten und über ihr Leben sangen oder rappten. Und der Erfolg der Girlies wurde kommerziell ausgeschlachtet. Girlbands unterschiedlicher Musikrichtungen entstanden: die Spice Girls im Pop, die 4 Non Blondes im Rock, Alanis Morissette als Singer-Songwriterin, die Grunge-Band Hole oder die Rap-Combo von Tic Tac Toe. Ähnlich wie Makatsch boten sie für Teenager wie mich beides: Nähe, Identifikation und Vorbild. Vor allem Girlbands wie die Spice Girls casteten die Plattenfirmen gezielt, um sie dann an Mädchen und junge Frauen zu vermarkten. Oft wurden die Bands so zusammengestellt, dass für jede etwas dabei war: die schöne Unnahbare, die Nette von nebenan, die Sportliche, die Rebellische. Hier wurde weibliche Vielfalt dargestellt, auf äußerlich ansprechende Weise. »Mädchen leiden nicht an dem Unterschied der Geschlechter – sie feiern und genießen ihn«, heißt es im oben genannten *Spiegel*.

Und es funktionierte. Girlpower, das Schlagwort der Stunde, stand für eine Erweiterung des weiblichen Repertoires. Selbstbewusste Sexualität, Solidarität und Freundschaften unter Frauen und Mädchen, in denen Jungen und Männer zunächst nicht die Hauptrolle spielten, stellte eine Weiterentwicklung der ansonsten eher männerzentrierten Popkultur dar. Und trotzdem wurde die »Girlie«-Kultur als Teil eines größeren Backlashs wahrgenommen, wie die britische Kulturwissenschaftlerin Angela McRobbie analysierte. Denn die Erzählung, dass in Sachen Feminismus schon alles erreicht sei und die nächste Frauengeneration selbst keine Probleme mehr erkennen würde, entlastete die nach wie vor männlich dominierte Gesellschaft von der Verantwortung, etwas an den bestehenden patriarchalen Strukturen zu ändern. Und das, ohne sich selbst als antifeministisch und rückständig wahrnehmen zu müssen. Wie praktisch.

Die Gegenreaktion gegen die Frauenbewegung, die sich hier so deutlich manifestiert, begann bereits in den 80er Jahren. Und wie so oft wurde diese Entwicklung in den USA früher sichtbar als in Deutschland. 1991 veröffentlichte die junge Journalistin Susan Faludi das Sachbuch *Die Männer schlagen zurück.* Rückblickend analysierte sie, wie der Backlash in den USA entstanden war, wer die hauptsächlichen Akteure waren und mit welchen Methoden sie vorgingen.

Faludi zufolge nahm die antifeministische Gegenreaktion schon in den 80ern verschiedene Formen an, darunter Kampagnen, die Feministinnen als männerhassende Radikale darstellten. Der Vorwurf an den Feminismus lautete, er hätte Frauen unglücklich gemacht, indem er sie dazu verführt hätte, einer familienfeindlichen Ideologie zu folgen, um dann zu vereinsamen. Statistiken über angeblich unglückliche Singlefrauen und ihre Kinderlosigkeit sollten das untermauern. Laut Faludi war der Backlash von der Angst vor Macht- und Kontrollverlust und durch eine Reihe von Faktoren angetrieben worden, darunter die Wahl Ronald Reagans zum 40. Präsidenten der Vereinigten Staaten. Reagan, der auf den Demokraten Jimmy Carter folgte, stand für eine neokonservative Agenda.

Für die deutsche Gesellschaft fehlt es an gleichwertigen Analysen der damaligen Zeit. Seit 1982 wurde die BRD von Helmut Kohl und damit von der CDU regiert. Auch wenn er von kämpferischen Christdemokratinnen wie Rita Süssmuth als verbal aufgeschlossen gegenüber frauenpolitischen Anliegen beschrieben wurde, fiel seine konkrete Unterstützung in 16 Jahren Regierungszeit ausgesprochen verhalten aus. Positiv benannt werden sollte, dass in seine Zeit die Entscheidung fiel, ein eigenes Frauenministerium auf Bundesebene zu gründen; nicht etwa in die Regierungszeit der SPD, die dafür als Regierungspartei 13 Jahre lang Zeit gehabt hätte. Die SPD hatte einiges für Frauen auf der rechtlichen Ebene erreicht, diese Verwaltungsreform jedoch ausgespart. Eine Enquete-Kommission des Deutschen Bundestages zur rechtlichen und sozialen Gleichberechtigung von Frauen hatte 1980 die Einsetzung von Gleichstellungsstellen unter dem Dach einer obersten Bundesbehörde zu diesem Zweck gefordert.

Unter Helmut Kohl wurde 1996 das Frauenquorum in der CDU eingeführt, eine abgeschwächte Quote, die einen Frauenanteil von einem Drittel bei Listenaufstellung, Parteiämtern und öffentlichen Mandaten, also Bundestags-, Landtags- sowie kommunalen Mandaten vorsieht, allerdings nicht verpflichtend ist und nur eingehalten werden muss, wenn es genügend weibliche Kandidierende gibt. Erst 2022 entschied sich die CDU auf ihrem Bundesparteitag dazu, diese Quote zu überarbeiten und verbindlicher zu machen.

Der Backlash in Westdeutschland verlief also anders, weniger auffällig als in den USA. Zudem hatten sowohl Frauenbewegung als auch die große Politik andere Aufgaben: die Bewältigung der Folgen der Wiedervereinigung. Im Zuge dessen trafen nun zum ersten Mal West- und Ostfeministinnen aufeinander.

In den frühen 80er Jahren waren in der DDR circa hundert informelle, vom Staat unerwünschte Frauengruppen entstanden. Eine Bewegung, die grob in drei Strömungen unterteilt werden kann. Die erste waren die »Frauen für den Frieden«, die zunächst Teil der geschlechtergemischten DDR-Friedens- und Umweltbewegung waren, entstanden wie in den westlichen Ländern als Reaktion auf den Kalten Krieg. Eine besondere Rolle spielte in diesem Zusammenhang die Verhinderung einer Wehrpflicht für Frauen im Verteidigungsfall, der die Frauen widersprechen wollten. Die zweite Strömung bestand aus Frauengruppen, die sich mit männlicher Herrschaft in der Theologie und der Kirche auseinandersetzten. Die dritte schließlich bildeten Lesben, die ansonsten wenig Möglichkeiten hatten, ihre sexuelle Identität zu entwickeln, Öffentlichkeit zu schaffen oder auch nur an Informationen zum Thema Homosexualität zu gelangen. Erste lesbisch-schwule, aber auch separate lesbische Gruppen waren bereits früher, in den 70ern, entstanden.

Die Strömungen waren nicht klar abzugrenzen, allein deswegen, weil alle Räumlichkeiten der evangelischen Kirche nutzten. Die Kirche war die einzige Institution in der DDR, der derartige Privilegien zugestanden wurden, für interne Zwecke durften sogar Publikationen ohne staatliche Überprüfung erstellt werden.

Im Gegensatz zur BRD fanden Aktivismus, Debatten und Vernetzung der Feministinnen in der DDR weitgehend unter Ausschluss der Öffentlichkeit statt. In der BRD herrschte Presse- und Meinungsfreiheit, und auch wenn die großen Medienhäuser ein eher oberflächliches Interesse an der Frauenbewegung zeigten, so hatten die Frauen wenigstens die Möglichkeit, eigene Zeitschriften und Verlage zu gründen, zu Versammlungen aufzurufen und so eine eigene Semiöffentlichkeit zu schaffen. In der SED-Diktatur wurde jede Auseinandersetzung mit den Anforderungen und Widersprüchlichkeiten der Geschlechterverhältnisse unterdrückt und den Frauen blieben nur informelle Wege, Vertrauensverhältnisse, Bekanntenkreise und eben die Kirche.

Das einzige Ventil, um öffentlich Kritik zu üben oder zu diskutieren, welche Veränderungen es in der Gesellschaft bräuchte, um Selbstbestimmung zu ermöglichen, boten literarische Werke. In ihnen schilderten fiktive Protagonistinnen ihren Alltag, formulierten Zweifel, stellten Fragen oder schilderten Überlegungen. Seit den 60er Jahren hatten zahlreiche Schriftstellerinnen Bücher und Texte verfasst, in denen sie ein feministisches Bewusstsein im Rahmen der Möglichkeiten der DDR artikulierten. Ähnlich wie Verena Stefans *Häutungen* in der BRD oder Alice Schwarzers *Der kleine Unterschied* trafen vor allem Maxie Wanders Protokolle von Frauen-Monologen, die sie 1978 unter dem Titel *Guten Morgen, du Schöne* veröffentlichte, den Nerv der Leserinnen. Sie handelten von stark tabuisierten Themen wie sexualisierte und häusliche Gewalt, von weiblicher Sexualität und Schwangerschaftsabbrüchen. Begriffe wie Patriarchat oder Feminismus wurden dabei jedoch ausgespart, sie waren nicht Teil des offiziell erwünschten, sozialistischen Vokabulars, sondern diskreditiert und als westliche Arroganz und bürgerlich dekadent verunglimpft.

Aufgrund des fehlenden öffentlichen Diskurses bleibt es für Historiker*innen bis heute schwierig, genau nachzuvollziehen, welchen Einfluss der Literarische Feminismus auf die feministische Bewusstwerdung von Frauen in der DDR hatte. Doch es gab einen weiteren Kristallisationspunkt. Katja Havemann, eine der zentralen Personen der »Frauen für den Frieden« in Berlin, beschrieb ihn wie folgt:

»Ich merkte immer bei Zusammenkünften, die es häufig gab, (…) dass die Männer in den Diskussionszusammenhängen mit großer Selbstverständlichkeit dominant waren. Und ich lernte zunehmend (…) die Frauen besser kennen und merkte, daß es sehr interessante und angenehme Frauen waren. (…) Und dann erinnere ich mich, dass wir verschiedene Frauen angesprochen haben. Und plötzlich waren da eine Menge Frauen.«

Viele weitere Äußerungen machen deutlich, dass die ostdeutsche Frauen- und Lesbenbewegung ganz ähnlich begann wie in Westdeutschland, wie emanzipatorische Bewegungen überall auf der Welt: Durch den Austausch von Erfahrungen, die den Menschen vor Augen führten, dass sie mit den eigenen Erlebnissen, dem Schmerz, der Wut, der Unzufriedenheit nicht allein sind. Dass die irritierenden und leidvollen Alltagserfahrungen – die Überforderung durch Beruf und häusliche Rolle, die Einengung durch stereotype Geschlechterbilder, Gewalt und Fremdbestimmung – Ergebnisse patriarchaler Machtstrukturen waren und keine zufälligen, individuellen Vorkommnisse. Mit dem Unterschied, dass die Ostfrauen eben schon in der Schule lernten, dass die Frauenfrage gelöst sei; wie die Ostberliner Feministin Sybille Kracht aus Erfurt erzählte: »Ich bin immer mit Schuldgefühlen rumgelaufen, nichts zu packen, eine schlechte Mutter zu sein, nicht arbeiten zu können. Ich habe gedacht, ich muss irgendwas falsch machen, irgendwas stimmt mit mir nicht – also bis hin zur Selbstzerfleischung – und mit Sexualität sowieso. (…) Und dann habe ich mich mit Freundinnen unterhalten, und dann haben wir zwei Jahre lang jede Woche über unsere Probleme, unsere Männer, unsere Kinder und darüber, wieso das überhaupt nicht funktioniert, geredet. Ja, und dann habe ich mehr Bücher gelesen, und noch mehr geredet. Das war der Anfang meiner Frauenbewegung.«

Weitere Parallelen zur westdeutschen Bewusstwerdung existieren: Die DDR-Frauen setzten sich kritisch mit der Elterngeneration auseinander und wollten Spießigkeit und autoritäre Strukturen überwinden, ähnlich wie die 68er den Muff der Nachkriegs-BRD. Beide Bewegungen entstanden in einer Zeit der gesellschaftlichen Transformation, beide suchten Anknüpfungspunkte in der sich langsam entfaltenden Zivilgesellschaft entlang der Themen Umweltschutz, Abrüstung und Demokratie.

Und das unter sehr widrigen Umständen: In der DDR mussten alle engagierten Frauen mit Überwachung und Verfolgung durch das Ministerium für Staatssicherheit rechnen. Zur Kontrolle und Einschüchterung ließ die Stasi Wohnungen abhören und durchsuchen, die Post überprüfen. Vorladungen in MfS-Büros folgten, die Verbreitung von Gerüchten bis hin zu Verhaftungen. Systemkritik war mit einem hohen persönlichen Risiko verbunden.

Am 10. November 1989 saß ich mit meinen Eltern vor

dem Fernseher, ich durfte länger aufbleiben und die *Tagesschau* sowie die daran anschließende Sondersendung zur Öffnung der Mauer anschauen. In der Nacht zuvor waren die Grenzen zwischen BRD und DDR plötzlich und spontan geöffnet worden. Selbst Nachrichtensprecher Jo Brauner, der beim Verlesen der Nachrichten in der Regel keine Miene verzog, konnte man die Freude über das Ereignis anmerken. Die Einspieler zeigten, wie sich Menschen auf der Berliner Mauer in die Arme fielen, die bewegende Rede des Berliner Bürgermeisters Walter Momper. Es war ein hochemotionaler Moment für alle. »Wahnsinn«, sagten die Erwachsenen, »Dass wir das noch erleben dürfen«. Für mich als Elfjährige war das damals alles weit weg. Westberliner hatte ich im Campingurlaub im Bayerischen Wald kennengelernt: eine Familie, die auf einer Art Insel lebte, von einem fremden Land eingeschlossen, das auch deutsch war. Als sie mich auf dem Drehkarussell des Spielplatzes mit dieser Geschichte beeindrucken wollten, wollte ich es erst nicht glauben. Ostdeutsche kannte ich gar nicht. Zwar stammte die Familie meiner Mutter aus Schlesien und Wolhynien, doch waren alle Verbindungen in den Osten nahezu abgebrochen, die meisten Familienmitglieder in den Westen geflüchtet. Von der DDR wusste ich nichts weiter, auf der Deutschlandkarte in meinem Diercke-Weltatlas war sie nicht selten als ein gräulicher Fleck dargestellt.

Das sollte sich in den kommenden Jahren nicht groß ändern. Zwar steckten uns meine Eltern gleich nach der Wiedervereinigung in den zum Wohnmobil umgebauten Reisebus, um die neuen Bundesländer zu erkunden, genauso ging meine Klassenfahrt in der 5. auf die Insel Usedom, doch hatten wir fast nie direkten Kontakt zu denen, die dort lebten. Mitleidig schauten wir auf die heruntergekommenen grau-beigen Dörfer, auf die Einschusslöcher aus dem Zweiten Weltkrieg in den Altbauten der Städte, auf das Aluminium-Besteck in der Jugendherberge, das so wenig wog und sich im Mund eklig anfühlte. »Wahnsinn. Die waren bestimmt alle froh, endlich an das wohlhabende Westdeutschland angeschlossen worden zu sein«, zumindest davon waren wir überzeugt.

Erst viele Jahre später, als ich in Berlin wohnte, selbst Teil der feministischen Bewegung war und auf verschiedensten Veranstaltungen Menschen wie Annett Gröschner, Katrin Wolf, Christian Schenk, Kathrin Mahler Walther, Samirah Kenawi oder Peggy Piesche kennenlernte, erfuhr ich aus erster Hand, was in den Jahren vor der Wende, aber auch danach, alles passiert war, wie bewegt und dramatisch diese Jahre gewesen waren – und dass die Bürgerrechtlerinnen und Feministinnen, die für Freiheit und Demokratie gekämpft hatten, gar nicht glücklich über die im Eiltempo vollzogene Wiedervereinigung gewesen waren, bis zuletzt vergeblich für den Erhalt ihrer Rechte in der DDR gekämpft und auf eine bessere Gesellschaft gehofft hatten.

Sie waren nicht erfolgreich, obwohl sie keine Zeit verloren hatten: Nur 23 Tage (!) nach dem Mauerfall, am 3. Dezember 1989, und 10 Monate vor der damals noch nicht vorhergesehen Wiedervereinigung – vorerst ging es vielen Bürgerrechtler*innen um die Neugestaltung einer demokratischen DDR, nicht um den Anschluss an die BRD – luden Mitglieder der ostdeutschen Frauenbewegung zu einem Kongress in der Berliner Volksbühne unter dem Motto »Ohne Frauen ist kein Staat zu machen!« und begannen sich zu organisieren. Es kamen 1200 Frauen, 60 Frauengruppen aus den verschiedensten Städten waren vertreten, um die geplanten Reformen der DDR mitzubestimmen. Für die Teilnahme an offiziellen Versammlungen und an den Wahlen zur Volkskammer der DDR gründeten die Teilnehmerinnen an diesem Tag den Unabhängigen Frauenverband. Der UFV forderte grundlegende Chancengleichheit aller Geschlechter: Parität in allen Entscheidungspositionen, Erziehung frei von Rollenmustern und heterosexueller Norm, den Erhalt und Ausbau von Kinderbetreuung sowie fortgesetzt das Recht auf einen Schwangerschaftsabbruch.

Drei Monate später, am 18. März 1990, fanden die ersten (und letzten) freien Volkskammerwahlen statt. Der UFV ging ein Wählerbündnis mit der Grünen Partei in der DDR ein, um seine Anliegen auch auf der parlamentarischen Ebene einzubringen. Doch die politische Teilhabe wurde ihm verwehrt: Obwohl das Wählerbündnis acht Sitze in der Volkskammer gewonnen hatte, ging der UFV bei der Vergabe der Listenplätze überraschend leer hinaus, die Grünen hatten die Frauen hintergangen.

Die Volkskammerwahlen brachten aber noch eine viel weitreichendere Entscheidung: Überraschend – alle Prognosen gingen von einem Sieg der SPD aus – stimmte die Mehrheit der Wähler*innen für das konservative Bündnis »Allianz für Deutschland«, das sich kurz zuvor gebildet hatte und von der westdeutschen CDU/CSU unterstützt wurde. Das Bündnis trat unter dem Motto »Freiheit und Wohlstand – Nie wieder Sozialismus« an und propagierte eine schnelle deutsche Wiedervereinigung. Die Forderung der Bürgerrechtler*innen nach einer demokratischen Reform der DDR war damit gescheitert, ein schneller Anschluss an die BRD wurde schließlich mit der Wiedervereinigung nur sieben Monate später, am 3. Oktober 1990, Wirklichkeit.

Bei den ersten gemeinsamen Bundestagswahlen am 2. Oktober 1990 trat der UFV wieder im Wahlbündnis mit den Grünen und anderen Bürgerbewegungen an und errang diesmal ein Mandat. Er war ebenfalls in drei Landtagen vertreten, war jedoch bald ernüchtert von den Möglichkeiten, die die parlamentarische Arbeit mit sich brachte; es fehlte schlicht an Verständnis der anderen Parlamentarier*innen und damit an Mehrheiten, um wirksam zu sein. Diese Erfahrung stellte die Ausrichtung des UFV grundsätzlich infrage; war es überhaupt sinnvoll, den parlamentarischen Weg zu gehen? Oder sollte der Verband sich auf andere Anliegen konzentrieren, etwa auf die verheerenden sozialen Probleme, denen Frauen in den ostdeutschen Bundesländern nach der Wende ausgesetzt waren?

Mit dem Zusammenbruch des sozialistischen Systems wurde mehr als deutlich, dass die von oben verordnete Gleichberechtigung in der DDR unvollendet geblieben war und Rollenstereotype nie wirklich aufgelöst wurden.

Diese Rollenstereotype boten nun eine gute Argumentationsgrundlage, um Frauen vom stark angespannten Arbeitsmarkt auszugrenzen. Die ostdeutschen Bundesländer waren von Massenarbeitslosigkeit betroffen. Das galt grundsätzlich für alle Geschlechter, doch der Anteil der Frauen unter den Erwerbslosen war doppelt so hoch wie der der Männer. Frauen wurden aus Leitungsfunktionen und technischen Berufen regelrecht entfernt und in stereotyp weibliche Berufsfelder gedrängt, wenn sie ihren Arbeitsplatz nicht ganz verloren hatten. Vulnerable Gruppen – alleinerziehende, behinderte, erwerbslose Frauen sowie Seniorinnen – waren besonders betroffen. Sie waren auch in der DDR benachteiligt gewesen, hatten Ausgrenzung erfahren, weil sie nicht dem Bild der leistungsfähigen Arbeiterin entsprochen hatten. Doch der Sozialismus hatte einen anderen Anspruch an den Sozialstaat, hatte zumindest ein Dach über dem Kopf bereitgestellt und die grundlegende Versorgung gesichert. Nun landeten die Frauen, die große Hoffnung auf die Wiedervereinigung gesetzt hatten, in der Armutsfalle.

Erschwerend kam hinzu, dass die Feministinnen des UFV in der gesamtdeutschen Demokratie nun vor ganz ähnlichen Problemen standen wie die westdeutsche Frauenbewegung: fehlende Ressourcen, kaum Verbündete in Entscheidungspositionen, die sich für ihre Anliegen hätten stark machen können. 1998 löste sich der UFV endgültig auf.

Dabei hatten auch Feministinnen große Hoffnung in die Wiedervereinigung gesetzt. Viele Westfeministinnen hatten ein Stück weit neidisch auf die Situation der Frauen in der DDR geblickt. Während sie in Westdeutschland demonstrierten, protestierten und schlecht bezahlte eigene Infrastrukturen wie Frauenzentren, Frauenhäuser, Buchverlage, Zeitschriften gründeten, schien den ostdeutschen Frauen alles in den Schoß zu fallen: die Legalisierung von Schwangerschaftsabbrüchen, die Kinderbetreuung, die Gleichstellung im Beruf. Nach der Wiedervereinigung – so hofften die Westfeministinnen – würden diese starken Ostfrauen der gesamtdeutschen Frauenbewegung einen Schub verleihen. »Ich dachte immer, Mensch, wenn in der DDR mal eine Frauenbewegung losgeht, dann fegen sie wirklich alles zu Seite«, sagte zum Beispiel Helke Sander im Gespräch mit den Journalistinnen Ulrike Helwerth (West) und Gislinde Schwarz (Ost). Die beiden gingen Mitte der 90er in mehreren Interviews den damals verpassten Chancen nach. Diese Verklärung hatte sich durch die immense Mobilisationskraft der ostdeutschen Frauenbewegung in den ersten Wochen nach Mauerfall – 1 200 Frauen innerhalb von drei Wochen in die Volksbühne zu bewegen, ein Manifest zu schreiben UND einen Verband zu gründen – noch verstärkt. Doch in Wirklichkeit empfanden sie die Frauen, in ihrem »Entwicklungs- und Bewusstseinsstand als rückständig«. In den Gesprächen, die Helwerth und Schwarz aufzeichneten, wird eine Überheblichkeit deutlich, die Parallelen zu dem aufweist, was Schwarze Feministinnen als kennzeichnend für *white Feminism* ausgemacht haben – auch wenn es hier nicht um Rassismus ging und die Feministinnen in der Mehrheit *weiß* waren.

Die Ostfeministinnen fühlten sich herablassend behandelt und spürten die Machtverhältnisse, die sich aus der Art und Weise ergaben, wie die Wiedervereinigung vollzogen wurde – nicht als Annäherung beider Staaten, sondern als einseitiger »Triumph« des westlichen Systems – genauso deutlich in der Frauenbewegung.

Vier Monate nach der Gründung des UFV in der Berliner Volksbühne fand im April 1990 in der Dynamo-Sporthalle der erste gemeinsame Ost-West-Frauenkongress statt. Hier sollten gemeinsam Strategien und Aktionen entwickelt werden, Synergien entstehen. Stattdessen kam es zu Kontroversen, Konflikten und Zerwürfnissen. Die Zeitzeuginnen Ulrike Helwerth und Gislinde Schwarz beschreiben den Tag so: »Ob es das Thema Kinder oder Männer, Politik oder Gesellschaft betraf, plötzlich schien es keine gemeinsame Sprache mehr zu geben. Die idealisierte Schwesternschaft erwies sich nach vierzig Jahren Geschichte als doppelt falsch. Die sich hier begegneten hatten weder die gleichen Wurzeln, noch teilten sie gleiche Interessen. Sie waren einander fremd.« Zu dieser Entfremdung trugen mehrere Faktoren bei: Die Sozialisation in der DDR, in der Gleichberechtigung von oben verordnet wurde, in der aber eine unabhängige feministische Szene nur inoffiziell existieren konnte, während in der BRD eine vielfältige konfliktfreudige Frauenbewegung entstanden war, die eigene Regeln der politischen Arbeit und spezifische Umgangsformen entwickelt hatte. Hinzu kamen die sehr unterschiedlichen Bedürfnisse der Feministinnen – die tiefgreifende Erfahrung des Zusammenbruchs des Staates und dessen verunsichernde Auswirkungen auf das Leben der Ostfrauen konnten viele Westfrauen nicht nachvollziehen, für sie ging das Leben nach der Wiedervereinigung weiter wie zuvor. Das alles hatte dazu geführt, dass die Frauen sich kaum verständigen konnten. Für Westfeministinnen war es etwa selbstverständlich, sämtliche Veranstaltungen unter dem expliziten Ausschluss von Männern durchzuführen – Ostfeministinnen fanden das lächerlich; Westfeministinnen sahen ihren Grundkonsens in Gefahr und beharrten auf ihrem Standpunkt.

Ziele und Prioritäten der beiden Gruppen unterschieden sich nach der Wiedervereinigung. Westdeutsche Feministinnen betonten Themen wie sexuelle Selbstbestimmung, während der Fokus auf ostdeutscher Seite auf sozialer Gerechtigkeit und der Wahrung der emanzipatorischen Errungenschaften der DDR lag.

Der Frauenkongress war nicht der einzige feministische Ort für Ost-West-Begegnungen. Ein anderer waren die sogenannten Ostlesbencamps, die ab 1993 jährlich stattfanden. Zum zweiten Camp 1994 kamen an die hundert Frauen an der Ostsee zusammen. Auch quer zur den Konfliktlinien zwischen Ost- und West-Feminist*innen wurde über Unterschiede zwischen Frauen und zwischen Lesben viel diskutiert und heftig gestritten, zum Beispiel auf den überregionalen Lesbenfrühlingstreffen und Lesbenwochen. Aber auch neue Bündnisse entstanden. Ein großes (Konflikt-)Thema war Rassismus, Veranstaltungen zu jüdischem Leben und Antisemitismus fanden nun ebenfalls statt. Schon im Jahr 1990 besuchten 400 Frauen den Kongress »Frauen gegen Nationalismus – Rassismus/Antisemitismus«, wo es zu heftigen Konflikten kam. Im Jahr darauf tagte der Bündniskongress »Immigrantinnen, Schwarze deutsche, jüdische und im Exil lebende Frauen«.

In den 90ern entstanden viele neue Gruppen aus der jüdischen und migrantischen Frauen- und Lesbenbewegung, die sich Identitätsfragen widmeten, etwa die jüdisch-feministische Initiative »Bet Debora« oder die Gruppe »Lesben aus der Türkei«. Auch viele Publikationen der Bewegung widmeten sich der Frage, wie verschiedene Unterdrückungsformen zusammenwirken und das Leben von Frauen prägen. Eine wichtige Inspirationsquelle für die Diskussion um Unterschiede und Unterdrückung zwischen Frauen boten damals die Texte Schwarzer US-amerikanischer Feministinnen, etwa die der afro-karibisch-amerikanischen Dichterin, Autorin und Aktivistin Audre Lorde, die sich in den 90ern immer wieder in Berlin aufhielt.

Zur gleichen Zeit gewannen auch queerfeministische Perspektiven an Bedeutung, und neue lesbisch-schwule und queere Initiativen bildeten sich: Drag Shows, queere Diskussionsveranstaltungen (wie der »Queer Salon« in Berlin) und Partys, lesbisch-schwule Gruppen (etwa die jüdische Gruppe »L'Chaim«,), »Pink-Silver«-Demoblöcke oder der »Transgeniale CSD« in Berlin-Kreuzberg. Geschlechtsidentitäten wurden zunehmend hinterfragt, bisweilen auch performativ und lustvoll herausgefordert. Darüber, ob trans Personen willkommen sind in (lesbisch-)feministischen Räumen, bestand allerdings keine Einigkeit. Vielmehr kam es zu heftigsten Konflikten, die in manchen Zusammenhängen – etwa bei den Lesbenfrühlingstreffen – im Grunde bis heute andauern. Ende der 90er begannen sich trans Personen auch in eigenen Gruppen zu organisieren.

Die 90er waren also Jahre, in denen es Feminist*innen noch schwerer gemacht wurde. Die Nachwirkungen der 68er-Bewegung auf demokratische Liberalisierungs- und Demokratisierungstendenzen waren verebbt. Stattdessen prägte eine Welle rechter Gewalt das frisch vereinte Deutschland. Die konservative Regierung Kohl, bestehend aus einer Koalition von CDU/CSU und FDP, bestimmte bereits seit 1982 das gesellschaftliche Klima. Die linke Bewegung, zu der weite Teile der Feminist*innen gehörten, war zerstritten und mit sich selbst beschäftigt.

Auch setzte sich für die Feminist*innen der Marsch durch Institutionen fort, wenn auch größtenteils in prekären Frauenprojektstellen und ständigen antifeministischen Angriffen ausgesetzt.

Die frauenbewegten Studentinnen waren seit den 80ern institutionell immer weiter vorgedrungen, ob in Parteien, Gewerkschaften, ob in der Kirche, Schule, Universität oder in Nicht-Regierungsorganisationen und Berufsverbänden. Sie organisierten Interessenvertretungen, gründeten neue Vereine, stellten Forderungen auf.

Die Strategie der institutionalisierten Frauenbewegung bestand zunächst darin, überhaupt politischen Einfluss zu erlangen. Das sollte durch die Einrichtung von eigenen Institutionen wie Frauen- bzw. Gleichstellungsministerien sowie durch die Einführung von Frauenquoten in Entscheidungspositionen in Politik und Wirtschaft gelingen. Obwohl die Regierung Kohl und die von ihm eingesetzte konservative Frauenministerin Claudia Nolte wenig empfänglich für diese feministischen Vorstöße waren, konnten einige Erfolge verbucht werden:

Nach der Wiedervereinigung erhielt die Gemeinsame Verfassungskommission (GVK) den Auftrag, Änderungen im Grundgesetz auszuarbeiten, die aufgrund der Vereinigung der beiden deutschen Staaten notwendig geworden waren. Feministische Organisationen, Verbände und Initiativen forderten die Weiterentwicklung des Gleichberechtigungsartikels Art. 3 Absatz 2 GG als Teil der Beratungen der GVK, da die bestehende Formulierung zwar die formale, aber nicht die faktische Gleichstellung zwischen Frauen und Männern gewährleistete.

Die Debatten in der Kommission gestalteten sich schwierig. Man war sich einig, dass Frauen weiterhin benachteiligt wurden, jedoch nicht darüber, welche Maßnahmen ergriffen werden sollten, um diese Benachteiligungen abzubauen. Schließlich und dank der Lobbyarbeit der zahlreichen Frauenorganisationen beschloss die GVK am 27. Mai 1993 die Formulierung: »Der Staat fördert die tatsächliche Durchsetzung der Gleichberechtigung von Frauen und Männern und wirkt auf die Beseitigung bestehender Nachteile hin.« Dieser Zusatz sollte den Staat auffordern, geeignete Maßnahmen zu ergreifen, um die Gleichstellung der Geschlechter aktiv voranzubringen, und bildete die Rechtsgrundlage für Gleichstellungsgesetze auf Bund, Länder- und Kommunalebene.

Am 24. Juni 1994 trat das Zweite Gleichberechtigungsgesetz (2. GleiBG) in Kraft und reformierte somit das im Jahr 1957 beschlossene Gleichberechtigungsgesetz. Artikel 1 beinhaltet das Gesetz zur Förderung von Frauen und der Vereinbarkeit von Familie und Beruf in der Bundesverwaltung und den Gerichten des Bundes, auch als Frauenfördergesetz (FFG) bekannt. Artikel 10 das Gesetz zum Schutz der Beschäftigten vor sexueller Belästigung am Arbeitsplatz, das Beschäftigtenschutzgesetz (BSchG), und Artikel 11 das Gesetz über die Berufung und Entsendung von Frauen und Männern in Gremien im Einflussbereich des Bundes, das Bundesgremienbesetzungsgesetz (BGremBG).

In Hamburg und Hessen wurden 1979 die ersten Landesfrauenbüros eingerichtet, 1982 mit Lie Selter die bundesweit erste kommunale Frauenbeauftragte in Köln ernannt. Trotz anfänglicher Kritik aus der Frauen- und Lesbenbewegung – viele hatten die Institutionalisierung des Feminismus abgelehnt und befürchtet, Frauenpolitik werde an Durchschlagskraft verlieren, wenn sie administrativ eingebunden werde – galt die Einrichtung der Frauen- bzw. Gleichstellungsbeauftragten rasch als Erfolg, denn viele Frauen aus der Szene traten nun diese Stellen an. In einem Bericht an den Bundestag aus dem

Jahr 1993 vermeldete die Bundesregierung die Einrichtung von Gleichstellungsstellen in allen Bundesbehörden, allen Bundesländern sowie in 1256 Kommunen, 765 in west- und 491 in ostdeutschen Bundesländern, und kommentierte: »Nur in wenigen Politikbereichen hat es in derart kurzer Zeit eine ähnlich breite institutionelle Verankerung gegeben.«

Bereits seit 2003 liegt die Zahl der kommunalen Gleichstellungsbeauftragten in der Bundesarbeitsgemeinschaft der kommunalen Frauenbüros und Gleichstellungsstellen unverändert bei circa 1900. Die Verteilung ist dabei regional sehr verschieden: Während in Schleswig-Holstein im Jahr 2021 2,2 hauptamtliche Gleichstellungs- und Frauenbeauftragte für 100 000 Einwohnerinnen zuständig sind, sind es in Bayern und Baden-Württemberg nur 0,4.

Die Etablierung der Gleichstellungsbeauftragten ist eine Erfolgsgeschichte. Mehrere tausend Akteur*innen, in der großen Mehrheit Frauen, bilden den verlängerten Arm der Bewegung, arbeiten seit dreißig Jahren daran, Artikel 3, Absatz 2 unseres Grundgesetzes »Männer und Frauen sind gleichberechtigt« in die Realität zu überführen. Mit der Änderung des Personenstandsrechts im Jahr 2018 gilt es außerdem, der Diskriminierung geschlechtsdiverser Personengruppen – also von trans, inter oder nicht-binären Personen – stärker entgegenzuwirken. Die damals neu geschaffenen rechtlichen Optionen »divers« und »kein Eintrag« in den Personenstandsregistern tragen der Realität geschlechtlicher Vielfalt Rechnung. Auch nach 30 Jahren Gleichstellungspolitik ist noch viel zu tun, auch was die klassische (also binär gedachte) Gleichstellung betrifft. Warum waren die bisherigen Bemühungen nicht wirksamer?

Wie so häufig, wenn es um Feminismus und Gleichstellung geht, wurde viel getan, aber nicht genug. Das verbale Bekenntnis zur Arbeit der Beauftragten war selten das Problem. Doch wenn es darum ging, strukturell wirksam zu werden, begannen die Widerstände, die bis heute nicht ausgeräumt sind. Gleichstellungsstellen müssten vielerorts besser ausgestattet sein. Es fehlt an Ressourcen, neben personellen auch finanziellen, für Maßnahmen vor Ort, zum Beispiel für Veranstaltungen oder Kampagnen. Nicht alle Gleichstellungsbeauftragten sind hauptberufliche, viele haben diese Aufgabe zusätzlich zu anderen übernommen, manche arbeiten gar ganz im Ehrenamt und das Gehalt bleibt zu häufig gering. Wer nur eine oder vielleicht fünf Stunden in der Woche für diese Arbeit aufwenden kann, wird nur wenig verändern, wie die Beauftragten in einer Studie aus dem Jahr 2019 berichten.

In den Jahren, in denen all das erstritten wurde, beschäftigten mich, wie es für einen Teenager angemessen ist, andere Themen. Politik berührte meinen Alltag kaum. Und die Existenz von Frauenbeauftragten war mir nicht einmal bewusst. Aber mein Körper begann sich zu verändern, ich kam in die Pubertät, wurde »weiblicher«, und ich hatte plötzlich neue, mir gänzlich unbekannte Empfindungen. Meine Mutter hatte mich auf kindliche, ehrliche Weise sexuell aufgeklärt, und schon im Kindergarten war ich diejenige gewesen, die den anderen erzählt hatte, dass Babys nicht etwa von Störchen gebracht wurden oder aus Bauchnabeln krochen, sondern durch die Scheide geboren wurden und dass der Grund für die Entstehung der Babys nicht die Hochzeit war, sondern dass es etwas gab, was die Erwachsenen taten und Sex nannten. In Rollenspielen mit unseren Barbies – nackten Barbies –, aber auch bei heimlichen Doktorspielen unter Gleichaltrigen, hatten wir diese Rituale der Erwachsenen inszeniert, kamen jedoch stets zu dem Schluss, dass das nichts für uns sei – und niemals sein würde. Widerlich.

Doch dieser Ekel verschwand und ich war plötzlich auf der Suche. Nach diesem wohligen Gefühl zwischen den Beinen, das ich zufällig entdeckt hatte, und nach mehr Informationen. Meine Mutter hatte bei ihrer Erziehung Wert darauf gelegt, dass ich ein positives Gefühl zu meiner Sexualität, zu meiner Weiblichkeit entwickelte. Dazu gehörte, dass sie mir gratulierte und sich mit mir freute, als mit vierzehn meine erste Periode einsetzte. Deshalb traute ich mich nun, ihr vorsichtige Fragen zu diesen seltsamen Gefühlen zu stellen: Wie fühlt sich ein Orgasmus an? Muss ich verliebt sein, um Sex zu haben? Wie verhüte ich am besten?

Trotzdem spürte ich, dass Sexualität und Gefühle für die meisten Erwachsenen ein unangenehmes Thema waren, dass es etwas berührte, über das »man« nicht spricht. In *Wie wir begehren* schreibt Carolin Emcke über das Erwachen ihrer Sexualität, über ihr lesbisches Begehren. Sie schildert, wie technokratisch und gefühllos Sexualerziehung in der Schule funktionierte. Wie stumm die Erwachsenen blieben, genau wie die Kinder und Jugendlichen untereinander, wie wenig über das Empfinden gesprochen wurde, wie weit verbreitet die Scham war.

Manchmal kam meine Großtante Martha zu Besuch, um mit den Kindern auszuhelfen. Eine bodenständige und humorvolle Frau, die ihr Leben lang hart in der Fabrik gearbeitet, sich vor mehr als dreißig Jahren von ihrem cholerischen Ehemann getrennt und ihr drittes Kind allein großgezogen hatte. »Sex, nee, lass mal, das ist nichts für mich. Das mache ich nicht«, sagte sie häufig, wenn wir am Abend gemeinsam auf meine Geschwister aufpassten. Dabei bot sie mir eine ihrer Lord-Extra-Zigaretten an. »Sex, das ist nur etwas, was Männern gefällt und was wir über uns ergehen lassen mussten.«

Martha gehörte zur Generation meiner Großeltern und ich erahnte, in welchem Geist meine eigenen Eltern wohl erzogen worden waren, woher die Sprachlosigkeit stammte. Die Student*innen der 68er-Bewegung hatten aus diesem Grund ebenso für eine sexuelle Revolution gekämpft, gegen die rigide Sexualmoral der 50er Jahre.

Diese kann als Reaktion auf den Nationalsozialismus verstanden werden. Einerseits hatten sich die Nazis als Restauratoren traditioneller Familienbilder und Geschlechterrollen inszeniert, als Garanten für die Wiederherstellung der Ordnung nach der Weimarer Republik. Andererseits hatten sie die zu Beginn des 20. Jahrhunderts begonnene Liberalisierung der vormals religiös begründeten Sexualmoral vorangetrieben, sie durch ihre Rassenideologie regelrecht pervertiert, wie die Historikerin Dagmar Herzog herausgearbeitet hat: Die Mehrheit der Bevölkerung, also alle laut NS-Ideologie »lebenswerten« Menschen, waren aufgerufen und durch lockere Sitten ermuntert, Nachwuchs zu zeugen. Alle anderen wurden sterilisiert, gefoltert und ermordet. Sexuelle Zügellosigkeit und Genozid waren im Dritten Reich auf verschiedenste Weise miteinander verwoben.

Als Konsequenz dominierten in den 50er Jahren in Westdeutschland konservative Politiker, Kirchenvertreter, Journalisten, Juristen und Mediziner die Diskussion. Was die Sexualmoral betraf, genossen Nachkriegskinder eine Erziehung, die selbst strenger war als im vorfaschistischen Deutschland. 1952 wurde etwa – nach intensiver Lobbyarbeit durch kirchliche und staatliche Akteure – ein Gesetz verabschiedet, das die Verbreitung von pornografischem Material verbot, um Jugendliche vor Nacktheit und sexuell anzüglichen Bildern zu »schützen«. Zur gleichen Zeit intensivierte sich die polizeiliche und strafrechtliche Verfolgung von homosexuellen Männern. In einigen Regionen Deutschlands wurde gar der Zugang zu Kondomen erschwert. Der Markt wurde von pädagogischer Literatur überschwemmt, die sexuelle Reinheit und Treue propagierten.

In der DDR herrschte zunächst eine ähnlich konservative Sexualpolitik vor, bloß gründete sie nicht auf christlichen, sondern sozialistischen Werten. Und war dadurch deutlich schwächer in der Argumentation. Denn anders als in der christlichen Lehre samt ihren seit Jahrhunderten geltenden Geboten zu Keuschheit und Selbstbefriedigung waren sozialistische Vordenker*innen liberaler und zudem religionskritisch eingestellt. Folglich liberalisierte sich die Sexualpolitik in der DDR – zumindest für heterosexuelle Menschen –, ohne dass eine sexuelle Revolution stattgefunden hatte.

In Westdeutschland behandelten nicht nur männliche Studenten der 68er Fragen der Sexualität, die Frauenbewegung griff diese ebenso bereitwillig auf. Ähnlich wie bei der Frage der Kinderbetreuung kritisierten die Frauen ihre Kommilitonen dafür, dass sie die sexuelle Befreiung nur für sich selbst reklamierten. Sexualität wurde als Instrument patriarchaler Unterdrückung identifiziert, von dem die Genossen trotz sexueller Befreiung weiter unreflektiert Gebrauch machten. Eine Einsicht, die sich nicht nur in Deutschland durchsetzte: In allen Teilen der westlichen Welt, in Europa wie in den USA, organisierten junge Menschen Gegenkulturen, trieben die sexuelle Liberalisierung energisch voran, und überall dort entwickelten sich kritische Frauenbewegungen, die lautstark konstatierten, dass ihre Mitstreiter weitestgehend Chauvinisten und Machos geblieben waren.

Auch beim Thema »Sexualität« bezogen sich Feministinnen weltweit auf Simone de Beauvoir. In *Das andere Geschlecht* macht sie unmissverständlich klar, dass die Ursache für die Unterwerfung der Frau in ihrer Gebärfähigkeit begründet liegt. Eine Analyse, die heute auch Archäolog*innen empirisch bestätigen können. Sie datieren den Beginn der Unterdrückung der Frau ziemlich genau auf den Beginn des Neolithikums, also auf die Zeit vor 10 000 Jahren, in der sich Gruppen von Jäger*innen und Sammler*innen zur Sesshaftigkeit entschließen. Patriarchale Kulturen liegen demnach im Wunsch von nicht gebärfähigen Menschen begründet, »die Schwangerschaften der anderen zu kontrollieren und zu reglementieren.«

Um dieses Machverhältnis zu legitimieren und aufrechtzuerhalten, entstanden überall auf der Welt Erzählungen, Erklärungen, Mythen, Religionen, die die Sexualität derjenigen, die schwanger werden können, reglementierten, unterdrückten und überwachten. Menschen, die schwanger werden können, werden davon abgehalten, eine freie und selbstbestimmte Sexualität zu entwickeln. De Beauvoir argumentierte, dass die Sexualität der Frauen also so lange unterentwickelt bleiben und sich an den Bedürfnissen des Mannes ausrichten müsse, bis die Frau auch ökonomisch emanzipiert sei. Gleichzeitig ist de Beauvoir selbst Opfer einer Sozialisation, die dazu führt, dass ihr Worte und Ideen fehlen, um eine solche befreite Sexualität aufzurufen, davon zu sprechen, wie schön sie sein könnte: Sexualität wird in diesem feministischen Grundlagenwerk vor allem mit Gefühlen von Scham, Ekel und Angst in Verbindung gebracht.

Und mir kommt es vor, als ob de Beauvoirs Sicht auf diese Dinge der meiner Großtante Martha ähnelt, und das, obwohl de Beauvoir – wie in ihren Briefen nachzulesen ist – ein reiches nicht-monosexuelles, nicht-monogames Beziehungsleben genossen haben muss.

De Beauvoir gab mit ihren Thesen zur Sexualität die Stoßrichtung im Feminismus für die weitere Auseinandersetzung vor. In vielen westlichen Ländern, in denen die 68er-Revolution den Boden für die sexuelle Liberalisierung bereitet hatte, in Frankreich, den USA und Deutschland beschäftigten sich Philosophinnen und Feministinnen mit der Frage, auf welche Weise die heterosexuelle patriarchale Ordnung ihre Normen – Frauen hatten keusch und passiv, nun zusätzlich auch sexy und willig zu sein – gewaltvoll durchsetzte und wie sich Frauen aus ihr befreien konnten.

1971 erschien in Deutschland Kate Milletts *Sexus und Herrschaft*. Das wissenschaftliche Buch – es basierte auf der Doktorarbeit der bei Veröffentlichung 36-jährigen US-amerikanischen Literaturwissenschaftlerin – war wie fast alle Publikationen der damaligen Zeit zum Thema stark von *Das andere Geschlecht* beeinflusst. Genau wie de Bauvoir erarbeitete

Millett ihre Thesen zur Stellung der Frau in der Gesellschaft entlang einer Untersuchung von kulturellen Erzeugnissen: Literatur und Kunst. Ihr ging es darum, die Verbindung zwischen Macht und Sexualität in der Gesellschaft herauszuarbeiten und zu belegen, dass sexuelle Unterdrückung das zentrale Repressionsinstrument gegenüber Frauen war. Millett diskutierte Themen wie Pornografie, Prostitution, Homosexualität, Ehe und Familie und betrachtete sie alle im Kontext der patriarchalen Ordnung. Sie argumentierte, dass die Unterwerfung der Frauen innerhalb dieser Bereiche eng mit männlicher Dominanz und Aufrechterhaltung einer hierarchischen Gesellschaftsstruktur verbunden war. 1975 erschien mit *Frauenbefreiung und sexuelle Revolution* von Shulamith Firestone der nächste Klassiker in deutscher Übersetzung. Darin verglich die US-amerikanische Begründerin des Radikalfeminismus die Unterdrückungsmechanismen gegenüber Frauen mit denen gegenüber der Arbeiterklasse.

In Deutschland wie in den USA hatte sich die Frauenbewegung im Nachgang der 68er den Themen Sexualität, Abtreibung und Verhütung gewidmet, so zum Beispiel die bereits erwähnte Westberliner Gruppe brot & rosen. Deren Einfluss erstreckte sich weit über den Berliner Dunstkreis hinaus, in vielen westdeutschen Städten schlossen sich Frauen zusammen und gründeten Frauenzentren. 1972 erschien das von brot & rosen erstellte Frauenhandbuch mit einer Auflage von 10 000 Exemplaren, die rasch vergriffen war. 1974 folgte die überarbeitete und erweiterte Ausgabe, nun waren es 100 000 Exemplare. Das Frauenhandbuch behandelte Fragen weiblicher Sexualität wie Abtreibung oder Verhütung. Es galt schnell als bahnbrechende Veröffentlichung, nicht zuletzt, weil es weibliche Homosexualität als positive Lebensweise darstellte, anstatt sie zu tabuisieren. Die traditionelle Vorstellung, dass eine »richtige« Frau nur durch ihre Fähigkeit, Kinder zu gebären, definiert wurde, bekam Risse. Die Nebenwirkungen der Pille wurden kritisch reflektiert, Männer sollten für Verhütung Verantwortung übernehmen. Neben dem Frauenhandbuch bot brot & rosen sowohl Anleitungen als auch Instrumente wie Spekula zur vaginalen Selbstuntersuchung an.

Den deutschen Feministinnen dienten Selbsterfahrungsinitiativen radikalfeministischer Gruppen in den USA als Inspiration. Dort forderten die »Radical Feminists« einen grundstürzenden Wandel der Gesellschaft, das Ende des Patriarchats. Sie agierten in Abgrenzung zu liberalen feministischen Organisationen wie der National Organization for Women, welche die Politik lediglich beeinflussen und Gesetze zugunsten von Frauen verändern wollten. Da es in Westdeutschland keinen sichtbaren liberalen Feminismus innerhalb der Frauen- und Lesbenbewegung gegeben hatte, floss der Begriff erst dann in den Diskurs ein, als sich auch hierzulande verschiedene Strömungen gebildet hatten.

1975 kam die Debatte um die weibliche Sexualität endlich im deutschen Mainstream an: Alice Schwarzer veröffentlichte *Der kleine Unterschied und seine großen Folgen*. Das Buch sollte ihren Ruf als Deutschlands bekannteste Feministin endgültig zementieren. Anders als de Beauvoir, Millett oder Firestone, von denen sie zweifelsohne inspiriert war, erklärte Schwarzer ihre feministische Sichtweise radikal unakademisch. Statt Literatur- und Psychoanalyse protokollierte und kommentierte Schwarzer Gespräche mit insgesamt 17 Frauen aus verschiedenen gesellschaftlichen Bereichen, die über ihre Beziehungen, ihren Alltag, ihre Probleme, ihr Selbstvertrauen sprachen. Alice Schwarzer gebührt mit diesem Buch die Ehre, feministische Themen in den gesamtgesellschaftlichen Diskurs eingebracht zu haben. Dafür wurde sie beides: gefeiert und angefeindet.

Die protokollierten Frauen, sie sind alle mitleiderregend und nicht wirklich in der Lage, für sich selbst zu sprechen. Ihre Ehemänner sind unsensible und gefühllose Maschinen, die ihre Frauen knallen und dominieren wollen.

Aus heutiger Sicht wirken die Protokolle seltsam gestelzt. 17 Frauen, und keine von ihnen hatte je einen Orgasmus? Alle führten verfehlte Beziehungen mit männlichen Egomanen, denen es Befriedigung verschaffte, in eine unbeteiligte, sogar Schmerzen leidende Frau zu ejakulieren? Klar, solche Männer gibt es, aber 17 von 17?

In der Rückschau ist es schwierig zu beurteilen, inwiefern die bedrückende Stimmung, die sich durch das gesamte Buch zieht, wirklich der Realität entsprach. Dafür spricht, dass *Der kleine Unterschied* den Nerv der Zeit traf und zum Bestseller avancierte. In Gesprächen mit Zeitzeuginnen wird das Buch fast ausnahmslos genannt und als das Werk bezeichnet, das die Frauen damals politisierte, in West- wie in Ostdeutschland: »Ich habe es gelesen, und das hat zu einer ziemlichen Revolution in meinem Privatleben geführt. Ich habe das Gefühl gehabt, mir fallen Tomatenscheiben von den Augen. Ich habe einfach die Welt im andern Licht gesehen. Ich habe einfach meine ganze Lebenserfahrung umgedacht«, so die Westberliner Feministin Carmen Methenitis. Ähnlich klingt es bei der Erfurter Feministin Sybille Kracht an: »Ich war in psychiatrischer Behandlung und kriegte ein Buch von einer Freundin geliehen, ich glaube, es war Alice Schwarzer »Der kleine Unterschied«. Und dann ging mir ein Kronleuchter auf, und ich dachte: ›Also wenn's denen auch so geht und nicht nur mir so, dann kann es ja nicht nur mein Problem sein.‹« Im selben Zeitraum veröffentlichte Bücher wie Verena Stefans *Häutungen* oder Maxie Wanders *Guten Morgen, du Schöne* bekräftigten diesen Befund. Es handelte sich eben nicht um individuelle Leiden, sondern um gesellschaftlich tradierte Sexualität, welche sich ausschließlich an der Befriedigung des Mannes orientiert und keine Sprache kennt für das eigene Begehren.

Alice Schwarzer gab den unterdrückten Frauen eine Stimme. So sah sie sich selbst und so wurde sie gesehen. Die männlich dominierte Öffentlichkeit zeigte sich empört und fühlte sich denunziert, über einen Kamm geschoren: Alice Schwarzer schlug regelrechter Hass entgegen. Doch für viele Feministinnen dieser Generation diente sie als Vorbild, sie war eine, die den Kopf stellvertretend für sie alle hingehalten hat. Weshalb sich viele von ihnen bis heute scheuen, sie öffentlich zu kritisieren. »Ich verteidige sie ja immer noch, obwohl ich sie auch furchtbar finde«, so brachte es die westdeutsche Feministin Bascha Kowalski bereits im Jahr 1995 auf den Punkt. Eine Aussage, die auch ich so oder so ähnlich über viele Jahre von Feministinnen der »neuen Frauenbewegung« gehört habe, trotz der weit verbreiteten Kritik an ihren Positionen, den vorgenommenen Ausschlüssen, ihrer Verurteilung wegen Steuerhinterziehung.

Bei meinen vielen Streifzügen durch das Bücherregal meiner Mutter damals – immer auf der Suche nach weiteren Informationen über, nun ja, Sex – stieß ich glücklicherweise nicht auf Alice Schwarzers verstörende Darstellung der weiblichen Sexualität, sondern auf die Werke von Anaïs Nin und Henry Miller, die Sex mit blumigen, aufregenden, kitschigen Worten beschrieben. Ausgerechnet Henry Miller, dessen Werke von Kate Millett als sexistisch und patriarchal gebrandmarkt wurden, und seine langjährige Geliebte Anaïs Nin! Vor der Zeit, in der pornografische Inhalte im Internet nur einen Klick entfernt liegen, waren Heranwachsende auf Unterwäsche-Kataloge oder eben erotische Erwachsenenbücher wie diese angewiesen, um die Fantasie zu beflügeln.

Als ich meine Mutter nach der Pille fragte, war ich fünfzehn. Sie fand es bei aller Offenheit seltsam, dass ich sexuell aktiv war, was ich heute nachvollziehen kann. Ich spürte eine gewisse Zwiegespaltenheit, auf der einen Seite der Wunsch, locker und offen zu sein, auf der anderen Seite Gefühle von Scham. Schließlich hielt ich damals die Vorstellung, dass meine Mutter Sex hat, auch für seltsam.

Ich hatte Glück mit meinem ersten Freund, meiner ersten sexuellen Beziehung, wir erforschten unsere Körper und was man alles damit anstellen konnte, lasen Bücher über Sex, redeten viel. Meine erste Erfahrung war von beiderseitiger Neugier und großer Einvernehmlichkeit geprägt: Sex war etwas, was Spaß machte! Die vielen gesellschaftlichen Annahmen über die weibliche Sexualität, dass sie in erster Linie der Befriedigung des Mannes diene, dass Frauen passiv seien, die konnte ich zuerst überhaupt nicht nachvollziehen. Ich erinnere mich noch, wie entgeistert ich reagierte, als mir eine Freundin in meinem Alter weismachen wollte, dass Frauen beim Sex ja immer einen passiven Part hätten, Männer einen aktiven. Ich wusste schlicht nicht, was sie meinte, erlebte ich mich selbst doch in jeder Hinsicht als ausgesprochen aktiv.

Auch als ich Jahre später begann, mich mit feministischen Theorien der neuen Frauenbewegung zu beschäftigen, fremdelte ich in diesem Punkt mit ihnen, sie entsprachen ganz und gar nicht meinem eigenen Erleben. Rückblickend kann ich erkennen, dass das auf mich wie eine Bestärkung wirken musste in der Annahme, dass Feminismus passé sei.

Die populistischen Strategien von Schwarzer boten einen Vorteil: Man hörte ihr zu. Für 50 Prozent der Bevölkerung zu sprechen, klar zu wissen, wer Täter und Opfer sind, das hat Kraft, spricht unmittelbar an – Alice Schwarzer, bis heute die in Sachen Populismus beschlagenste Feministin Deutschlands, zeigte allen, was aufmerksamkeitsökonomisch möglich war.

Doch die von ihr angeführte Diskussion um Sexualität und Patriarchat hatte einen Nachteil: Die ermächtigenden und positiven Aspekte weiblicher Lust, die Möglichkeiten selbstbestimmter sexueller Praxis spielten im deutschen Diskurs über Jahre kaum eine Rolle.

Ein Teil der Frauenbewegung trieb den Leitspruch der 68er zu weit: Wenn jeder Aspekt des Lebens politisch war, dann auch die Sexualität. Und dann gab es folglich eine richtige, gesellschaftsverändernde, feministische Art, sexuell aktiv zu sein, und eine falsche, eine, die patriarchale Machtverhältnisse stützte. Doch müssen sich Frauen, deren Begehren auf den ersten Blick patriarchale Machtverhältnisse widerspiegelt – die zum Beispiel hetero sind oder masochistisch veranlagt –, wirklich deswegen schlecht fühlen?

Vertreterinnen des »lesbischen Separatismus« warfen Heterofrauen genau das vor: aufgrund ihrer sexuellen Orientierung Verbündete des Patriarchats zu sein, Verräterinnen an der Sache und damit keine »echten« Feministinnen. Nicht wenige Hetero-Feministinnen warfen den Lesben wiederum vor, sektiererisch zu handeln und das Image des Feminismus zu zerstören. Die Erzählung, Feministinnen seien allesamt lesbisch und von Männern entfremdet, war eine antifeministische und lesbenfeindliche Trope innerhalb der Mehrheitsgesellschaft, die dazu dienen sollte, Frauen vom Feminismus fernzuhalten. Dafür konnten aber natürlich Lesben nichts. Für sie war die Politisierung der sexuellen Identität und damit verbundenen Unabhängigkeit von Männern ein empowerndes Narrativ, ihre lesbische Sexualität zum ersten Mal in ihrem Leben als etwas Positives, Richtiges und Befreiendes zu erleben und nicht als Stigma. Ein Coming-out war in den 70ern noch immer existenzgefährdend, erst Ende der 80er gab es mit der TV-Moderatorin Hella von Sinnen die erste offen lesbische Prominente.

Im Sommer 1991 kam der Bruder meiner Kindheitsfreundin Jasmin nach einem Jahr vom Schüleraustausch aus den USA zurück. Der Zufall wollte es, dass er nach Seattle gekommen war, der pophistorisch wohl spannendsten Stadt dieser Jahre. Nun trug er einen Undercut mit Pferdeschwanz, hatte Skateboard, schwarze Chucks, abgeschnittene Jeans und die CD von Nirvana dabei. Aus dem Normalo-Teenager von nebenan war ein cooler Skater geworden.

Ich war fasziniert. Überhaupt war ich fasziniert von den USA, dem Land, das alles zu dominieren schien, in dem Häuser, Straßen und Autos größer waren als in Dinslaken, das

Freiheit und Coolness versprach. Und das ich bis dato nur aus dem Fernsehen, aus TV-Serien wie *Beverly Hills 90210*, *Denver Clan*, der *Bill Cosby Show* oder *21 Jump Street* kannte. Ich wollte auch dorthin, unbedingt!

Meine Mutter begann zu sparen, um mir diesen Traum zu ermöglichen. Und vier Jahre später stieg ich dann schließlich in ein Flugzeug: ein Jahr Schüleraustausch in den USA. Es war das erste Mal, dass ich flog. Und ich fühlte mich damit über Nacht erwachsen, verließ mein Elternhaus, auch wenn ich gerade erst meinen 17. Geburtstag gefeiert hatte. Voller Freude über meine neu gewonnene Autonomie und das Abenteuer, das mich erwartete, saß ich in dem Jumbojet von United Airlines, der mich zuerst nach London und dann nach Washington, D.C., brachte. Meine Gastfamilie lebte in Northern Virginia, in einem kleinen Städtchen, circa eine Stunde von der Hauptstadt entfernt, in einem hübschen, etwas heruntergekommenen Haus im Kolonialstil. Ich hatte großes Glück. Denn während andere Austauschschüler*innen in strengreligiöse, evangelikale Familien im Mittleren Westen verschickt worden waren, in denen von Alkohol bis Sex vor der Ehe alles verboten war, was Spaß machte, hatte die Austauschagentur mich an die liberale und wohlhabende Ostküste gesandt, in eine junge, etwas chaotische Familie, die mir maximale Freiheit zugestand. Meine Gasteltern hatten zwei Kleinkinder und wohl ein Stück weit auf eine Art Au-Pair-Mädchen gehofft – gelegentlich passte ich gern auf die beiden auf. Meine Mitschüler*innen spielten in Bands, zeichneten Comics, kifften, schwänzten die Schule, hatten ein unglaubliches Musik- und Popkulturwissen – und sie hatten große Lust, mit mir, dem deutschen Mädchen, abzuhängen.

Und hier lernte ich endlich auch die Vorbilder der »Girlies« kennen, die US-amerikanischen Patinnen des vom *Spiegel* entdeckten Mädchen-Phänomens, das mich so fasziniert hatte. Nur dass die keine Postfeministinnen waren, wie es mir in den deutschen Medien vermittelt worden war, sondern Feministinnen, die sich ernsthaft auf die Frauenbewegung bezogen, sie weiterentwickeln und auf ihre eigene Lebensrealität übertragen wollten. Damit waren sie die explizit feministische Antwort auf die gesellschaftlichen Gegenreaktionen der 80er Jahre in den USA, nicht deren Produkt.

Riot Grrrl hatte vor einigen Jahren genau hier ihren Anfang genommen, in der Punk- und Hardcore-Szene von Washington, D.C. Ähnlich wie bei den 68ern in Westdeutschland war auch diese Bewegung eine Reaktion auf den Sexismus innerhalb der eigenen Szene, die von sich behauptete, progressiver und kritischer zu sein als der Rest der Gesellschaft – und ihr Versprechen nicht einlösen konnte. Riot Grrrl war die Antwort auf die männlich dominierte Punk- und Hardcore-Szene, in der den Frauen in erster Linie der Rang von Freundinnen und Groupies zugestanden wurde. Zwar hatte die Punkbewegung der 70er Jahre durchaus pro-feministisch begonnen (und einige ihrer frühen Vorbilder wie Iggy Pop sind es geblieben), doch hatte sich mit der Kommerzialisierung des Punks der idealistische politische Anspruch der Szene gewandelt. Der Name Riot Grrrl sollte Wehrhaftigkeit und Kraft ausdrücken, das gerollte rrr die Niedlichkeit des Mädchens konterkarieren. Angeführt von Bands mit Namen wie Bikini Kill, Bratmobile und Heavens to Betsy und begleitet von Zines wie Girl Germs, Jigsaw und Chainsaw entstand eine wachsende Gemeinschaft, ein Netzwerk von Riot Grrrls.

Im ganzen Land wurden Chapter gegründet. Mädchen veranstalteten Kongresse, auf denen sich Riot Grrrls trafen und über Zines austauschten, immer neue Bands traten auf, und es wurden Workshops zu Themen wie Vergewaltigung, Missbrauch, Selbstverstümmelung, Rassismus und Selbstverteidigung abgehalten.

Riot Grrrl legte den Schwerpunkt auf die Kreativität von jungen Frauen, während sich der US-amerikanische Feminismus zuvor eher mit ökonomischen Fragen beschäftigt hatte. Nun ging es den jungen Frauen darum, Sexismus in Musik, Film und Kunst zu thematisieren und eigene Werke und Strukturen zu schaffen.

1995/96, zur Zeit meines Schüleraustauschs, hatte Riot Grrrl in den USA den Mainstream erreicht: Die 4 Non Blondes, Courtney Love mit ihrer Band Hole, Alanis Morissette oder Meredith Brooks mit ihrem Hit »Bitch« standen für die neue rockig-selbstbewusste Weiblichkeit und stürmten die Charts. Und ja: Alle diese Frauen verstanden sich als Feministinnen. In den USA wurde der im kulturellen Feld verankerte Feminismus »Dritte Welle Feminismus« genannt; das, was im hiesigen Diskurs als »Neue Frauenbewegung« bekannt ist, der Feminismus der 60er und 70er Jahre (in Deutschland der 70er und 80er Jahre), war die zweite Welle. Nur wurde in den deutschen Medien die Existenz dieser dritten Welle antifeministisch umgedeutet und von Journalisten zum apolitischen Postfeminismus erklärt.

Dass ich die Riot Grrrls aus nächster Nähe kennenlernen durfte, bewahrte mich vor dieser Umdeutung, konnte jedoch nichts dagegen ausrichten, was ich – wie viele Mädchen im Teenageralter – bald darauf durchlebte: eine Essstörung. Der

Blick auf meinen eigenen Körper war schon in Deutschland an Defiziten ausgerichtet gewesen. Die unbedachten Kommentare meiner Eltern spielten sicher eine Rolle. Sie selbst achteten auf ihre Figur, hielten Diät und trieben Sport. Und in diesem Sinne kommentierten sie die Entwicklung meines Körpers. Trotzdem schien mir das, was sie sagten, vollkommen widersprüchlich. Ich galt als zu dünn: »Was hast du denn für Storchenbeine?«, bekam ich zu hören. Gleichzeitig sollte ich aufpassen, nicht zu dick zu werden, »Sonst bekommst du einen Arsch wie Tante Petra«. Meine Brüste wurden ebenfalls kommentiert. Die Pubertät setzte bei mir recht spät ein, und als meine neuen Brüste in der Familie und in der Schule anerkennend gelobt wurden, verunsicherte mich das sehr. Ich fühlte mich noch wie ein Kind, aber wurde ganz plötzlich als sexuelles Wesen wahrgenommen. Für Außenstehende war ich nun eine begehrenswerte Frau, obwohl ich mich nicht so fühlte. Mein Selbstbewusstsein schwankte zwischen Unsichtbarseinwollen und Stolz. Also begann ich nach Orientierung zu suchen. Und in den allgegenwärtigen Frauenzeitschriften wurde ich fündig.

Alle Frauen in meiner Familie lasen Frauenzeitschriften. *Brigitte*, *Für Sie* oder die *Freundin* gab es bei meiner Großmutter und Mutter. *Tina*, *Lisa* und *Bild der Frau* bei meiner Bonusmutter. Letztere unterschieden sich von den anderen in erster Linie dadurch, dass die angepriesene Kleidung teurer war, das Papier hochwertiger. Der Inhalt war fast identisch: Mode, Rezepte, Familie und Beziehung. Die meisten Seiten drehten sich um das Erreichen einer guten Figur, einer »Wohlfühlfigur«.

Im Alter von acht bis zwanzig verschlang ich sie von vorne

bis hinten. Rückblickend würde ich sagen, dass sie mir so etwas wie eine Anleitung für das Frausein boten: Mit Anfang zwanzig hatte ich dann schließlich »ausgelernt«, und ich sollte nie wieder eine klassische Frauenzeitschrift kaufen, las sie nur noch beim Friseur.

Neben dem sogenannten *body shaming*, das die Erwachsenen mir vorlebten, und dem in den Medien transportierten, auf eine kaum erreichbare Schönheitsnorm reduzierten Frauenbild war das dritte toxische Element der Vergleich mit Gleichaltrigen. Da waren diese Mädchen, die ihre kindliche, dünne Figur einfach behielten, die nicht an Oberschenkel und Po »zugelegt« hatten, die in den begehrten Levis 501 auf immer Größe 26 oder 27 behielten und nicht wie ich eine unverschämte 29! Gleichzeitig war es mir nicht möglich, Diät zu halten. Ich war neidisch auf die 26er-Fraktion. Wie schafften sie den Switch von Schokolade auf Gurke. Ich war dazu nicht in der Lage, ich konnte mein Essverhalten nicht so kontrollieren, dass ich dieses Ideal erreicht hätte. Auch weil mein Tagesablauf von gemeinsamen Mahlzeiten mit Eltern und Großeltern bestimmt war und ich nicht einfach nichts oder etwas anderes essen konnte, ohne für Irritationen zu sorgen.

Was das anging, hatte der Schüleraustausch wie ein Damoklesschwert über mir gehangen: Ich hatte festgestellt, dass Schülerinnen, die ein Jahr in den USA verbracht hatten, häufig gut zehn Kilo schwerer zurückkamen. Die ungesunde Ernährung war schuld, die Chips, Pommes, Burger, dazu Unmengen Limo und kaum Bewegung. Auf gar keinen Fall wollte ich mit meinen 57 Kilo, die mir eh zu viel vorkamen, diesen bedauernswerten Zustand erreichen!

Vielleicht würde ich nicht nur mein Gewicht halten. Insgeheim hoffte ich, endlich die ersehnte Größe 26 zu erreichen. An einem Ort, an dem mich niemand kannte, und ohne Erziehungsberechtigte würde ich endlich Diät machen können, ohne dass es jemandem groß auffiel. Und ich würde zurückkommen als strahlend schönes Model, so schön wie aus einer der Zeitschriften entsprungen, das war mein fester Vorsatz.

Nach meiner Ankunft verlor ich in kürzester Zeit zehn Kilo. Ich erreichte nicht nur Größe 26, sondern die US-amerikanische 0, die medial gefeierte Size Zero, genau wie das britische Supermodel Kate Moss. Ein Jahr lang ernährte ich mich von einer kümmerlichen Mischung aus Salatbuffets und Süßigkeiten, um meine neue und liebgewonnene Modelfigur zu halten. Mein Umfeld reagierte fast ausnahmslos (nur meine Mutter erschrak, als sie mich bei einem Besuch zum ersten Mal wiedersah) mit Bewunderung.

Zum Themenkomplex Schönheit, Körperbilder, Essstörungen arbeiteten Feministinnen seit den 70er Jahren, auch hier zuerst im englischsprachigen Raum. Als eine Pionierin des Diskurses gilt die britische Psychoanalytikerin und Journalistin Susie Orbach. Sie veröffentlichte 1978 mit ihrem Buch *Fat is a Feminist Issue* den ersten internationalen Bestseller zum Thema. Doch richtig an Fahrt nahm das Thema erst mit der Dritten Welle des Feminismus auf. Es folgten Anfang der 90er Naomi Wolfs *Der Mythos Schönheit*, *Unbearable Weight* von der Philosophin Susan Bordo und das Buch *Anorexic Bodies* der Soziologin Morag MacSween.

Da Essstörungen vor allem bei Frauen auftreten, gehen die drei Theoretikerinnen davon aus, dass sie eine Reaktion der

Psyche auf das Frau-Werden, auf die widersprüchlichen Anforderungen an die weibliche Identität sind. Die hegemonial männliche Struktur der westlichen Gesellschaft hatte durch die Errungenschaften der Frauenbewegungen zwar Veränderungen erfahren – Frauen hatten mehr Rechte und mehr Möglichkeiten –, patriarchale Vorstellungen und Muster lebten jedoch in unserer Kultur und in unseren Institutionen ungehindert fort. Orbach zufolge haben sich die Beziehungen zwischen Frauen und Männern eben nicht grundlegend verändert, sehr wohl aber die Anforderungen ans weibliche Geschlecht. Diese Widersprüche wirken sich auf die Psyche von heranwachsenden Frauen, auf den Prozess unserer Selbstentwicklung aus. Orbach argumentiert, dass unsere Psyche geschlechtsspezifisch strukturiert ist und durch das Zusammenspiel sozialer Beziehungen geprägt wird. Dieser Prozess entlang gesellschaftlicher Dynamiken wird bei MacSween und Bordo nicht auf individueller, sondern anhand kulturwissenschaftlicher Theorien beschrieben, während Orbach psychoanalytische Grundlagen bemüht, um die Vermittlung zwischen Gemeinschaft und Individuum zu beschreiben.

Essstörungen gelten bei Orbach als Scheitern der Entwicklung eines gesunden autonomen Selbst und zeigen sich bei Frauen häufiger als bei Männern, weil die Anforderungen an sie – auf der einen Seite aufopferungsvolles Verhalten, das Unterdrücken der eigenen Bedürfnisse; auf der anderen Seite das in jedem Menschen angelegte Streben nach Autonomie und Selbstbestimmung – nicht miteinander in Einklang zu bringen sind. Pathologisches Verhalten und psychische Störungen sind die Folge.

Ich persönlich erlebte die Essstörung als einen Zwiespalt.

Einerseits erfuhr ich viel Anerkennung für meinen Körper. Und ich empfand mich nicht als krank, denn mit den circa 50 kg auf 172 cm Körpergröße gefiel ich mir und strebte keinen weiteren Gewichtsverlust an. Ich war kein harter, lebensbedrohlicher Fall. Andererseits war mein Essverhalten ganz sicher gesundheitsschädlich. Bei den wenigen Kalorien, die ich aufnahm, achtete ich nicht sonderlich auf Nährstoffe. Meine Periode war jedenfalls vollständig ausgeblieben, ein Umstand, der mich eher freute.

Doch etwas anderes störte mich immens: Meine Gedanken kreisten fast den ganzen Tag um Essen, um die Vermeidung der Nahrungsmittelaufnahme, um Kalorien. Ich zählte sogar die Kalorien der Kaugummis gegen das Hungergefühl. Mein Körper war hungrig nach Essen, meine Seele war hungrig nach Bestätigung von außen, und beide Formen des Hungers befanden sich in einer konstanten inneren Auseinandersetzung.

Als ich im Sommer 1996 nach einem Jahr wieder nach Deutschland zurückkehrte, wurde ich gefeiert. »Wow, siehst du toll aus!«, hieß es. Ich strahlte jetzt etwas Exotisches aus, erzielte die gleiche Wirkung, die mich bei dem Skater-Bruder meiner Freundin so fasziniert hatte. Dieser Aufstieg verschleierte, dass ich innerlich tief verunsichert war: Wenn ich jetzt plötzlich nur aufgrund meines Aussehens so beliebt war, war dann überhaupt ich gemeint? Mehr und mehr beschlich mich der Gedanke, dass ich eigentlich nichts hatte, nichts war. Ich wurde nachdenklicher, trauriger – und begann, unkontrolliert zu essen. Innerhalb eines Jahres nahm ich dreißig Kilo zu und konnte nichts dagegen tun. Erst als ich meine Heimatstadt für das Studium verließ, erst als ich eine Psychotherapie begann, lernte ich langsam, sehr langsam, meinen Körper zu akzeptieren, wie er war.

Nicht nur die dritte Welle des Feminismus, auch etwas anderes wurde für mich in den USA augenscheinlich: die Existenz von Rassismus. Natürlich gab und gibt es Rassismus in Deutschland genauso – doch war mein Umfeld im multikulturellen Ruhrgebiet so homosozial zusammengesetzt gewesen, dass ich nur selten beobachtet hatte, wie Menschen rassistisch ausgegrenzt worden waren. Kam es doch einmal vor, glich es wegen des selbstsicheren Verhaltens der Erwachsenen fast wie eine Naturgegebenheit. Als Kind fehlte mir schlicht das entsprechende Bewusstsein, die richtigen Begriffe.

Der einzige Ort, der Begegnungen außerhalb des eigenen kartoffeligen Umfelds bot, war die Schule. In meine Grundschulklasse gingen zwei türkische Mädchen. Beide waren freundlich, lächelten viel, aber mit ihren Jogginganzügen und dem gebrochenen Deutsch wurden sie nie wirklich in die Klassengemeinschaft aufgenommen. Sie blieben unter sich, wir anderen ignorierten sie. Und natürlich waren sie nicht unter den Kindern, die eine Gymnasialempfehlung bekamen. Bildungsgerechtigkeit war zwar seit Mitte der 60er Jahre Thema, bezog sich aber im Diskurs in erster Linie auf die »katholische Arbeitertochter vom Land«, den Inbegriff für das bildungsbenachteiligte Kind. Der Soziologie Ralf Dahrendorf hatte diese griffige Formel geprägt, um Bildungsbenachteiligung aufgrund von Mehrfachdiskriminierung zu beschreiben. Während meine Grundschullehrerin einen Blick für die Ausgrenzung der *weißen* Kinder aus der näher liegenden Hochhaussiedlung hatte, die Sozialhilfe bekamen und zum Beispiel ärmlicher gekleidet waren als die Mittelschichts-Kids, wurde der Umgang mit den türkischen Mädchen nicht problematisiert, sie waren schließlich »anders«. Beide Gruppen erhielten jedoch ausnahmslos Hauptschulempfehlungen, denn auch die Klassenherkunft ist bis heute entscheidend für den schulischen Erfolg.

In den USA hatte ich zum ersten Mal einen Freundeskreis, zu dem auch Schwarze, Latinas, Lesben, Schwule und Jüdinnen gehörten. Eine meiner besten Freundinnen, Jackie, kam aus Mexiko, Austauschschülerin wie ich. Sie war witzig, klug und wahnsinnig sportlich, passte eigentlich perfekt in das US-amerikanische, leistungsgetriebene Schulsystem. Und doch kam sie dort nie so richtig an. Wir verbrachten viel Zeit miteinander und sprachen oft darüber, warum sie so ganz anders behandelt wurde als ich. Die Ungleichbehandlung begann gleich bei der Einstufung in die Klassen: während ich die 12. Klasse besuchte und damit den Highschool-Abschluss machen konnte, wurde sie in die 11. Klasse eingestuft. Sie machte als Latina häufig die Erfahrung, für eine arme und bemitleidenswerte Migrantin gehalten zu werden (sie entstammte der mexikanischen Oberschicht), man interessierte sich allgemein wenig für sie und sie hatte Schwierigkeiten, Anschluss zu finden. Ich hingegen wurde fast umschwärmt, knüpfte sofort Freundschaften und wurde zu Partys und Konzerten eingeladen. Viele dort hatten Vorfahren aus Deutschland und erzählten mir stolz davon, quasi mit mir verwandt zu sein. Jackie und ich empfanden das als himmelschreiende Ungerechtigkeit.

Die Ausflüge mit Freund*innen of Color sensibilisierten mich für das Ausmaß der immer noch sichtbaren Rassentrennung. Einmal fuhren wir – wie so oft zu sechst in einen Kleinwagen gequetscht – ins hippe Ausgehviertel Georgetown in Washington, D.C., wo ich zuvor ein paar Mal mit *weißen* Freund*innen gewesen war. Ich erwartete, dass wir uns einen Parkplatz suchen würden, um dann eines der vielen Cafés zu besuchen, doch die Gruppe druckste herum. Irgendwie fühlten meine Freund*innen sich unsicher, unwohl, trauten sich nicht. Ich verstand nicht, was das Problem war, sagte aber nichts. Schließlich meinten sie, dass es hier einfach keine Parkplätze gäbe, und entschieden, die ganze Stadt zu durchqueren, bis zur Grenze von Maryland. Dort besuchten wir ein Restaurant, einen Ableger der vielen Systemgastronomien. Alle Menschen dort, alle Gäste und alle Serviceleute waren Personen of Color. Ich und eine weitere Freundin aus der Gruppe waren die einzigen *weißen*. Ich hatte nicht gewusst, dass es solche Orte gibt, Orte, an denen sich nur Personen of Color aufhielten. Mir war nicht aufgefallen, dass viele Orte, an denen ich zuvor gewesen war, Restaurants, Comicläden oder Konzerthallen, *weiße* Orte gewesen waren, in denen sich nicht alle Menschen willkommen fühlten. Als *weiße* Person, die sich immer nur in *weiß*-dominierten Räumen bewegt hatte, hatte ich noch nie die Erfahrung gemacht, in einem Raum eine ethnische Minderheit zu sein. Mein Blick auf meine Begleiter*innen veränderte sich, nun waren sie die Norm, ich die Abweichung. Ich fragte mich, ob dieser Raum überhaupt für mich gedacht war. Ob jemand mein Anderssein thematisieren würde. Ich fühlte mich nicht unwohl – alle waren freundlich und zuvorkommend –, aber spürte, dass ich nicht wirklich dazugehörte. Ganz anders meine Freund*innen: Die Anspannung, die unsere Autofahrt und den Besuch in Georgetown bestimmt hatte, war von ihnen abgefallen. Sie scherzten und lachten mit dem Personal, mit mir, waren ausgelassen. Als wir nach dem Essen nach Hause fuhren, war ich still.

Ich hatte eine emotionale Erkenntnis gehabt, einen Eindruck davon bekommen, wie stark Rassismus den Alltag meiner Freund*innen einschränkte. Welche Angst und welchen Stress er hervorrief – selbst wenn keine konkrete rassistische Bedrohung vorlag (auch solche hatte ich miterlebt). Mir tat es furchtbar leid, dass sie sich in einer Welt bewegen mussten, die ihnen so feindlich gegenüberstand, nur wusste ich auch nicht richtig, was ich tun konnte außer »dagegen sein« und das mitteilen. Meine Erlebnisse in den USA standen am Anfang einer Auseinandersetzung mit strukturellen -ismen und Positionen von marginalisierten Gruppen, die bis heute nicht abgeschlossen ist. Immer wieder werde ich im Austausch mit anderen von Diskriminierung betroffenen Personen überrascht von dem, was ich alles nicht kenne oder wahrnehme.

Gleichzeitig war es so, dass ich die sich langsam formende Erkenntnis nicht auf meine deutsche Heimat übertragen konnte. Ich nahm Deutschland als weniger rassistisch als die USA wahr. Das lag daran, dass die Gemeinschaft, in der ich mich an meinem kleinstädtischen Gymnasium bewegte, weiterhin eine homogene war. In meinem Oberstufen-Jahrgang hatten von 99 Abiturient*innen im Jahr 1998 genau drei einen postmigrantischen Hintergrund. Wir waren also *weiße*, nicht jüdische, nicht migrierte Kids, mehrheitlich aus der Mittelschicht. Natürlich lehnten wir jede Form von offenem Rassismus ab und waren betroffen, wenn sich rassistische Gewalt ereignete. Als Anfang der 90er die Welle rechter Gewalt in Rostock-Lichtenhagen, in Mölln, in Solingen brach, waren wir erschüttert.

Wir hatten an Lichterketten teilgenommen und grölten jede Zeile vom Ärzte-Song »Schrei nach Liebe« mit, das Lied der Stunde: »Du bist wirklich saudumm, darum geht's dir gut. Hass ist deine Attitüde, ständig kocht dein Blut, alles muss man dir erklären, weil du wirklich gar nichts weißt – höchstwahrscheinlich nicht einmal, was Attitüde heißt!«

Es war so einfach: Denn zur gleichen Zeit erschien uns alles weit weg. Wir kannten weder Opfer noch Täter persönlich. Nazis, die waren woanders, trugen Glatzen, Springerstiefel, waren dumm. Gegen Nazis zu sein, das war die Norm, das war schlau und das war Konsens. Wir gehörten zu den Guten und vergewisserten uns gegenseitig, indem wir uns auf der Tanzfläche die Lyrics von NOFX, Slime oder But Alive ins Gesicht schrien.

Selbstverständlich ist es richtig, gegen Nazis zu sein, und es ist wichtig, sich öffentlich gegen rechts zu positionieren. Doch das war bei uns in Dinslaken eigentlich eine Selbstverständlichkeit. Wir hörten bloß Geschichten aus den Gegenden in Ostdeutschland, in denen es offensichtlich anders und kein Konsens war. Dann schauten wir wieder mitleidig in die ostdeutschen Bundesländer. Unser Denken war simpel, es teilte bloß ein in Gut und Böse und verstellte damit die Sicht auf die strukturellen Probleme, die dazu geführt hatten, dass sich die rassistische Gewalt hatte entladen können. Auf die mehr oder weniger subtilen Ausgrenzungsmechanismen, die es genauso in Dinslaken, die es genauso in meiner Umgebung gegeben hatte. Darauf, wie wackelig dieser Konsens war, wenn ein anderes Narrativ oder Feindbild lange und laut genug beschworen wird.

Die 90er werden in der feministischen Literatur oft als

eine Zeit beschrieben, in der in der Frauenbewegung nichts passierte. Das hat jedoch vor allem damit zu tun, dass sie aus den Medien verschwand. Ihre Institutionalisierung, die Debatten innerhalb, die Auseinandersetzung mit Rassismus oder Antisemitismus, die Gründung der neuen migrantischen, Schwarzen und jüdischen Organisationen, das alles fand weitgehend unter Ausschluss der Öffentlichkeit statt. Nicht weil Feminist*innen die Medien hatten fernhalten wollen. Vielleicht kamen sie den Redakteur*innen, den Gatekeepern des öffentlichen Diskurses, nicht interessant genug vor. Auch meine eigene Erfahrung, mit meinem Körper, mit meiner Sexualität, konnte ich erst viele Jahre später als Auseinandersetzungen nicht nur auf einer persönlichen Ebene, sondern als kollektive Erfahrung einordnen, die ich mit so vielen heterosexuellen cis Frauen meiner Generation teilte. Die Werke der Frauenbewegung der 70er und 80er entsprachen nicht mehr unseren Erfahrungen, wirkten veraltet, aber solche, die unsere Erfahrungen spiegelten und sich feministisch positionierten, gab es nicht.

Was kotzt uns so richtig an? Die Einteilung in Frau und Mann

Die 2000er

In den 2000er Jahren beschäftigte die Öffentlichkeit Feminismus kaum. Die in den 70ern und 80ern auf den Straßen demonstrierenden Frauen waren lange in ihre zweite Lebenshälfte gelangt. Sie standen im Berufsleben, hatten Kinder großgezogen. Hatten feministische Strukturen als Frauen- oder Gleichstellungsbeauftragte aufgebaut, hatten die Geschlechterforschung an den Universitäten in Deutschland begründet. Arbeiteten als Lehrerinnen, Ärztinnen, Bäckermeisterinnen, Handwerkerinnen, Lektorinnen und in vielen anderen Bereichen. Das Vermächtnis der Frauenbewegung zeigte sich vor allem im feministischen Selbstverständnis im Alltag, in einem Gefühl für weibliche Solidarität und einem bestimmten Blick auf Politik. Feministinnen wirkten also vor allem im privaten oder, wenn sie entsprechende Berufe gewählt hatten, institutionell, doch nicht mehr auf der Straße. Die nachfolgende Generation, die in den 60ern geborenen Frauen waren – bis auf wenige Ausnahmen – seltsam still, schienen sich eher vom Feminismus abgrenzen zu wollen. Mit dem Ergebnis, dass nach der Jahrtausendwende die Erzählung dominierte, die Zeiten der Frauenbewegung seien vorbei, wir lebten in einem postfeministischen Zeitalter. In diesem Jahrzehnt erlebte ich meine ersten Jahre als erwachsene Frau.

Im Herbst 2000 saß ich in meinem ersten kulturwissenschaftlichen Uni-Seminar: Konzeptkunst der 60er. Und sofort fragte ich mich, warum ich eigentlich hier war. Während meine Kommilitonen begeistert über den minimalistischen Kunstbegriff von Sol Lewitt oder die These von der Entmaterialisierung der Kunst diskutierten, blickte ich aus dem Fenster und beobachtete Vögel beim Nestbau. Ich sah die drei an die Wand projizierten Minimal-Art-Skulpturen von Donald Judd und musste an Ikea-Regale denken. Mir kamen Maler wie van Gogh und Paul Klee in den Sinn, Bilder, vor denen ich in meiner Kindheit stundenlang gestanden hatte, und ich glitt in Phantastereien, wie die beiden sich im Ikea verlaufen und in den Regalen der Poster- und Bilderrahmenabteilung auf Billigdrucke ihrer eigenen Werke stoßen, die in Posterrollen darauf warteten, in deutsche Wohnzimmer und WG-Küchen gehängt zu werden. Am Ende des Seminars hatte ich jedenfalls immer noch keine Ahnung, was Konzeptkunst eigentlich bedeutete.

Ich war neunzehn und voller Träume, als ich mich für ein Studium der »Angewandten Kulturwissenschaften« an der Universität Lüneburg entschied. Ich hatte zwar keine Vorstellung, was das genau war, aber es klang nach etwas Schönem, nach etwas Bedeutungsvollem. Bloß, als ich in der ersten kulturwissenschaftlichen Vorlesung zur Konzeptkunst saß, wurde mir schlagartig klar: Das war viel zu theoretisch, zu weit weg von meinem bisherigen Leben. Ich hatte zuvor einen Masterplatz in Maastricht für »International Business« ausgeschlagen, zu groß waren die Zweifel gewesen. Denn war es nicht wichtiger zu wissen, was man managen wollte, bevor man Skills und Methoden für Führungskräfte erlernte? Dann lieber irgendwas mit Kultur. Was Schönes, Spannendes, Erhabenes.

Und als ob der Druck nicht groß genug wäre, lastete auf

mir die Erwartung, einen Beruf mit Erfüllung zu finden. Aber wie sollte ich den finden, wenn ich selbst noch nicht wusste, was ich wollte? In der Schule hatte ich bloß durchgehalten und war dennoch zu einem guten Abitur gekommen. Jetzt hingegen war ich unsicher, ob ich überhaupt das Richtige studierte. Ich sehnte mich nach Antworten, nach Klarheit, nach einem Weg, der Erfüllung versprach.

Als ich zum ersten Mal an diesem Seminar teilnahm, fiel mir vor allem eines auf, was mir zuvor nicht bewusst war: Hier studierten viel mehr Frauen als Männer! In den kulturwissenschaftlichen Fakultäten in Deutschland betrug der Frauenanteil damals 72 Prozent. Im Übrigen hat sich daran bis zum Hochschuljahr 2021/2022 rein gar nichts geändert, obwohl es deutlich mehr Studierende in den Kulturwissenschaften gibt – das Geschlechterverhältnis ist gleich geblieben.

Zu dieser Zeit hatte der durch die Frauenbewegung eingeforderte politische Wandel bereits Wirkung gezeigt. Der Frauenanteil an den Hochschulen war stark gestiegen und mit 44,5 Prozent fast paritätisch. 1968, zu Beginn der Frauenbewegung, hatte er bei nur 31 Prozent gelegen. Doch in Bezug auf die Studienfachwahl zeigten sich in vielen Bereichen große Unterschiede zwischen den Geschlechtern. Denn die Wahl des Studienfaches ist nach wie vor stark von Geschlechterstereotypen abhängig. Auch wenn in manchen Fächern mittlerweile Parität erreicht wurde, wie zum Beispiel in Geschichte, Politikwissenschaften, Philosophie und BWL, so ist in Studiengängen mit sozialem oder kreativem Bezug der Frauenanteil besonders hoch (etwa Soziale Arbeit, Pädagogik, Sozialwesen, Soziologie, Germanistik, Grafikdesign) und in MINT-Fächern besonders niedrig. Das entspricht stereotypen Vorstellungen. Frauen gelten weithin als sich kümmernde, emotionale, kreative Menschen, Männer als technisch interessiert, erfinderisch und mathematisch-naturwissenschaftlich begabt.

Weiblich konnotierte Berufe werden schlechter bezahlt als männliche. Dass diese Lohnlücke nicht nur sachliche Gründe hat, sondern auch auf der Annahme basiert, dass weibliche Arbeit weniger wert sei als männliche, und damit ein Ausdruck sexistischer Diskriminierung ist, haben die Soziologen Emily Murphy und Daniel Oesch von der Universität Lausanne belegt. Die Wissenschaftler*innen haben den Zusammenhang zwischen dem Frauenanteil im Beruf der Befragten und dem Bruttomonatslohn untersucht. Laut ihren Berechnungen führt der Übergang von einer Tätigkeit, die mehrheitlich von Männern ausgeübt wird, zu einem Beruf, in dem der Frauenanteil über 30 Prozent liegt, bei sowohl männlichen als auch weiblichen Arbeitnehmern in allen drei Ländern zu Lohneinbußen. Obwohl berufsspezifische Fähigkeiten eine Rolle spielen, sind sie nicht allein für die Lohnunterschiede verantwortlich. Auch Faktoren wie Kinder oder Heirat können die Lohndifferenz nicht vollständig erklären, sodass die Forscher*innen sexistische Diskriminierung für wahrscheinlich halten.

In den Kulturwissenschaften ergibt sich ein widersprüchliches Bild: Während Frauen die Mehrheit der Studierenden stellen, sind die Leitungsfunktionen im Kulturbereich mehrheitlich mit Männern besetzt – über alle Kunstsparten hinweg, wie die 500-seitige empirische Datenauswertung des gesamten Kulturbetriebs, die der Deutsche Kulturrat 2016 herausgegeben hat, eindrucksvoll belegt. Doch nicht nur das, auch die Mehrheit der Künstler*innen ist männlich, insbesondere der erfolgreichen Künstler*innen, zeigt die Auswertung. Wer also Kulturwissenschaften studiert und mit halbwegs offenen Augen durch die Welt geht, dem werden diese Ungerechtigkeiten über kurz oder lang auffallen. Und so auch mir damals.

Eine US-Untersuchung zu einer anderen jungen Wissenschaftsdisziplin zeigt, wie die Vergeschlechtlichung von Studieninhalten durch mediale Erzählungen geprägt wird: Der Frauenanteil des Informatikstudiums lag 1985 bei 35 Prozent, seit den 70er Jahren war er stetig gestiegen, doch in jenem Jahr begann er plötzlich abzuflauen. Während die Anzahl der Frauen in den Fachbereichen Medizin, Jura und sogar einigen der Naturwissenschaften weiter anstieg, sank die Zahl der Informatikstudentinnen im Jahr 2006 schließlich auf seither gleichbleibende 17 Prozent. Woran das lag?

Der Abwärtstrend begann zu jener Zeit, als Computer vermehrt in die Haushalte der USA Einzug hielten. Diese frühen PCs waren nicht viel mehr als Spielzeuge, mit denen man ein bisschen zocken konnte, vielleicht noch simple Textverarbeitung. Und diese Spielzeuge wurden fast ausschließlich an Männer und Jungen vermarktet. Die Vorstellung, dass Computer etwas für Jungen sind, wurde so zu einem Narrativ. Folglich veränderte sich der Umgang der Professor*innen mit ihren Studierenden. In den 70ern gingen sie in den Einführungskursen davon aus, dass niemand Erfahrung mit Computern mitbringen würde. Zehn Jahre später änderte sich das Bild, und immer mehr Informatikprofessor*innen stellten fest, dass die männlichen Studenten zu Hause mit Computern aufgewachsen waren. Sie passten die Inhalte an. Begann nun eine Frau das Informatikstudium, fiel sie von Anfang an im Unterricht zurück. Die Wahrscheinlichkeit eines Studienabbruchs erhöhte sich, bloß weil sie nicht mit dem Spielzeug Computer vertraut gemacht worden war.

Dass Gender-Marketing keine triviale Frage von Kleiderfarben oder Spielzeugen ist, verdeutlichen solche Beispiele. Gender-Marketing beeinflusst unsere Stereotype von Männern und Frauen schon in der Kindheit. Es ist kein Relikt der Vergangenheit, sondern ein gegenwärtiges Phänomen, das stärker ins Gewicht fällt als in den 70er Jahren. Dass Frauen sich vermehrt für weibliche Studiengänge und Ausbildungsberufe entscheiden, ist nach wie vor keine Frage der persönlichen Präferenz, sondern eine komplexe gesellschaftliche Konstruktion in wechselseitigen Entstehungszusammenhängen. Die Journalist*innen Almut Schnerring und Sascha Verlan (*Die Rosa-Hellblau-Falle*), der Aktivist Nils Pickert (*Prinzessinnenjungs*) und die von Stevie Schmiedel gegründete Initiative Pinkstinks machen seit den 2010er Jahren in ihren Publikationen und Aktionen auf die Auswirkungen von Gendermarketing auf Kinder, Jugendliche und die Gesellschaft aufmerksam.

Mein Einstieg in die feministische Theorie begann also mit dem, was man damals Postfeminismus nannte. In meinem ersten Proseminar las ich *Das Unbehagen der Geschlechter* von Judith Butler und damit mein erstes feministisches Werk. Es war 1991 in deutscher Übersetzung erschienen und hatte zu diesem Zeitpunkt schon für internationales Aufsehen gesorgt. Damals war es für mich positiv besetzt, postfeministisch zu sein. Als feministisch bezeichnete sich im Jahr 1998 eigentlich niemand mehr, den ich kannte.

Ich begann mit *Das Unbehagen der Geschlechter*, nicht mit

Das andere Geschlecht, nicht mit *Der kleine Unterschied*, nicht mit *Guten Morgen, du Schöne*. Butlers Ausgangspunkt ist die Fundamentalkritik am »Wir« der Frauenbewegung und ihrer identitätspolitischen Ausrichtung. Sie argumentiert, dass dieses »Wir« nicht nur nicht existiere, sondern auch dazu beitrage, patriarchale Machtverhältnisse zu zementieren. Sie kritisiert die Frauenbewegung dafür, dass sie nicht bis zur Wurzel des Problems vorgedrungen sei: die Kategorisierung von Menschen in binäre Geschlechter und sexuelle Orientierungen wie männlich/weiblich oder heterosexuell/lesbisch/schwul. Denn sie führe zu Normen und Abweichungen, wobei diejenigen, die »anders« sind, also nicht in die Normkategorien passen, Diskriminierung und Ausgrenzung erfahren. Einer der ersten Sätze, die ich im Buch mit einem Fragezeichen markierte, handelte von der Infragestellung der Binarität als etwas, das nicht naturgegeben, sondern gesellschaftlich konstruiert sei. Für mich war es eine völlig neue Vorstellung, dass Geschlecht nicht-binär existierte – und ich war damit nicht allein.

In *Das Unbehagen der Geschlechter* stellt Butler die Zwangsläufigkeit infrage, in der Männer sich männlich und Frauen sich weiblich verhalten, in der Heterosexualität die Norm, Homosexualität die Abweichung ist. Geschlecht ist für sie nicht angeboren, sondern wird durch unser Handeln performativ hervorgebracht. Unsere Wahrnehmung von Geschlecht basiert auf der ständigen Wiederholung von Zeichen und Verhaltensweisen, die uns als einem Geschlecht zugehörig markieren. Diese Performativität beginnt bereits bei unserer Geburt, wenn wir das erste Mal einem Geschlecht zugeordnet werden.

Butlers These rief bei vielen älteren Feministinnen in

Deutschland, von denen einige in die Wissenschaft gegangen waren und Gender Studies begründet hatten, zunächst kritische und polemische Reaktionen hervor. Eine von ihnen war Barbara Duden, Mitbegründerin der Zeitschrift *Courage* und habilitierte Historikerin mit einer Arbeit über grafische Darstellungen von Embryonen und Föten. Heute gilt sie als eine der bedeutendsten deutschsprachigen Gendertheoretikerinnen, sie forschte intensiv zur Wahrnehmung von Frauenkörpern in der Medizingeschichte. Ihr 1993 veröffentlichter Aufsatz »Die Frau ohne Unterleib« offenbarte eine starke Abwehrhaltung gegenüber Butlers Vorgehen, die nicht nur von unterschiedlichen theoretischen Ansätzen herrührte, sondern auch einen Generationenkonflikt in all seiner Emotionalität offenbarte: »Ich verstehe also, was Butler sagt, beobachte, daß Studentinnen sie aufmerksam lesen, aber was sie sagt, sagt mir nichts. (...) Sie ist meine Zeitgenossin und ist doch meinem Erlebnispotential ferner als die Frauen im 18. Jahrhundert aus der Kleinstadt Eisenach, wenn diese vor dem Arzt über ihre ›Flüsse‹ und ›Verhärtungen‹ klagen.«

Ines Kappert, ehemalige *taz*-Redakteurin und heute Leiterin des Gunda-Werner-Instituts der Heinrich-Böll-Stiftung, beschreibt ihre Lektüreerfahrung als einundzwanzigjährige Philosophiestudentin an der FU Berlin wie folgt: »Wenn es bei sozialen Machtfragen vor allem um die kulturelle Konstruktion von Geschlecht geht, dann war da wieder Luft für Veränderung. Denn Kultur ist ja nie in Stein gemeißelt. Das gab uns Hoffnung.« Und auch mich inspirierte die – aus heutiger Perspektive vielleicht etwas naive – Vorstellung, dass mein eigenes Handeln es vermochte, die Geschlechterverhältnisse abzuschaffen.

Im Sommer 2002, die Zwischenprüfungen lagen hinter mir, schleppte mich meine Freundin, Kommilitonin und spätere *Missy*-Mitgründerin Chris Köver mit ins Frauenmusikzentrum in Hamburg-Altona. Kurz zuvor waren wir beide von Lüneburg hierhergezogen und suchten Anschluss in der Großstadt.

Das Frauenmusikzentrum – fmz (mittlerweile f*mz) entstand bereits 1987 aus der Frauenbewegung heraus. Die Idee war, einen Ort zu schaffen, an dem Musikerinnen – mittlerweile Musiker*innen – sämtlicher Genres Proberäume nutzen, Kurse zu Djing oder Musiksoftware besuchen, sich vernetzen konnten. Bis heute ist so ein Ort in Deutschland – leider – einmalig.

Damals lud Steph Klinkenborg, Geschäftsführerin des f*mz, zusammen mit der Musikerin Bernadette LaHengst, deren Band Die Braut haut ins Auge zehn Jahre zuvor als deutscher Riot-Grrrls- Ableger galt, zu einem Treffen ein. Die beiden wollten ein sogenanntes Ladyfest nach US-amerikanischem Vorbild organisieren. Ladyfeste standen in der Tradition feministischer Festivals, die seit den 70er Jahren regelmäßig in den USA stattgefunden hatten. Obwohl sich seit den 90ern immer mehr Frauen und Mädchen musikalisch in Subkulturen engagierten, spiegelte sich die gestiegene Zahl an Musikerinnen weder auf den Konzert- und Festivalbühnen wider noch in einer feministisch-politischen Ausrichtung solcher Events. Das erste Ladyfest fand im August 2000 in der Geburtsstadt der Riot Grrrls in Olympia, Washington statt. Die Idee verbreitete sich weltweit: Von 2000 bis 2010 wurden 264 Ladyfeste in 34 verschiedenen Ländern gefeiert. Sie handelten nicht ausschließlich von Musik, sondern schlossen Workshops, politische Diskussionen, Ausstellungen und Vernetzung mit ein. Sie unterschieden sich von früheren feministischen Festivals dadurch, dass sie bereits dezidiert queerfeministisch angelegt waren. Der Ausdruck »queer« diente als Sammelbegriff für nicht-heterosexuelle Orientierungen und nicht-cisgender Identitäten, wobei der Begriff »cis« nicht in der Alltagssprache genutzt wurde. Damit setzten die Ladyfeste – inspiriert von Butler – Impulse zur Auseinandersetzung mit Geschlechterkategorien. Schon das erste in Olympia legte eine entsprechende Definition der Selbstbezeichnung »Lady« vor. Etwas, das in feministischen Bewegungen bis dahin fehlte:

»Was bedeutet Lady? Sind transgender Ladys willkommen?

Ja! Veranstaltungen, die als ›Ladys only‹ ausgewiesen sind, stehen allen Frauen offen, auch Frauen, die sich als Mann identifizieren, und Ladys, die als Männer geboren wurden. Dies gilt ebenso für Auftritte beim Ladyfest. Transgender Ladys sind willkommen, Workshops zu leiten, Musik zu spielen, Kunst zu zeigen, Performance-Kunst zu machen usw.«

Das Ladyfest als Idee begeisterte mich – die praktische Umsetzung erlebte ich hingegen als ermüdend. Chris, die anders als ich bis zur Durchführung im Kreis der Organisator*innen blieb, beschreibt sie in einem Interview folgendermaßen: »Es war ziemlich schwierig. Es war alles sehr basisdemokratisch aufgebaut. Also wir saßen jedes zweite Wochenende in einem gigantischen Stuhlkreis im Hof des Frauenmusikzentrums und haben endlos diskutiert. Diese Diskussionen dauerten regelmäßig drei, vier Stunden lang, was für ehrenamtliches Engagement wirklich viel ist. Aber es war auf jeden Fall sehr basisdemokratisch, sehr offen, was ich super fand. Es war wichtig, dass jede teilnehmen konnte, was aber auch wieder die Probleme mit sich brachte, dass sehr viele verschiedene Gruppen und feministische Positionen dort aufeinandergetroffen sind.«

Gruppendiskussionen und Basisdemokratie hatten mich häufig angestrengt, insbesondere wenn es endlos um Nebensächlichkeiten ging, wie zum Beispiel die Frage, ob man an den Veranstaltungsorten Coca-Cola ausschenken dürfe oder nicht. Viele FLINTA dort kamen aus der linksradikalen Szene, wieder andere eher aus der Musik, sodass sie mit Feminismus oder Kapitalismuskritik weniger vertraut waren.

Ich war zur gleichen Zeit ehrenamtlich beim linken Radiosender FSK 93,0 aktiv, hatte eine Musiksendung gemeinsam mit zwei Freund*innen. Ich hatte zuvor ein Praktikum beim Musiksender *Viva Plus* in Köln absolviert und hier erste Erfahrungen im Musikjournalismus gesammelt. Mir war Pop und Indierock immer sehr wichtig und ich hatte Lust, mich weiter journalistisch und im Radio auszuprobieren, aber eben nicht über offizielle Wege wie Praktika beim *NDR* oder bei den privaten Hamburger Sendern, deren Programme mir zu spießig oder zu kommerziell waren. Die Sendungen drehten sich um aktuelle Independent-Musik, widmeten sich gleichzeitig häufig der Popmusikhistorie und zeichneten so die Entwicklungen der späten 70er und 80er bis in die Gegenwart nach. Es machte Spaß, Stücke zusammenzustellen, im Radio zu sprechen. Wir hatten sogar Fans! Doch im FSK entwickelte sich ein intensiver, fast gewaltvoller Streit über Antisemitismus in der Linken. In der Folge zog ich mich hier zurück. Und mein Bedarf an linken Debatten war erst mal gedeckt.

So verließ ich das Organisationsteam nach kurzer Stippvisite, was ich später bereute, als ich das Ergebnis sah: das wahrscheinlich größte Ladyfest, das je im deutschsprachigen Raum stattgefunden hat. Fünf der legendärsten Veranstaltungsorte Hamburgs, darunter der Buttklub in der Hafenstraße, die Rote Flora im Schanzenviertel, die Weltbühne am Ende der Reeperbahn und sogar das Partyschiff MS Stubnitz, das extra zu diesem Anlass aus Rostock kam, waren Schauplätze des mehrtägigen Festivals. Noch heute schwärmen die damaligen Organisatorinnen von der Vernetzung und den Freundschaften, die in dieser Phase entstanden sind, auch wenn danach alle so ausgelaugt waren, dass auf absehbare Zeit kein weiteres Ladyfest in Hamburg stattfinden würde.

Trotzdem ergaben sich auch für mich im Zuge dessen neue Kontakte und Freundschaften. Ich feierte nun häufiger auf queeren und lesbischen Partys, als DJ wurde ich regelmäßig gebucht.

Die Partys fanden unter dem offenen Label queer und ohne identitätspolitische Ausschlüsse statt. Lesben, Schwule, Bisexuelle, Drag Queens und Kings, trans Frauen und trans Männer, nicht-binäre Personen, aber auch heterosexuelle cis Männer und Frauen – alle, die sich mit der Idee von queer identifizieren konnten, und *friends* feierten gemeinsam rauschende Feste in der Roten Flora, im Pferdestall oder in der Lesbenkneipe in der Stresemannstraße. Am Anfang war ich unsicher, wie ich trans Personen begegnen sollte, insbesondere trans Frauen. Ich war in einer Kleinstadt aufgewachsen und in einer Zeit, in der LGBTQI-Themen so gut wie gar nicht zur Sprache kamen. Wir wurden routiniert sexuell aufgeklärt, es ging vor allem um Verhütung. Entstigmatisierende Kampagnen in Bezug auf Aids und schwule Männer erreichten uns. Aber in meinem ganzen Abi-Jahrgang gab es keine einzige geoutete homosexuelle Person.

Mich beschlich manchmal die Frage, ob es okay sei, als privilegierte hetero-cis-Frau unter dem Label queer zu feiern, bis ein trans Mann mich schließlich beruhigte: »Tod allen Kategorien!« Und so fühlte es sich an, als ob wir Judith Butlers Theorien der Geschlechterperformanz bereits in die Wirklichkeit umgesetzt hätten: das Ende der Binarität und der heteronormativen Matrix. Zumindest zwischen zehn und sechs Uhr morgens.

Im Gegensatz zur transzendenten Erfahrung queerer Party-Utopien stand ein Erlebnis, das mich zumindest körperlich auf den Boden der Tatsachen zurückholte. Meine Periode war ausgeblieben, ich war schwanger. Und nun? Mit Anfang zwanzig und mitten im Studium war allein ein Kind aufzuziehen das Letzte, was ich wollte. Ich hatte selbst beobachtet, welche Ressourcen und wie viel Hingabe es erfordert, ein Baby (oder viele Babys) zu haben, und ich wollte weder meine Ausbildung gefährden, noch meine Autonomie verlieren.

Was also tun?

Dass ich erst sehr kurz schwanger sein konnte, war mir klar, vielleicht drei Wochen, ich hatte nach wenigen Tagen bereits einen Test gemacht. Ich legte Wert darauf, dass der Abbruch schnell durchgeführt werden sollte, ich wollte gar nicht erst Herztöne hören. Ich vermutete, dass ich in dem Fall von meinen Gefühlen überrumpelt werden würde. Schließlich mochte ich Babys und Kinder und wollte selbst welche haben. Aber war das schon ein Kind? Die Frage trieb mich lange um. Ich dachte dabei nicht an die gesellschaftlich-moralische Implikation, dass Abtreibung etwas Verwerfliches war, ich war überzeugt, dass mein Bauch mir gehörte, vielmehr fragte ich mich, was für ein Wesen das war, oder besser, ob es überhaupt ein Wesen war und was ein Abbruch bedeuten würde. Ich hatte Geschichten von Frauen gehört, die nach einer Abtreibung kein Kind bekommen konnten und darüber unglücklich wurden. Im selben Moment wurde mir bewusst, dass ich im Leben gerne Kinder haben wollte, nur eben nicht jetzt. Ich befand mich in einem inneren Konflikt, es war verwirrend.

Margarita Tsomou, meine Freundin, die aus Griechenland stammte, überraschte mich in diesen Tagen mit ihrer ungewohnt praktischen Sicht auf das Thema (die meisten Menschen, mit denen ich gesprochen hatte, waren einfach betroffen gewesen und hatten mir eine schwierige Entscheidungsfindung unterstellt): »Ach, das ist so ein Quatsch, du bringst doch kein Kind um. Frauen machen das seit Jahrtausenden. Das ist ein einfacher Eingriff, da passiert dir überhaupt gar nichts.« Und: »Dass du dich danach schlecht fühlen musst, ist eine gesellschaftliche Konstruktion.« Ich war so erleichtert! Margarita vermutete, dass der Unterschied zu der Herangehensweise meiner deutschen Freundinnen (Betroffenheit, Unterstellung eines inneren Konflikts) diskursiv begründet lag. Hierzulande gab es eine verpflichtende Schwangerschaftskonfliktberatung nach § 218 im Strafgesetzbuch. Die unterstellte den Konflikt schon a priori. Drei Tage Bedenkzeit vor der Entscheidung für eine Abtreibung waren ebenfalls verpflichtend. Ihr kamen meine Sorgen sehr »deutsch« vor. Als erwachsene Person im Konflikt mit einem Embryo zu stehen, die Sichtweise war ihr fremd. Dass es auch eine Möglichkeit gab, anders auf dieses Thema zu blicken, entlastete mich ungemein, auch wenn ich die Vorstellung, Abtreibung als Verhütungsstandard zu nutzen, ebenfalls kritisch sah.

Margarita entlarvte andere kulturelle Mythen rund um das Thema Abtreibung, wie zum Beispiel das Post-Abortions-Syndrom. Ein Bekannter in meinem Umfeld hatte mir eingeredet, dass es nach einem Schwangerschaftsabbruch zu psychischer Belastung kommen müsse. Marga verwies mich schließlich unkompliziert an eine Gynäkologin in Hamburg, die Abbrüche durchführte. Trotzdem googelte ich selbst medizinische Fakten zur Entwicklung von Embryonen und Föten. Die beruhigten mich: Das Schmerzempfinden eines Fötus entwickelt sich frühestens nach der 20. Woche, und ein Embryo hat in diesem frühen Stadium kein Bewusstsein.

Vor dem Termin musste ich zwei Dinge selbst besorgen: 1. den Beratungsschein, denn nur mit dem war eine Abtreibung straffrei, und 2. die Kostenübernahme der Krankenkasse. Zu diesem Zweck ging ich zu einer Schwangerschaftskonfliktberatung bei Pro Familia. Davor war ich nervös gewesen: Würde man versuchen, mich zu einer Fortführung der Schwangerschaft zu überreden? Nichts dergleichen passierte. Die Beraterin fragte einfühlsam, ob ich schon entschieden sei oder noch Informationen pro oder kontra Schwangerschaft benötigte. Als ich das verneinte, klärte sie mich über den Abbruch und die Kostenübernahme der Krankenkasse auf. Erleichtert verließ ich das Büro.

Anders gestaltete sich der Anruf bei der Krankenkasse. Eine Frau am anderen Ende der Leitung nahm widerwillig mein Gesuch auf. Aufgrund meines geringen Einkommens stand mir die Kostenübernahme zu. Dann verabschiedete sie mich mit: »Leider muss ich so Frauen wie Sie ja unterstützen.«

»So Frauen wie Sie.« Heute würde ich mich bei der Krankenkasse beschweren, damals war ich nur sprachlos. Welche Vorstellungen machte sich diese Sachbearbeiterin von mir? Kein Verhütungsmittel schützt zu hundert Prozent vor Schwangerschaft. Sex ist normal. Wir sind nicht mehr in den 50ern. Das ging mir durch den Kopf. TV-Serien wie *Sex and the City* oder Magazine wie *Cosmopolitan* prägten das Jahrzehnt. Mit einer klaren Botschaft: Frauen nahmen sich lustvoll, was sie wollten, und die patriarchale Norm der bis zur Ehe keuschen Jungfrau war endlich und für immer abgeschafft! Was also wollte die bloß von mir?

Anscheinend hatte sie den Eindruck, dass ich selbst schuld war und – dank der deutschen Gesetzgebung, deren unwillige Vollstreckerin sie wurde – meiner gerechten Strafe entging. Was für eine Strafe sie genau im Kopf hatte, wusste ich nicht, doch zumindest wünschte sie sich, dass ich für die Kosten des Abbruchs selbst aufkommen sollte.

Heute bin ich ziemlich sicher, dass sie an das patriarchale Mutterideal glaubte, daran, dass Frauen in Huren oder Heilige eingeteilt werden können. Frauen sollen Heilige sein, Mütter, die sich aufopfern und selbstlos um andere kümmern. Der Heiligen steht die hedonistische Hure gegenüber in Form aller Frauen, die nicht verantwortungsvoll mit ihrer Reproduktionsfähigkeit umgehen können, und das war in ihren Augen ich. Ich war damals so wütend auf sie, spürte ihre Geringschätzung und Abwertung körperlich, konnte es aber noch nicht richtig einordnen. Das Gesetz war doch auf meiner Seite, Schwangerschaftsabbrüche legal, was für eine Spießertante, beruhigte ich mich damals. Tatsächlich kannte ich die genauen Regelungen rund um den Abbruch gar nicht. Ich wusste nicht, dass Schwangerschaftsabbrüche als Straftat galten und dass sie lediglich unter bestimmten Umständen nicht bestraft wurden.

Seit 1871, also seit über 150 Jahren, gilt in Deutschland § 218 – lediglich in der DDR waren Schwangerschaftsabbrüche 1972 legalisiert worden, Schwangere konnten innerhalb von zwölf Wochen nach Beginn einer Schwangerschaft über deren Abbruch entscheiden, ohne Zwangsberatung wie in der BRD.

Im Jahr der Deutschen Reichsgründung entstand das Reichsstrafgesetzbuch. Vor 1871 war ein Schwangerschaftsabbruch in der ersten Hälfte in einigen Gebieten Deutschlands legal gewesen. Selbst die Kirche berief sich auf die aristotelische Idee der »Beseelung«, welche bei männlichen Föten am 40., bei weiblichen am 80. geschehen würde. Vor der Beseelung wurden sie der Anatomie der Frau zugeschlagen. Im 18. Jahrhundert hatte sich die medizinische Erkenntnis durchgesetzt, dass bereits mit der Vereinigung von Ei und Samenzelle eine Vorstufe zum Menschsein erreicht ist. Fortan wurde der Embryo als Vorstufe oder Fiktion eines Menschen gewertet.

Mit der Entstehung der Nationalstaaten seit Mitte des 19. Jahrhunderts ging die Vorstellung eines »Volkes« einher als einer Gemeinschaft, der es aufgetragen ist, den Staat zu bevölkern. Und dieser Auftrag richtete sich an Frauen, insbesondere an die »richtigen« Frauen. Sie sollten das »deutsche Volk« gebären, vermehren, aufziehen, ob sie wollten oder nicht. Sowohl eine schwangere als auch die ihr helfende Person sollten mit fünf Jahren Gefängnis bestraft werden, wenn sie vorsätzlich abtrieben. Mit bis zu zehn Jahren Gefängnis wurde nach § 219 bestraft, wer Geld für Abtreibungen nahm oder Mittel zur Verfügung stellte.

Doch schon damals schimmerte Hoffnung. Denn der Widerstand gegen § 218 ist so alt wie der Paragraf selbst. Liberale und sozialistische Frauenverbände wie der von Helene Stöcker 1905 gegründete Bund für Mutterschutz und Sexualreform kämpften für dessen Abschaffung: Immer wieder fanden in diesem Rahmen etwa Petitionen zur Reform des § 218 Einzug in den Reichstag – ohne Erfolg. Ihr Motto lautete: »Dein Bauch gehört dir«.

Mehr als hundert Jahre nach Inkrafttreten entschied sich die SPD-geführte Bundesregierung unter Helmut Schmidt für eine Reform des § 218, auch als Reaktion auf die von Alice Schwarzer initiierte Titelgeschichte »Wir haben abgetrieben« im *Stern* und die daran anschließende feministische Protestwelle. § 218 sollte um eine Fristenregelung ergänzt werden. Demnach sollte es einer schwangeren Frau erlaubt sein, nach eigenem Entschluss und ärztlicher Beratung in den ersten zwölf Wochen der Schwangerschaft eine Abtreibung vorzunehmen. Das Gesetz trat jedoch nie in Kraft, da die konservative Bundestagsminderheit und mehrere Landesregierungen eine einstweilige Anordnung beim Bundesverfassungsgericht durchsetzten. Stattdessen wurde 1976 eine Indikationsregelung gesetzlich verabschiedet, wonach eine ärztliche Fachperson der Frau bescheinigen konnte, dass ein berechtigter Grund für einen Abbruch vorlag. Vier Indikationen waren möglich: die medizinische (Leben oder Gesundheit der Frau gefährdet), die embryopathische oder eugenische Indikation (Gefahr einer schweren Missbildung des Kindes), die kriminologische (bei strafbarer Vergewaltigung) und die »allgemeine Notlagenindikation«. Letztere wurde am häufigsten ausgestellt und meist auf soziale Gründe gestützt.

Die Indikationsregelung entmündigte Schwangere, die eine Schwangerschaft beenden wollten, sie waren abhängig von medizinischem Fachpersonal, brauchten einen Indikationsschein und mussten die Kosten selbst tragen. Abzutreiben war stigmatisiert. Feministische Gruppen organisierten Reisen für ungewollt Schwangere in die Niederlande, wo liberale Gesetze herrschten und der Abbruch anonym möglich war. Eine schwierige Situation. Auch die zweite Bestrebung zur Abschaffung von § 218 nach der Wiedervereinigung scheiterte am Bundesverfassungsgericht, brachte aber eine signifikante Verbesserung mit sich. Es kam zum bis heute geltenden Kompromiss: Das seit 1995 geltende Abtreibungsstrafrecht ermöglicht Schwangerschaftsabbrüche bis zur zwölften Woche. Sie sind bis heute rechtswidrig, bleiben aber straffrei aufgrund eines Fristenmodells, das durch eine Beratungspflicht in § 218a ergänzt wird. Zusätzlich gibt es eine erweiterte medizinische, embryopathische und kriminologische Indikationslösung, die auch über die zwölfte Woche hinaus Abbrüche ermöglicht.

Obwohl Deutschland nun ein Land mit einem liberaleren Abtreibungsgesetz ist, ist das Thema keineswegs erledigt. Der Abbruch wird nach wie vor als Straftat gegen das Leben gewertet – Mord oder Totschlag –, welche nur unter bestimmten Voraussetzungen (Frist, Beratung) von einer Strafverfolgung ausgenommen wird. Schwangere – neben schwangeren cis Frauen auch schwangere trans Männer – sind gegenwärtig dazu verpflichtet, die Schwangerschaft auszutragen und das Kind zu gebären. Es werden lediglich Ausnahmen gewährt.

Während die Strafbarkeit von Schwangerschaftsabbrüchen weiterhin zur Stigmatisierung von Menschen führt, die sich für einen Abbruch entscheiden. Allerdings werden nicht nur diejenigen stigmatisiert, die eine Abtreibung vornehmen lassen möchten, sondern auch Ärzt*innen, die diese durchführen.

Als Großstadtbewohnerin war mir lange Zeit nicht bewusst, wie schlecht die Versorgungslage für ungewollt Schwangere in Deutschland ist, insbesondere in ländlichen oder von der katholischen Kirche geprägten Regionen. Die bestehende Strafbarkeit führt dazu, dass entsprechende Behandlungsmethoden in der gynäkologischen Ausbildung gar nicht erst gelehrt werden. Medizinische Informationen über den Abbruch wurden jahrzehntelang als »Werbung« kriminalisiert. Erst im Juni 2022 endete dieser Missstand. Nach langer Aufklärungsarbeit von Ärzt*innen wie der Gießener Gynäkologin Kristina Hänel und dem Protest zahlreicher feministischer Gruppen beschloss der Bundestag die Streichung von § 219a.

Die Strafbarkeit von Schwangerschaftsabbrüchen hat auch Auswirkungen auf die Beratung von ungewollt Schwangeren. Viele gehen mit Ängsten in die gesetzlich vorgeschriebene Beratung, weil sie sich des Machtverhältnisses zwischen dem Staat und ihnen selbst bewusst sind. Sie haben Sorge, etwas Falsches zu tun und den Schein, den sie benötigen, um den Abbruch durchzuführen, nicht zu bekommen. Ebenso impliziert die verpflichtende Beratung eine sexistische Entmündigung: Frauen seien zu emotional, schlicht überfordert. Die Freiwilligkeit der Beratung ist jedoch eine Grundvoraussetzung für eine ergebnisoffene Beratung, in der auch Fragen gestellt werden können, die jenseits der sozialen Erwünschtheit liegen. Frauen, die unentschieden sind, haben oft Hemmungen, Fragen zu stellen, da sie befürchten, dass sie zu einer Fortführung der Schwangerschaft überredet werden könnten. Es ist wichtig, dass Frauen Zugang zu umfassenden und ergebnisoffenen Beratungen haben, damit sie eine selbstbestimmte Entscheidung treffen können.

Etwas, was in den feministischen Diskursen stets zu kurz kommt – und das hat damit zu tun, dass die Stigmatisierung der Abtreibung und die Abschaffung von § 218 nach wie vor im Mittelpunkt stehen –, ist die selbstbestimmte Entscheidung von ungewollt Schwangeren für eine Schwangerschaft. Es ist wichtig, nicht nur das Recht auf Abtreibung zu betonen, sondern auch die Freiheit, eine Schwangerschaft zu wählen und die notwendige Unterstützung zu erhalten. Dies bedeutet auch, dass die strukturellen Bedingungen, die ungewollte Schwangerschaften begünstigen, beseitigt werden müssen.

Weltweit stehen gesetzliche Regulierungen zur Geburtenkontrolle – so auch § 218 – im Dienste nationalistischer Bevölkerungspolitik. Deutschland zur Zeit des Nationalsozialismus gilt für viele als extremstes Beispiel in der Geschichte. Deswegen betrachten es Abtreibungsgegner*innen als gelungene Strategie, regelmäßig entsprechende Vergleiche anzubringen, um gegen Schwangerschaftsabbrüche zu polemisieren, zum Preis der Relativierung des Holocaust.

Im völkischen Wahn des Nationalsozialismus wurde das Abtreibungsrecht auf die Spitze getrieben, der freiwillige Schwangerschaftsabbruch ab 1943 noch stärker kriminalisiert – es galten 15 Jahre Gefängnisstrafe und in Einzelfällen sogar die

Todesstrafe, wenn »die Lebenskraft des deutschen Volkes fortgesetzt beeinträchtigt« wurde –, während staatlich organisierte Abtreibung, die dem Zweck diente, die rassistische, antisemitische, klassistische und behindertenfeindliche Politik des NS-Staates durchzusetzen, entkriminalisiert wurde. Sintizze und Romnja, Jüdinnen, Frauen mit Behinderungen, Schwarze Frauen, Slawinnen, Prostituierte, psychisch kranke Frauen, junge Frauen und arme, welche unehelich schwanger geworden waren oder bereits viele Kinder hatten, wurden Opfer von Zwangsabtreibungen, nicht selten mit anschließender Zwangssterilisation.

Die systematische Aufarbeitung dieser Verbrechen gegen Frauen begann in den 80ern. Feminist*innen wie die Historikerin Gisela Bock – als Initiatorin der Lohn für Hausarbeit-Kampagne bereits erwähnt – haben wichtige Arbeit geleistet, um die Opfer zu identifizieren und ihre Geschichten zu erzählen. Es ist von entscheidender Bedeutung, die Geschichte dieser Verbrechen zu kennen und sich für eine Abtreibungspolitik einzusetzen, die auf der Respektierung der Menschenrechte und der Würde aller basiert. Nur so kann auch heute nachvollzogen werden, warum das Thema Abtreibung nicht für alle Feminist*innen dieselbe Bedeutung hat.

Kontinuitäten des Nationalsozialismus bestehen bis heute fort. In den Annahmen darüber, welche Personengruppen möglichst wenige oder besser weiterhin gar keine Kinder bekommen sollten, herrschte breiter Konsens. Auch heute noch können wir die Nachwirkungen dieser Ideologie spüren, etwa wenn Personen der Meinung sind, dass Muslime zu viele Kinder bekämen, oder in der rechten, antifeministischen, rassistischen und antisemitischen Verschwörungstheorie, ein »Bevölkerungsaustausch« der Deutschen durch Muslime stände bevor. Eine dem Wesen nach rechtsradikale, völkische Position, die bis heute in Umfragen nachgewiesen werden kann.

Viele ältere Frauen schildern, wie belastend es für sie war, ein Kind zu bekommen, das nicht erwünscht war. Entweder weil sie zu jung schwanger geworden waren oder das Kind eine Behinderung haben würde. Auch ich erinnere mich daran, wie meine achtköpfige Familie noch in den frühen 90er Jahren bei Ferienausflügen mit dem nationalsozialistischen klassistischen »asozial« beschimpft wurde.

Dass solche Annahmen hinterfragt werden, dass innerhalb der Mehrheitsgesellschaft langsam ein Bewusstsein für Rassismus entsteht, konnte eigentlich erst 2010 während der heftigen Debatten rund um Thilo Sarrazins Nr. 1-Bestseller *Deutschland schafft sich ab* deutlich beobachtet werden.

Das Hinterfragen von Annahmen ist auch in den Fällen angezeigt, die nach wie vor mit dem größten Tabu belegt sind: Schwangerschaftsabbrüche bei von der Norm abweichenden Föten. Darunter fallen nicht nur schwere Missbildungen, die dazu führen, dass ein geborenes Kind nicht lebensfähig ist, sondern auch diejenigen, bei denen beispielsweise frühdiagnostisch das Down-Syndrom oder Spina bifida – ein offener Rücken – festgestellt werden. Zwar wurde die eugenische Indikation 1995 abgeschafft, doch die fortbestehende medizinische Indikation wird nun so interpretiert, dass die Geburt eines behinderten Kindes zu schweren Depressionen bei der Mutter führen würde.

Die Eugenik, die Lehre von der Erbgesundheit, im ausgehenden 19. Jahrhundert begründet vom britischen Universalgelehrten Francis Galton und dem deutschen Mediziner Alfred Ploetz, entwickelte sich in Deutschland unter dem Begriff der »Rassenhygiene« zu einem Grundpfeiler nationalsozialistischer Ideologie. Ihre Grundannahme: Man kann Menschen und damit auch Volksgemeinschaften verbessern, indem man auf die Fortpflanzung steuernd einwirkt. Soziale Verhältnisse erfuhren in der Folge eine biologische Interpretation und Phänomene wie Armut, Kriminalität, Geschlechtskrankheiten galten als Beweise für den Verfall der Volksgemeinschaft, denen man nicht mit sozialen, sondern mit eugenischen Maßnahmen begegnen müsste.

Eugenische, pseudowissenschaftliche Überzeugungen waren weit verbreitet, nicht nur in rechtsradikalen oder konservativen, sondern auch in linken und liberalen Kreisen. Als Teil der bürgerlichen Frauenbewegung der Weimarer Zeit vertrat der Bund für Mutterschutz und Sexualreform viele wichtige und gewagte Positionen, neben Unterstützungsforderungen für ledige Mütter ebenso eugenische Positionen, genauso wie der Bund der deutschen Frauenvereine.

Die Universität war ein Ort der Erkenntnis, an dem ich weit mehr als nur eine berufliche Ausbildung erhielt. Hier wurde ich geschult in der Kunst des kritischen Denkens, hier lernte ich, die gesellschaftlichen Gegebenheiten genau in den Blick zu nehmen und mich politisch zu positionieren. Doch ich war nicht darauf vorbereitet gewesen, von diesem Erkenntnisfuror überrollt zu werden. Mein ursprünglicher Plan war es, die notwendigen Fähigkeiten zu erwerben, um einen Beruf auszuüben, der mir meinen Lebensunterhalt sichern würde.

Warum sollte ich im Kulturbetrieb arbeiten, wenn dieser vor allem dazu diente, Symbolproduktion für gesellschaftliche Eliten zu leisten?

Zu Beginn meines Studiums stellte ich mir immer wieder die Frage, warum so viel Wert auf Kritik gelegt wurde: an der Hochkultur, an der bildenden Kunst. Zu Beginn meines Studiums wollte ich im Kunstfeld arbeiten. An seinem Ende schloss ich das kategorisch aus. Denn je mehr ich lernte, desto klarer stand mir vor Augen, wie elitär, kolonialistisch und kapitalistisch der Kunstmarkt war. Ich erkannte, dass die Vorstellung des Künstlers als Genie ein patriarchales Konstrukt ist und dass die künstlerischen Arbeiten von Frauen und marginalisierten Gruppen unsichtbar gemacht wurden. Ich begriff die Bedeutung von Subkulturen, die Kraft des »Selbermachens«. Es dauerte eine Weile, bis ich die Relevanz all dieser verschiedenen Seminare in Kultur- und Kommunikationstheorien, Soziologie, Psychologie und Gender Studies verstand. Langsam aber sicher ließ ich meinen Traum, Museumsdirektorin zu werden, ziehen. Symbolproduktion in patriarchalen, kapitalistischen Zusammenhängen für die Oberschicht, das wollte ich am Ende dieses Reflexionsprozesses auf gar keinen Fall mehr betreiben. Doch meine Eltern waren nicht reich genug, um mir ein Leben in kunstmarktkritischen Do-It-Yourself Zusammenhängen zu ermöglichen.

Als ich im Jahr 2000 an der Universität studierte, war es für mich selbstverständlich, feministische Themen auf dem Lehrplan zu finden, weibliche Dozentinnen ebenso – allerdings wusste ich nicht, welchen Aufwand es bedeutet hatte, bis es dazu gekommen war. Es musste hart erkämpft und immer wieder verteidigt werden. Die Gender Studies sind bis heute

Anfeindungen und Diffamierungen rechter, rechtskonservativer, maskulinistischer, antifeministischer, christlich-fundamentalistischer Gruppen ausgesetzt, als unwissenschaftlich oder politisch.

Die Ursprünge der Bewegung für die Bildung von Frauen reichen weit zurück in die Geschichte. Einer der ersten feministischen Texte Europas, Mary Wollstonecrafts *A Vindication of the Rights of Women* aus dem Jahr 1792, fordert ein Recht auf Bildung für Frauen. Im frühen 19. Jahrhundert entstand die moderne Universität in Deutschland, Frauen waren von Anfang an ausgeschlossen. Erst in den 1860er Jahren begannen sie lautstark ihr Recht auf ein Universitätsstudium einzufordern. Doch erst im Jahr 1908 führte Preußen die Studienerlaubnis für Studentinnen offiziell ein. 1921 folgte das Habilitationsrecht, nach langen Kämpfen und unzähligen Demütigungen. Doch obwohl ihnen damit der Weg zur Professur offenstand, wagten nur wenige, ihn zu beschreiten, da die gesellschaftlichen Vorurteile gegenüber »gelehrten Weibern« einfach zu groß waren. Auch die damaligen Studentinnen bekamen das zu spüren.

Die ersten Aktivitäten für eine feministische Perspektive in den und auf die Wissenschaften fanden 1976 statt, als die Berliner Sommeruniversität ins Leben gerufen wurde, damals von der selbstorganisierten feministischen Gruppe »Berliner Dozentinnen«, eigenständig und ohne finanzielle Unterstützung. Nicht einmal die Fahrtkosten der eingeladenen Dozentinnen konnten erstattet werden. Alle Frauen, nicht nur Studentinnen, waren eingeladen, die Kurse zu besuchen, Bei der Sommeruniversität 1980 gab es sogar spezifische Veranstaltungen von und für Fabrikarbeiterinnen mit Kindern oder von und für Krankenpflegerinnen, außerdem ein »Malochetreffen« für berufstätige Frauen. Als Vorbild galten die amerikanischen »Women's Studies« an US-amerikanischen Hochschulen. Wie Sybille Plogstedt in der ersten Ausgabe der Zeitschrift *Courage* schreibt, war diese Initiative die Initialzündung zur Etablierung der feministischen Perspektive in der Wissenschaft, denn zum ersten Mal würden »eigene Forschungsinhalte von Frauen neu bestimmt werden.«

Zwischen 1976 und 1983 fanden insgesamt sieben Berliner Sommeruniversitäten statt. Die Themen, die in den Kursen behandelt wurden, zielten auf die Herausforderungen und Diskriminierungen ab, mit denen Frauen in den Wissenschaften konfrontiert waren. Eine dieser Herausforderungen war die signifikante Unterrepräsentanz von Frauen in gestaltenden und machtvollen Positionen an Universitäten sowie in der Forschung. Die, die keine Aussicht auf Professuren hatten, bekamen oft nur befristete Assistentinnenstellen.

Viele Kurse verhandelten den fehlenden feministischen Blick auf wissenschaftliche Inhalte. Die Berliner Sommeruniversität formulierte regelmäßig Kritik an der einseitigen Perspektive, aus der die Wissenschaften betrieben wurden. Die meisten wissenschaftlichen Erkenntnisse stammten von Männern. Nur wenige zeitlich befristete Projekte ermöglichten dezidiert Forschung aus Frauensicht.

Die Teilnehmerinnen der Berliner Sommeruniversität stießen auf Widerstand, weil sie als politische Aktivistinnen auftraten. Viele im Wissenschaftssystem zweifelten an ihren Absichten, sie galten als Nestbeschmutzerinnen. Außerdem wählten sie Sujets, die in der Forschung lange tabuisiert worden waren, wie Gewalt gegen Frauen, Ausgrenzung und Sexismus.

Obwohl sich die Emanzipationsbewegung und die damalige »Frauenforschung« – der Begriff »Gender Studies« wurde erst in den 90ern geläufig – am Anfang personell und politisch stark überschnitten, lösten sie sich im Laufe der Zeit voneinander. Die Frauenforschung entwickelte ein stark wissenschaftliches Selbstverständnis und wies den Anspruch, lediglich als theoretischer Arm der politischen Frauenbewegung zu fungieren, deutlicher zurück. Dennoch bestehen Wechselbeziehungen zwischen beiden Bereichen. Sollen die Gender Studies politisch sein oder nicht, und was heißt das überhaupt? Diese Fragen sind umstritten und werden auch von den Vertreter*innen des Faches unterschiedlich beantwortet.

Einige der in der Frauenbewegung aktiven Studentinnen machten später als Professorinnen Karriere, wie etwa Carol Hagemann-White, Gisela Bock, Gerburg Treusch-Dieter oder Sigrid Metz-Göckel. Diese Frauen traten in die Universitäten ein, um selbst in machtvollen Positionen die Gleichstellung an den Hochschulen zu fördern. Die Institutionalisierung dieser Arbeit zeigte sich ab den 90er Jahren. Zwanzig, dreißig Jahre hatten die Studentinnen gebraucht, um nach oben zu kommen, um wirklich Einfluss zu erlangen.

2008 verpflichteten sich die in der Deutschen Forschungsgemeinschaft organisierten Hochschulen – 97 Hochschulen, außeruniversitäre Forschungseinrichtungen, wissenschaftliche Verbände und Akademien der Wissenschaften, darunter auch die wichtigsten Einrichtungen der Spitzenforschung –, endlich die fehlende Chancengleichheit als Problem anzuerkennen und Maßnahmen zur Verbesserung der Situation von Frauen an den Universitäten zu ergreifen. Das in der Folge eingerichtete Monitoring dokumentierte die nach wie vor bestehende Benachteiligung von Frauen eindrucksvoll: Im Jahr 2010 erlangten Frauen 51 Prozent aller Studienabschlüsse. Sie erhielten 44 Prozent aller Promotionen, jedoch strebten lediglich 25 Prozent der promovierten Frauen eine weitere akademische Laufbahn an und bekamen eine Habilitation verliehen, die die Voraussetzung für eine Professur darstellt. Die Zahlen zeigen außerdem, dass Frauen nur 15 Prozent der sehr gut bezahlten W3-Professuren innehatten, was verdeutlicht, dass die Chancengleichheit an den Hochschulen noch lange nicht erreicht ist. Gegenwärtig sind Frauen zwar nicht mehr in allen Universitätsfächern unterrepräsentiert, doch bekleiden sie eklatant wenige Führungspositionen in allen Wissenschaftsbereichen. Angesichts ihrer doppelten Marginalisierung – als Frau, als Angehörige der Arbeiterklasse – gründeten einige Studentinnen in den 80er Jahren Arbeitertöchter-Gruppen und damit die Vorläufer der Arbeiterkinder-Referate, die es heute an einigen Hochschulen gibt.

Der Frauenanteil in den höchsten akademischen Positionen steigt nur noch langsam an. Zwölf Jahre nachdem der Anteil der Frauen an den W3-Professuren um 9 Prozent auf 22 Prozent gestiegen ist, sind nur 28 Prozent der Universitäten und 23 Prozent der Fachhochschulen von Frauen geleitet. In Bezug auf die Verleihung von Wissenschaftspreisen sind Frauen ebenfalls benachteiligt. Zum Beispiel fand sich im Jahr 2015 unter den acht Preisträgern des mit 2,5 Millionen Euro dotierten Leibniz-Preises keine einzige Frau, was zu weitreichenden Protesten und schließlich zu einer Änderung des Vergabeverfahrens führte, sodass 2022 sogar eine paritätische Verteilung zwischen Frauen und Männern erreicht wurde.

Obwohl der Anteil der Professorinnen in den kommenden Jahren aufgrund häufigerer Berufungen von Frauen absehbar steigen wird, existieren immer noch strukturelle Hürden im Wissenschaftsbetrieb, die Frauen daran hindern, eine Karriere in der Forschung zu verfolgen. Es fehlt an Vorbildern und Mentor*innen, die Belastungen im Hinblick auf die Vereinbarkeit von Beruf und Familie sind zu groß. Fälle von sexueller Belästigung und Diskriminierung veranlassen Frauen ebenso, sich gegen eine Karriere in der Wissenschaft zu entscheiden. Auf den Webseiten metooscience und gender.macht.wissenschaft werden anonyme Geschichten von sexueller Belästigung aus dem deutschsprachigen Hochschulkontext gesammelt. Geschichten wie diese: »Bei einem Konferenzdinner setzte mein Chef und Doktorvater sich neben mich und flüsterte mir ins Ohr ›Wo bist du gewesen? Du weißt schon, Männer müssen bei mir um Erlaubnis fragen, bevor sie mit euch schlafen.‹ Mit euch meinte er seine Doktorandinnen. Er grinste im Anschluss breit und scherzte mit den anderen am Tisch weiter über andere Themen.« Oder »Auf dem Weg zu einer Konferenz traf ich (Doktorandin) einen Kollegen aus einer anderen Uni. Nach einem längeren Monolog seinerseits über sein Institut kam er auf einen Kollegen zu sprechen, bei dem ja klar sei, dass dieser schwul ist. Er habe nichts gegen Schwule, aber dass er sich auf einer Konferenz ein Zimmer mit ihm teilen müsse, fände er schon unangenehm. Er würde halt darauf achten müssen, immer mit dem Rücken zur Wand zu schlafen. Er regte sich zudem darüber auf, dass Frauen in seinem Bereich ja besondere Förderprogramme erhielten, und erwäge nun, ob er sich nicht einfach als Trans*frau ›verkleiden‹ sollte, um in die Vorzüge der Förderung zu kommen.«

Um Frauen für diesen Karriereweg zu ermutigen, müssen Stereotype abgebaut werden. Unbewusste Vorurteile, auch als Unconscious Bias bezeichnet, sind Vorannahmen, die aufgrund von Erfahrungen, kulturellen Einflüssen und sozialen Normen im Unterbewusstsein verankert sind. Diese Vorurteile beeinflussen unser Denken, Fühlen und Verhalten, auch wenn wir uns dessen nicht bewusst sind. In der Wissenschaft wie in anderen gesellschaftlichen Bereichen können sie zur Benachteiligung führen.

Beispielsweise bezeichnet der sogenannte »Affinity Bias«, unsere Neigung, Personen zu bevorzugen, die uns ähnlich sind. Steht die Entscheidung über die Besetzung einer Stelle an, erhöht der »Affinity Bias« also die Wahrscheinlichkeit, dass männliche Führungskräfte andere Männer einstellen.

Der »Maternal Wall Bias« bezeichnet die unbewusste Annahme, dass Mütter weniger engagiert und belastbar sind als ihre Kolleg*innen, was dazu führen kann, dass Frauen mit Kindern weniger Chancen auf Karriereentwicklung geboten werden.

Die Auswirkungen von unbewussten Vorurteilen können weitreichend sein und betreffen sowohl die Rekrutierung als auch die Förderung von Frauen in der Wissenschaft. Eine Studie des Deutschen Zentrums für Hochschul- und Wissenschaftsforschung (DZHW) ergab beispielsweise, dass Frauen oft weniger gut vernetzt sind als Männer, was als beträchtlicher Karrierenachteil gilt.

Um unbewusste Vorurteile zu bekämpfen und Frauen in der Forschung zu fördern, gibt es verschiedene Ansätze. Eine Option ist, gezielte Mentoring- und Karriereprogramme einzuführen. Eine weitere Möglichkeit ist, den Fokus auf eine inklusive Arbeitskultur zu legen, in der alle Geschlechter gleichermaßen geschätzt und gefördert werden.

Bis in meine späten Zwanziger hinein war ich felsenfest davon überzeugt, dass ich als Frau alles erreichen konnte, was auch Männern möglich war – und sogar noch mehr. Ich dachte, ich könnte nicht nur studieren, arbeiten, Karriere machen, sondern auch noch Kinder gebären und großziehen. Doch langsam wurde mir klar, dass ich mich geirrt hatte. Die geringe Anzahl von Frauen in Branchen wie der Popmusik, der Universität oder der Industrie hatte andere Ursachen als mangelnde Willenskraft und bewusste Entscheidungen. Es waren Geschlechterstereotype und Vorurteile, die dazu führten, dass Frauen als weniger kompetent wahrgenommen wurden.

Generell kam ich gut mit den meisten Männern aus, egal ob gleich alt oder älter, doch regelmäßig traf ich wen, der dachte, dass ich als Frau keine Ahnung von Technik oder Musik haben könnte. Ich erinnere mich an einen Klassenkameraden, der sagte, dass Frauen sowieso heiraten und Kinder bekommen würden, weshalb sich die Kosten für ihr Studium nicht lohnten. Ich hatte auch Erfahrungen mit sexueller Belästigung in meinen Nebenjobs als Barfrau oder mit Geschlechterstereotypen in der Veranstaltungsbranche. Ich wurde mit blöden Anmachen konfrontiert »Warum arbeiten Sie hier im Technikbereich?« »Wollten Sie nicht Lehrerin werden?« »Wollen Sie mit mir ausgehen?« Ständig wurden mir technische Fähigkeiten abgesprochen. Es gab auch nervige betrunkene Typen, die kein »Nein« akzeptierten und mich belästigten. Eines Nachts verfolgte mich ein Mann von der U-Bahn ein Stück weit nach Hause. Ich hatte Angst, traute mich nicht, zu mir zu gehen, da ich nicht preisgeben wollte, wo ich wohnte. Gleichzeitig wollte ich nicht länger allein im Dunkeln unterwegs sein. Eine beschissene, eine alltägliche Situation. Ich flüchtete mich schließlich in eine Kneipe.

Ich erinnere mich an das Kompliment: »Du hast ja viele Schallplatten für eine Frau«. All diese Erfahrungen und Vorurteile machten mir langsam klar, dass es für Frauen, egal wo, schwieriger sein würde, sich zu behaupten und erfolgreich zu sein.

Kein einzelnes Ereignis hatte das Potenzial für einen Eklat, aber all diese kleinen Verletzungen formten sich zu einem schmerzhaften Ganzen, das mir jeden Tag mehr Verärgerung und Hoffnungslosigkeit bereitete. Ich fand keine Worte dafür, und auch meine Freundinnen konnten die subtilen Angriffe, die wir erlebt hatten, nicht benennen. Es war, als ob das, was uns widerfuhr, so unscheinbar und unbedeutend war, dass es keine Sprache dafür gab. Diese Mikroaggressionen waren alles andere als harmlos. Der Schwarze Psychologe Chester M. Pierce prägte den Begriff Mikroaggression in den 70er Jahren in Bezug auf Rassismus. Er bezeichnet eine subtile Form alltäglicher Diskriminierung, die oft unbewusst oder unbeabsichtigt abläuft und in Gesten, Kommentaren oder nonverbalen Signalen zum Ausdruck kommt. Sie drücken Ablehnung oder gar Feindseligkeit aus, sind aber so minimal, dass das Gegenüber sich oft unsicher ist, ob es nicht überempfindlich reagiert. Ein Beispiel wäre das sogenannte Mansplaining, also die ungefragten Erklärungen eines Mannes, der davon ausgeht, er wüsste mehr über den Gesprächsgegenstand als die – meist weibliche – Person, mit der er spricht.

Das Verständnis für Mikroaggressionen ist wichtig, um moderne Formen von Sexismus oder andere Ausgrenzungsmechanismen zu bekämpfen, die sich nicht mehr durch eine offene Ablehnung von Gleichstellung oder Frauenrechten äußern, sondern schwerer zu fassen sind. Mikroaggressionen gehen auch von denjenigen aus, die grundsätzlich überzeugt sind von der Gleichheit der Menschen, die gute Intentionen haben und meist unbewusst und ohne böse Absicht Menschen aus marginalisierten Gruppen abwerten und ausgrenzen.

Fälle von Gender-Mikroaggressionen wurden in der Forschung untersucht und anhand ihrer unterliegenden Prinzipien kategorisiert: Mikroaggressionen zum Zwecke sexueller Objektivierung, zum Unterstellen von Minderwertigkeit, zur Aufrechterhaltung traditioneller Geschlechterrollen oder als sexistische Witze.

Heute wissen wir, dass selbst subtile Formen von Belästigung im Laufe der Zeit zu einer schwerwiegenden psychologischen Belastung führen können. Studien haben gezeigt, dass sexistische Mikroaggressionen nachteilige Auswirkungen auf den Alltag von Frauen haben.

Während ich mich also über die sexistischen Mikroaggressionen ärgerte, denen ich ausgesetzt war, und erste Kontakte zu feministischen Gruppen knüpfte, während Feministinnen in Gleichstellungsstellen und Universitäten Erklärungen dafür suchten, warum junge Frauen wie ich trotz anhaltender Ungleichheiten nicht als Feministinnen bezeichnet werden wollten und von einer »Flaute« der Frauenbewegung sprachen, wurde die deutsche Öffentlichkeit unaufhörlich mit biologistischen und sexistischen Diskursen und Popkultur bombardiert.

Bereits in den 90ern hatten Ratgeber wie *Warum Männer nicht zuhören und Frauen schlecht einparken* vom australischen Kommunikationscoach-Ehepaar Allen und Barbara Pease sowie John Grays *Männer sind vom Mars, Frauen von der Venus* die internationalen Bestsellerlisten gestürmt. Diese Bücher behaupteten, dass Männer und Frauen unterschiedliche Spezies seien, dass sie keine gemeinsame Sprache hätten und daher auf Übersetzungen und Erklärungen der jeweiligen Autor*innen angewiesen seien. So heißt es etwa in der Einleitung von Grays Nachfolgeband *Männer sind anders, Frauen auch*: »Männer und Frauen haben nicht nur eine unterschiedliche Art, sich verständlich zu machen, sondern sie denken, fühlen, reagieren, lieben und freuen sich anders. Außerdem nehmen sie ihre Umwelt grundverschieden wahr und haben völlig unterschiedliche Bedürfnisse.« Das gleiche Programm bei den Eheleuten Pease: »Männer ziehen gutes Aussehen einem schlauen Köpfchen vor. Männer können nämlich besser sehen als denken.«

Diese Bücher waren nicht nur kommerziell erfolgreich. Sie trugen erheblich zur Verfestigung von Geschlechterklischees bei, sie unterstützten die Vorstellung, dass Mannsein und Frausein biologisch determiniert sei. Ganz zu schweigen davon, dass andere Geschlechter schlicht nicht vorkommen, intergeschlechtliche Personen ebenso wenig wie trans oder nicht-binäre Personen. Die darin vertretene absolute Binarität lässt das Denken vielfältiger Geschlechtlichkeit nicht zu. Sie verharmlosten und relativierten Sexismus und trugen dazu bei, dass Frauen in ihrer beruflichen und privaten Entwicklung eingeschränkt wurden.

Die Darstellungen von John Gray und ähnlich gelagerten

Autor*innen sind nicht nur fehlerhaft, sondern gefährlich. Indem sie alle Frauen als homogene Gruppe und alle Männer als ebensolche darstellen, negieren sie Unterschiede zwischen Individuen, postulieren ausschließlich ein Unterscheidungsmerkmal, was wissenschaftlich fragwürdig und offenherzig diskriminierend ist.

Denn in der Realität spielen nicht nur Unterschiede zwischen den Geschlechtern, sondern auch innerhalb eines Geschlechts eine Rolle. Nicht alle Männer sind gleich, nicht alle Frauen sind gleich. Es gibt Männer, die sensibler sind als andere, genauso wie es Frauen gibt, die lieber Autos reparieren als Kinder großziehen. Was als typisch weiblich oder typisch männlich gilt, hat außerdem immer mit anderen Ungleichheiten und Ausgrenzungen in der Gesellschaft zu tun. Darin, was Weiblichkeit angeblich ausmacht, spiegeln sich zum Beispiel christlich-*weiße*, aber auch bildungsbürgerliche Vorstellungen wider. Schon mit meiner Großmutter haben sie wenig zu tun.

Doch diese Vielfalt wird in diesen Büchern nicht berücksichtigt. Stattdessen werden die Unterschiede zwischen den Geschlechtern als angeboren und unveränderlich dargestellt. Es führt dazu, dass Frauen und Männer in bestimmte Rollen gedrängt werden, die nicht ihrer Persönlichkeit entsprechen. Frauen sollen demnach einfühlsam und fürsorglich sein, Männer stark und durchsetzungsfähig. Ganz egal, ob es zum Einzelnen passt oder nicht. Eine grobe Generalisierung wird vollzogen und die Geschlechtszugehörigkeit zur einzig relevanten Facette der Individualität. Dabei ignorieren diese Bücher die sozialen und kulturellen Einflüsse auf die Persönlichkeitsbildung vollständig, obwohl es unbestritten ist, dass unsere Umwelt einen Einfluss auf uns hat. Unsere Eltern, unsere Freund*innen, unsere Gemeinschaft – all das prägt uns und beeinflusst unser Verhalten. Doch hier wird das komplett negiert oder als irrelevant abgetan.

Die plötzliche Popularität solcher Bücher war ein Schlag ins Gesicht aller Menschen, die für Gleichberechtigung kämpfen. Denn sie trugen dazu bei, dass Stereotype und Vorurteile künftig bestehen blieben: die schwache Frau und der starke Mann. Und dann greifen die alten Ausschlussmechanismen, denn zu diesen beiden Typen passen eben nur bestimmte Berufe, Tätigkeiten, Vorlieben, Verhaltensweisen.

Bis heute hat der Kampf gegen diese überholten und gefährlichen Klischees nichts von seiner Notwendigkeit eingebüßt. Es ist höchste Zeit, dass wir uns von ihnen lösen; dass wir die Vielfalt von Geschlecht anerkennen; dass wir die Unterschiede innerhalb eines Geschlechts wahrnehmen. Wir müssen es wagen, uns von Rollenbildern loszusagen und unseren eigenen Weg zu gehen.

In fast jedem deutschen Bücherregal findet sich in den frühen 2000er Jahren ein solches Exemplar, sie repräsentieren nichts weniger als die Wiederauflage der biologistischen Diskurse vergangener Jahrhunderte, nun in neuem Gewand. Statt den Beweis mit der Anatomie von Gebärmüttern oder dem Zerebralgewicht zu führen, wie es die Medizin um die Jahrhundertwende tat, bediente man sich nun der Psychologie, der Gene und Hormone. Die Schlussfolgerungen sind bis heute dieselben geblieben. Im 19. Jahrhundert rechtfertigten konstruierte Geschlechtsunterschiede Gesetze, die Frauen den Besitz von Eigentum, eine Berufsausbildung und das Wahlrecht verwehrten. Heute dienen sie dazu, ungleiche Löhne und schlechtere Aufstiegschancen zu rationalisieren, Gewalt zu rechtfertigen, die überproportionale Verantwortung für Haushalt und Pflege zu begründen, während Männer gleichzeitig entschuldigt werden. Deshalb sind diese Bücher antifeministisch und reaktionär. Und dennoch sind sie sehr erfolgreich. Warum?

Weil sie in all ihrer Simplifikation ein Allheilmittel für die Verständigung in heterosexuellen Beziehungen offerieren. Weil sie suggerieren, dass Beziehungsprobleme schnell und vollumfänglich lösbar seien.

Die Annahme von unveränderlichen Geschlechtsunterschieden entlastet die Leser*innen von der Verantwortung kritischer Selbstreflexion. Niemand muss das eigene Handeln infrage stellen, niemand widerstrebende Bedürfnisse adressieren.

Und von da schleichen sich die vereinfachten Geschlechterstereotypen sehr bald ein in den Blick auf sämtliche Individuen, seien es Kolleg*innen, Mitarbeiter*innen, Ärzt*innen, Verkäufer*innen oder die eigenen Kinder. Durch die Linse der Zweigeschlechtlichkeit betrachtet, scheinen alle einfallslose Karikaturen, keine Individuen, mehr zu sein.

Die populären Bestseller der 2000er Jahre verstärkten den antifeministischen Backlash. Dabei handelte es sich nicht ausschließlich um billige Massmarket-Taschenbücher oder boulevardeske Beiträge. Mit der Veröffentlichung von *Das Methusalem-Komplott* beteiligte sich zum Beispiel auch Publizist und *FAZ*-Herausgeber Frank Schirrmacher daran. Das Buch entwarf die düstere Zukunftsvision einer überalternden Gesellschaft, die auf die Selbstverwirklichung von Frauen zurückzuführen sei. Sie hätten das Gebären vernachlässigt. Auch die ehemalige *NDR*-Nachrichtensprecherin und Moderatorin Eva Herman griff diese Thematik auf. Im Buch *Das Eva-Prinzip* propagierte sie die Rückkehr der Frau an den Herd und erklärte, dass ihre eigene Karriere sie unglücklich gemacht habe. Eva Herman wurde später wegen einer Verharmlosung des Nationalsozialismus entlassen.

In den 2000ern waren progressive, feministische Beiträge zur öffentlichen Debatte kaum zu vernehmen. An den Hochschulen bot vor allem der noch junge Studiengang Gender Studies Raum, um (queer-)feministische Perspektiven kennenzulernen und zu diskutieren. Außerdem gab es Gleichstellungseinrichtungen sowie linke (queer-)feministische Gruppen und Veranstaltungen. Aber abgesehen von den Kleinstöffentlichkeiten in Magazinen wie *Emma* oder *WIR FRAUEN* waren feministische Themen kaum präsent, öffentlichkeitswirksame Debatten blieben aus.

Dieser Rückgang blieb der Frauen- und Genderforschung nicht verborgen. Die Politikwissenschaftlerin Barbara Holland-Cunz zum Beispiel erforschte in *Die alte neue Frauenfrage* die Gründe dafür, dass die Frauen der neuen Generation sich entweder schämten oder desinteressiert abwandten. Ute Gerhard beschäftigte sich in einem Aufsatz »Nachfolge in der Frauenbewegung. Generationen und sozialer Wandel« mit der Frage, warum sich jüngere Frauen, und damit die Angehörigen ihrer Generation, nicht mehr als Feministinnen bezeichnen wollten. Von einem feministischen Kater war die Rede. Der Tenor: Der Schwung der westlichen Emanzipationsbewegung sei ebenso »dahin« wie der innovative Elan feministischer Wissenschaft. So beschreibt auch die Soziologin Gudrun-Axeli Knapp in dem von ihr herausgegebenen Sammelband *Aporie als Grundlage: Zum Produktionscharakter der feministischen Diskurskonstellation* 2003 die damalige Stimmung unter den »altgedienten« Feministinnen. Ihre junge Kollegin Paula-Irene Villa konstatiert im selben Sammelband, dass die Frauenbewegung eben nicht tot sei, sondern weniger spektakulär, weniger populär und weniger gesellschaftlich aktiv. Junge Frauen hätten heute einen »feministischen Bewusstseinsstand« erreicht, was als Erfolg der Frauenbewegung gewertet werden könne, und zumindest einige würden sich innerhalb pop-kultureller Kontexte weiterhin feministisch artikulieren.

Die Statistiken zeigten zur selben Zeit, dass der Gender Pay Gap wieder angestiegen war. Im Jahr 1999 betrug er 19 Prozent, 2006 stieg er auf 23 Prozent an – mit 24 Prozent in den westdeutschen und 6 Prozent in den ostdeutschen Bundesländern. Der höchste Wert seit der Einführung des Indexes zur Messung von Geschlechterungleichheit im Jahr 1995 überhaupt. Ob der eklatante Anstieg eine direkte Folge der antifeministischen Diskurse darstellte, ist aufgrund der Komplexität des Phänomens Lohnungleichheit nicht nachzuvollziehen, doch die Vermutung lag zumindest nahe. Andere statistische Kennzahlen verdeutlichten jedenfalls den Handlungsbedarf: 2007 lebten 31 Prozent der alleinerziehenden Mütter von Arbeitslosengeld 2, der staatlichen Grundsicherung für Arbeitssuchende. Der hohe Anteil von Arbeitslosengeldempfängerinnen in dieser Gruppe ging auf die fehlende staatliche Kinderbetreuung in den westdeutschen Bundesländern zurück. Alleinerziehende wurden durch diesen Mangel oft zur Teilzeitbeschäftigung gezwungen und auf dem Arbeitsmarkt diskriminiert.

In dem Zusammenhang sprachen sich 15 Frauen in einem

Dossier der *Zeit* am 23.08.2006 für einen »neuen Feminismus« aus, darunter Anke Engelke, Sarah Wiener, Kristina Schröder und Margarete Mitscherlich. »Die Frauen haben sich angestrengt, – die Hälfte von allem haben sie trotzdem nicht,«, fasste *Zeit*-Redakteurin Heike Faller das Gefühl der damaligen Zeit zusammen. Viele Frauen realisierten langsam: Hier läuft etwas schief – und trotzdem wären sie niemals auf die Idee gekommen, sich Feministin zu nennen, weil sie die antifeministische Dauerschleife längst internalisiert hatten: Ist schon alles erreicht. Wir dürfen wählen, arbeiten, Sex haben, mit wem wir wollen. Was jammert ihr noch?

Es ist nicht verwunderlich, dass die ersten feministischen Bücher, die als Reaktion auf die vorherrschenden konservativen Debatten zwischen 2006 und 2009 erschienen sind, zum Ziel hatten, das Image des Feminismus aufzupolieren. Zum Beispiel Thea Dorns *Die neue F-Klasse. Warum die Zukunft von Frauen gemacht wird* oder das von Mirja Stöcker herausgegebene *Das F-Wort. Feminismus ist sexy* oder *Wir Alphamädchen. Warum Feminismus das Leben schöner macht* von Meredith Haaf, Susanne Klingner und Barbara Streidl.

Die Titelformulierungen zeigen deutlich, dass »Feminismus« in Deutschland weiterhin ein unbehagliches Wort war. Autorinnen wie Stöcker oder Dorn kürzten es lieber verschämt ab. Stöcker schreibt dazu in ihrer Einleitung: »Die erfolgreiche Unternehmerin, die sich für junge Kolleginnen einsetzt, ist natürlich keine Emanze; die junge Frau, die sich die Hausarbeit mit ihrem Freund teilt und trotzdem nicht so krass feministisch denkt … sie alle stehen für das gegenwärtige Paradoxon, dass der Feminismus tot ist und Totgeglaubte tatsächlich länger leben.«

Es ist bemerkenswert, dass eine der Ersten, die den Begriff Feminismus wieder positiv besetzen wollten, ausgerechnet die damalige CDU-Familienministerin und heutige EU-Kommissionspräsidentin Ursula von der Leyen war. Von der Leyen – als Mutter von sieben Kindern selbst sieben Jahre zu Hause geblieben – sorgte im März 2007 für gehöriges Aufsehen, als sie sich im Interview mit der *Frankfurter Allgemeinen Zeitung* vorsichtig zum Feminismus bekannte: »Konservativer Feminismus ist eine spannende Wortprägung. Denn konservativ steht dafür, Werte zu erhalten in einer modernen Welt: die Werte der Verantwortungsübernahme für andere, der Verlässlichkeit untereinander. Aber bitte auf Augenhöhe! Das heißt, dass die Kindererziehung, die Verantwortung für das Einkommen, aber auch die Pflege der alten Eltern eine gemeinsame Aufgabe ist.« Von der Leyen setzte sich in ihrer Amtszeit gegen die eigene Partei durch. Sie befürwortete den Ausbau der Kinderbetreuung, beklagte lautstark den Sexismus gegenüber Müttern in der Arbeitswelt aus eigener Erfahrung und führte das »Elterngeld« ein, eine Lohnausgleichszahlung für einen Zeitraum von insgesamt 14 Monaten nach der Geburt des Kindes. Das frühere Erziehungsgeld, eine 24-monatige, einkommensunabhängige Zuzahlung in Höhe von 300 Euro monatlich, entfiel nach 20 Jahren. Es hatte Fehlanreize geschaffen und dazu geführt, dass Frauen beruflich wegen längerer staatlich incentivierter Phasen der Familienarbeit ins Abseits gerieten.

Das von der Großen Koalition eingeführte Elterngeld entsprach feministischen Forderungen nach Gleichstellung und wurde bereits in den 90er Jahren als »flexibles Elternurlaubsmodell« formuliert. Dabei diente der schwedische Föräldrarpenning als Vorbild, eine flexible einkommensabhängige

Transferleistung, die nach der Geburt eines Kindes für eine bestimmte Zeit bezahlt wird und eine Unterbrechung der Erwerbstätigkeit ermöglicht, während der Erhalt des vorherigen Arbeitsplatzes garantiert wird.

Das Elterngeld sollte für Väter Anreize schaffen, sich von der Erwerbstätigkeit freistellen zu lassen und sich in Kinderbetreuung und Hausarbeit einzubringen. Doch aufgrund des vorherrschenden Zuverdienermodells und der damit verbundenen Einkommensverluste machten nur wenige Väter Gebrauch davon. Die Regelung zum Elterngeld beinhaltete zudem, dass der 13. und 14. Monat, die sogenannten »Vätermonate«, nur dann gewährt wurden, wenn der jeweils andere Elternteil die Erwerbstätigkeit ruhen lässt.

Laut einer ersten Evaluation im Jahr 2008 lag der Anteil männlicher Antragsteller bei 3,5 Prozent. Mit der Einführung des Elterngeld Plus 2015 wurde eine weitere Flexibilisierung möglich: Das Elterngeld konnte nun zusätzlich zu einer reduzierten Berufstätigkeit bezogen werden. 2022 stieg der Anteil männlicher Elterngeldbezieher weiter auf nun 26 Prozent, bei weiterhin großen Unterschieden in der Bezugsdauer (Väter im Schnitt: 3,6 Monate, Frauen 14,6 Monate).

Das Elterngeld brachte die Erwerbstätigkeit von Elternpersonen in Einklang mit ihrer Sorgeverantwortung für ihre Kinder. Es hat sich als wichtiger Baustein feministischer Politik etabliert und erwiesen. Eine Studie des Bundesministeriums für Familie, Senioren, Frauen und Jugend hat gezeigt, dass seit Einführung der Anteil berufstätiger Mütter gestiegen ist und sich gleichzeitig immer mehr Väter in die Kinderbetreuung einbringen. Zum Beispiel hat sich der Anteil der Väter, die Elterngeld beziehen, in den letzten zehn Jahren fast verdoppelt.

Allerdings gibt es auch Kritik an der Ausgestaltung des Elterngeldes aus feministischer Perspektive. So kritisiert Antje Schrupp, dass die einkommensabhängige Verteilung zu Ungleichheit führt. Besserverdienende Familien erhalten in der Regel mehr Geld vom Staat als Familien mit geringerem Einkommen (trotz der zuletzt viel diskutierten Herabsenkung der Bezugsobergrenze). Das verstärkt die ungleiche Verteilung materieller Ressourcen für eine gute Kinderbetreuung zu Ungunsten bildungsbenachteiligter Familien.

Weitere Kritik am Elterngeld betraf die von der damaligen Bundesfamilienministerin Kristina Schröder (CDU) getroffene Entscheidung, ALG-2-Empfänger*innen komplett von der Basisleistung des Elterngeldes auszuschließen. Dadurch werden Familien, die bereits in einer prekären finanziellen Lage sind, weiter benachteiligt.

Feministische Kritikerinnen fordern unter anderem deshalb eine angemessene Anerkennung der Reproduktionsarbeit in der Ökonomie und eine Umverteilung von Ressourcen, um eine gerechte Teilhabe aller Familien an der Gesellschaft zu ermöglichen.

Die Diskussionen um die Einführung des Elterngelds verfolgte ich damals nicht in allen Einzelheiten. Von der Geburt meines ersten Kindes fühlte ich mich Lichtjahre entfernt. Trotzdem vermittelte sich mir ein Eindruck davon, dass ich als Frau in der heutigen Gesellschaft nicht unbedingt frei von Widerständen meine eigene Vorstellung von Autonomie und Partnerschaft würde leben können.

Wie sollte ich mein Leben nach dem Studium gestalten?

Was sollte ich beruflich machen? 2006 hatte ich als Magistra Artium abgeschlossen, doch vor die Frage gestellt, was ich arbeiten wollte, fühlte ich mich wie ein kleines Floß auf dem Ozean, von den Wellen unablässig in alle möglichen Richtungen geworfen. Ich finanzierte mich mit einem Halbtagsjob als Büroleiterin in einer Firma für Veranstaltungstechnik. Gelegentlich schrieb ich Artikel für *Zeitzünder*, die junge Plattform von *Zeit Online*, bei der meine Freundin Chris ein Volontariat absolvierte. Außerdem engagierte ich mich ehrenamtlich für die feministische Internetplattform *The Thing*. Die war von Cornelia Sollfrank geschaffen worden und kritisierte das kulturelle Leben Hamburgs aus linker Perspektive.

Gleichzeitig wusste ich einfach nicht genau, auf welche Reise mich mein Leben schicken sollte, vor allem beruflich. Journalismus interessierte mich, aber ich hatte in diesem Bereich kaum Praktika gemacht, da die meist unbezahlt angeboten wurden, was ich mir nicht leisten konnte. Hätte ich hier noch eine Chance? Ich wusste es nicht und erwartete nervös meinen 30. Geburtstag. Ich hatte keinen blassen Schimmer, dass in nur wenigen Monaten mein Leben ein anderes sein würde.

Nein heißt Nein –
No means No, wer das sagt, der meints auch so

Die 2010er

Der Silvesterabend 2007, ich ließ das Jahr in einem kleinen Kreis von Freund*innen ausklingen. Während wir uns die vergangenen zwölf Monate in Erinnerung riefen, wurde mir klar, dass ich mir in meinem Leben etwas Neues zutrauen musste. Schließlich würde ich bald dreißig, ich müsste endlich erwachsen werden, das spürte ich von Tag zu Tag deutlicher. Ich hatte keine Ahnung, wo ich beruflich hinwollte. Mein Neujahrsvorsatz dementsprechend: 2008 rausfinden, was ich wirklich will! Die Glückskekse waren schon mal keine Hilfe: »Wage das Unmögliche und du wirst erfolgreich sein.«

Leicht verkatert verbrachte ich mit meinen beiden Mitbewohnern den ersten Januar mit einem ausgedehnten Frühstück, Musik hören, Herumgammeln und Fernsehen in unserer Wohngemeinschaft auf St. Pauli. Ich zappte mich durch die Sender. Es liefen dieselben Sendungen und Themen, die jeden Jahresanfang begleiten: Neujahrsskispringen, ein Beitrag zur Frage, warum die guten Vorsätze Mitte Januar wieder über Bord geworfen werden, der Jahresrückblick.

Ich begann nebenbei in den Zeitschriften zu blättern, die mir Chris Köver, mit der ich den Silvesterabend verbracht hatte, geschenkt hatte. »Hier, lies mal, könnte dir gefallen«, hatte sie gesagt. Es waren Ausgaben der feministischen Pop-Zeitschrift *Bust*, die sie abonniert hatte und die ihr durch einen Fehler doppelt zugestellt worden waren. Jetzt hatte ich Zeit und griff mir die Novemberausgabe, auf der die

Künstlerin Miranda July abgebildet war, und es verpasste mir einen Schlag. Hier ging es: Feminismus und Popkultur vereint in einem bunten, schwungvollen Hochglanzmagazin. Keine mahnende Ansprache, sondern Ermutigung. Ich las wie gebannt, dann schrieb ich Chris eine Nachricht: »Das ist das Unmögliche, was dieser dämliche Glückskeks meinte! Wir müssen so eine Zeitschrift in Deutschland gründen!«

Chris' Volontariat bei *Zeit Online* näherte sich dem Ende, sie war erst mal offen für die Idee. Was für eine Traumvorstellung! Am nächsten Tag trafen wir uns und überlegten, wie wir starten könnten. Wir hatten weder Geld noch Gründungswissen noch Mitstreiter*innen. Chris wollte Sonja Eismann fragen. Sie kannten sich aus der feministischen Szene, Sonja hatte mit dem Buch *Hot Topic. Popfeminismus heute* Bekanntheit erlangt. Sie war genauso begeistert. Und sie trug schon länger die Idee eines solchen Magazins mit sich herum. Bei unserem ersten Konzepttreffen in meinem Wohnzimmer präsentierte Sonja bereits zahlreiche Vorschläge für konkrete Inhalte und Rubriken. Blieb eine Frage: Wie kommen wir an Geld? Über eine Freundin hatten wir vom Start-up Hobnox gehört, einer Mischung aus sozialem Netzwerk und Publishing-Plattform für Kreative. Filmemacher*innen, Musiker*innen, Künstler*innen konnten dort ihre Werke hochladen und sich vernetzen. Zum Launch des Netzwerks vergaben die den Hobnox-Award, in drei Kategorien (Musik, Film, Urban Culture) mit einem Preisgeld in Höhe von jeweils 25 000 Euro. Wir mobilisierten dank Sonjas Hilfe die deutschsprachige Popfeminismus-Community – klein damals, aber super engagiert –, die nun eifrig für uns abstimmte. Wir zogen in die

Endrunde ein. Eine Jury würde nun über die Auszeichnung entscheiden, während einer Veranstaltung im Berliner Club Tresor. Mit einem Team aus freiwilligen Autorinnen und Grafikerinnen erstellten wir eine Probeausgabe und gewannen: 25 000 Euro! Das Unmögliche war wahr geworden.

Ich hatte noch nie in meinem Leben etwas gewonnen – nicht mal bei der Tombola auf'm Dorffest. Und jetzt hatten wir plötzlich so viel Geld auf unserem Konto, dass es bestimmt für die ersten fünf Ausgaben reichen würde. Nonsens. Nach der ersten war das Geld weg, wir aber immerhin gestartet. Jetzt suchten wir einen Namen. Wie nennt man eine solche Zeitschrift? Ironisch müsste er sein, poppig klingen und verdeutlichen, dass unsere Zielgruppe primär weiblich war. Andere Zeitschriften, die sich in eine ähnliche Richtung orientierten wie wir, hießen *Sassy* (Deutsch: aufsässig), *Bitch* oder *Brigitte Young Miss*. Chris schlug »Steffi« vor, in Anlehnung an »Emma«. Nee, das war es nicht. Irgendwas mit »Female« oder so? Nee. Wir grübelten weiter. Sonja schrie »Missy«! Klang jung, beinhaltete das aufsässige – im Englischen benutzt man das Wort scherzhaft für Mädchen, die sich daneben benommen haben à la: »So nicht, Frolleinchen!«. Von den vielen Vorschlägen gefiel der uns mit Abstand am besten, auch wenn wir etwas Sorge hatten, dass der Titel zu niedlich war und unbedarfte Leser*innen zunächst ein Teenagermagazin assoziieren würden. Aber das würde sich legen, sollte der Titel sich etablieren. Chris und ich gründeten die Missy Magazin GbR, und jetzt kümmerten wir uns um alles Mögliche: Vertriebssuche, Druckereiangebote einholen, Businessplan, Layoutentwürfe mit den Grafikerinnen absprechen, Autor*innensuche, Anzeigenakquise. Unabhängige Plattenfirmen, Verlage und Sex-shops spendeten uns CDs, Bücher und Sextoys, damit wir Aboprämien vergeben konnten.

Margarita Tsomou meldete sich aus Griechenland, sie wolle unbedingt Teil unseres Projekts sein. Sie stieß zu unserem Gründungsteam hinzu.

Da wir nicht wirklich wussten, wie man eine Zeitschrift, geschweige denn einen Verlag gründet, befragten wir Menschen, die wir kannten oder von denen wir gehört hatten, dass sie so etwas schon einmal gemacht hatten. Wir trafen uns mit Macher*innen anderer unabhängiger Magazine wie *Brand Eins*, *De:Bug* oder *style 100*. Aber nicht jede*r stand unserem Konzept, ein poppiges feministisches Hochglanzmagazin zu entwickeln, wohlwollend gegenüber. Das zeigte sich besonders bei der Vertriebskooperation. Die belächelten uns fast alle. Trotzdem nahm uns der Deutsche Pressevertrieb (DPV) auf, unterstützte uns darin, die Zeitschrift in die Kioske und Bahnhofsbuchhandlungen zu bringen. Da wir nun viel Arbeit, aber keine Einnahmen hatten, beantragten wir das sogenannte Existenzgründungsgeld – die »Ich-AG«, die das Arbeitslosengeld ersetzte und Kleinstunternehmer*innen einen Mindestlohn garantierte. Ich bekam 1000 Euro im Monat gezahlt.

Zehn Monate nach der ersten Idee fürs *Missy Magazine* lag ich auf meiner Matte im Yogakurs. In meinem Kopf rasten die Gedanken. Ich war aufgeregt, denn morgen würde die erste Ausgabe erscheinen. Die Pressemitteilungen waren verschickt und wir hatten schon ein paar Anfragen, unter anderem von *Spiegel Online* und dem *Hamburger Abendblatt*. Morgen war es also so weit: Morgen weiß die ganze Welt, ich bin Feministin.

Schon allein die Vorstellung, ein Produkt in die Welt zu setzen, das alle begutachten und bewerten würden, stresste mich. Zwar hatte ich zuvor im Radio gesprochen oder mal einen Bühnenpart, aber noch nie wurde etwas, an dem ich so maßgeblich beteiligt war, mit vergleichbarer Öffentlichkeit begleitet. Doch gleichzeitig stresste mich etwas anderes noch mehr: Ich würde mich als Feministin »outen«. Ich wusste schon lange, dass ich Feministin war, und die, die mich kannten, wussten das auch, aber ich hatte diese Zuschreibung noch nie für mich beansprucht.

Würden Menschen mir unvoreingenommen begegnen? Oder müsste ich fortan gegen eine Wand aus Vorurteilen ankämpfen, wenn ich neue Bekanntschaften machte? Im Prozess der Gründung wurde uns mehrfach davon abgeraten, das Wort »Feminismus« zu offensiv zu verwenden. Damit würden wir potenzielle Kund*innen abschrecken. Zerknirscht entschieden wir uns für den Claim »Popkultur für Frauen«. Der Medientrainer, mit dem wir uns auf die erwarteten Presseauftritte vorbereiteten, war sich ebenfalls sicher: »Bezeichnet euch nicht als Feministinnen, wenn ihr sympathisch wirken wollt!« Wir waren einigermaßen irritiert, schlugen seinen Rat aus. Aber dann vielleicht nicht so offensiv? Würde der Spagat gelingen?

Der Launch übertraf unsere Erwartungen bei Weitem. *Missy Magazine* traf den Zeitgeist. Ein feministisches Magazin mit Fokus auf Empowerment über künstlerisch kreative Frauen, so etwas hatte es in Deutschland einfach nicht gegeben. Wir legten sehr viel Wert darauf, dass *Missy* so professionell wie nur möglich war, authentisch war es ohnehin, denn hinter uns stand nun mal kein großer Verlag, der eine Zeitschrift auf maximalen Abverkauf trimmte.

Wir wollten das machen, was wir machen wollten, ohne

dass uns jemand reinquatschte. Wir wollten ein Trojanisches Pferd sein. Ansprechend in der Aufmachung, mit klaren politischen Botschaften. Wir produzierten ein Magazin für Frauen wie wir, ohne dass wir genau besprochen hatten, wer wir überhaupt waren und was das ausmachte. In unserem ersten Marketingtext hieß es: »Missy ist ein Magazin für eine neue Generation junger Frauen. Diese 20-35-Jährigen finden sich und ihre Lebensrealität in den traditionellen Frauenmagazinen nicht mehr wieder: Sie sehen es als selbstverständlich an, gleichberechtigt zu leben und alles machen zu können, was Männer tun. (...) Frauen, ihr Leben und vor allem ihre Kreativität stehen im Mittelpunkt: Jeden Monat werden die neuesten, interessantesten Musikerinnen, Filmemacherinnen und Designerinnen vorgestellt, ebenso wie ihre älteren, in Vergessenheit geratenen Vorgängerinnen. Mode und Style, Sex und Beziehungen sind wichtig – aber nicht alles. Aufwändige Reportagen und kleine Beiträge informieren über politische Themen, die das Leben der Leserinnen unmittelbar betreffen: Verhütung, Familienpolitik, Frauen in der Arbeitswelt. Themen wie Handarbeit, Mode, Kochen oder das Elternsein werden mal ernst, mal mit einer ordentlichen Dosis Humor behandelt. Die Berichterstattung über diese Themen wird dabei selbstverständlich mit einer poppig-frischen feministischen Haltung verbunden.«

Die Reaktionen auf die erste Ausgabe waren fantastisch. 15 000 Exemplare hatten wir gedruckt, 12 500 an den Zeitschriftenvertrieb ausgeliefert. Nach kurzer Zeit waren sie ausverkauft und ich fuhr die restlichen Magazine in meinem Golf zum Logistikzentrum. So viele Menschen wollten nachbestellen! Von wegen Feminismus schreckt ab! Zumindest nicht der Feminismus, den wir vertraten. Wir kamen mit der Arbeit kaum hinterher: Interviews geben, Leser*innen antworten, die uns begeisterte E-Mails schrieben oder nur wissen wollten, wo sie *Missy* kaufen konnten. Viele bedankten sich auch einfach, boten uns Artikel an oder wollten sonst wie mitmachen und unterstützen. Ganz viele schlossen Abos ab.

Die begeisterten Reaktionen zeigten eins: Die Gesellschaft war reif für eine neue feministische Welle. Das wurde nicht nur an unserem Erfolg, den vielen Büchern und Medienberichten deutlich, sondern auch, weil sich plötzlich viele junge Menschen feministisch engagierten. Innerhalb kürzester Zeit entstand – unter dem Stichwort Netzfeminismus – eine neue Form feministischen Aktivismus.

Mitte der 2000er Jahre waren die sozialen Medien entstanden. Sie begründeten einen Paradigmenwechsel im Internet, damals unter dem Stichwort »Web 2.0« diskutiert. Web 2.0-Anwendungen stellten die Partizipation der Nutzer*innen in den Mittelpunkt. Sie wurden dazu angehalten und animiert, selbst Inhalte zu erstellen: Texte und Bilder – Videos erst später wegen fehlender Netzbandbreite –, und diese mit anderen zu teilen. In kurzer Zeit entstand eine Vielzahl von Anwendungen, von denen gar nicht klar war, welche sich mal durchsetzen würde. Facebook, Twitter und LinkedIn waren einige unter vielen.

Social Media bedeutete einen revolutionären strukturellen Wandel für die gesamte Medienwelt. Die »gute alte Zeit« der Sender, Empfänger und Gatekeeper von Informationen war beendet. Nun konnte jede*r veröffentlichen. Die Kehrseite der sozialen Medien – Hate Speech, Fake News, Verschwörungserzählungen, die Konzentration von Medienmacht auf wenigen Plattformen –, davon war damals nie die Rede. Neben dem Teilen von persönlichen Erlebnissen und Fotos entfaltete die Nutzung von Social Media sehr bald eine politische Dimension und zeigte hier ihr volles Potenzial: als Werkzeug, um Menschen zu erreichen, ohne dass Journalist*innen erst überzeugt werden mussten, über ein bestimmtes Thema zu berichten. Das war bedeutungsvoll, denn die Redaktionen waren zwar längst nicht mehr so männlich dominiert wie in den 80ern – der Frauenanteil war ressortübergreifend von 1987 bis 2005 um nahezu 20 Prozent auf 37 Prozent gestiegen –, doch waren in Entscheidungspositionen nach wie vor wenige Frauen vertreten. 2006 waren im Schnitt vier von fünf Chefredakteur*innen Männer, der Anteil der Frauen in leitenden Positionen blieb seit den 90ern fast unverändert: 1993 waren es 19 Prozent, 2005 dann 22 Prozent. Noch 2016 konstatierte der Länderreport der »Worlds of Journalism«-Studie: »Der typische Journalist in Deutschland ist männlich, Mitte vierzig und hat einen universitären Abschluss in einem anderen Fachgebiet als Kommunikation oder Journalismus.« 2020 erhob der Verband Neue Deutsche Medienmacher*innen zum ersten Mal, wie es um Diversität in Bezug auf Personen of Color und mit Migrationsgeschichte in den Führungspositionen der deutschen Redaktionen bestellt ist, und kam zu vernichtenden Ergebnissen: 94 Prozent der Chefredakteur*innen in den reichweitenstärksten Medien waren Deutsche ohne Migrationshintergrund. Besonders diskriminierte Gruppen waren überhaupt nicht vertreten – kein*e Chefredakteur*in war Schwarz, stammte aus einer muslimisch geprägten Familie oder einer der größten Einwanderergruppen (türkisch-, polnisch-, russischsprachig).

Diese Monokultur im Journalismus hatte Auswirkungen auf die Berichterstattung: Der männliche Blick dominierte. Feministische Themen, die Sichtweise von Frauen, sie fand signifikant seltener statt, wie auch empirisch belegt ist, etwa durch das »Global Media Monitoring Project«. Dafür sammeln seit 2005 nationale Organisationen – in Deutschland der Journalistinnenbund – alle fünf Jahre in über 100 Ländern weltweit Daten zu Berichterstattung und Geschlecht in den Medien. Der Report 2010 zeigte, dass Frauen und ihre Lebenswelten medial massiv unterrepräsentiert waren. Sie kamen lediglich in 20 Prozent der Berichterstattung als Subjekte vor und dabei wesentlich häufiger in Opferrollen als Männer – nicht als handelnde Personen.

Social Media verlieh dem feministischen Aktivismus einen Schub – genau wie zum Beispiel dem gegen Rassismus, Behindertenfeindlichkeit oder Antisemitismus. Menschen, deren Anliegen von den Medien nicht aufgegriffen wurden, weil sie als »unwichtig« galten, verbreiteten nun weltweit ihre Sichtweise und ihre Themen. Und die Feminist*innen, die im Netz aktiv waren, eigene Blogs aufsetzten und in den sozialen Medien ihre Meinung kundtaten, galten fortan als »Netzfeministinnen«.

2010 und 2011 waren die Nachrichten voll mit Berichten über sexualisierte Gewalt und Übergriffe von mächtigen Männern: Dominique Strauss-Kahn, Direktor des Internationalen Währungsfonds zum Beispiel, oder der Fall der Hamburg-Mannheimer, die für ihre männlichen Mitarbeiter eine Party in der Budapester Gellert-Therme samt Sexarbeiterinnen organisiert und bezahlt hatte.

Netzfeminist*innen beschäftigen sich mit denselben Themen wie Feminist*innen vorher: sexualisierte Gewalt, Care-Arbeit, Mutterschaft, reproduktive Rechte, die Stigmatisierung von Kinderlosigkeit, Sexismus, Gender Pay Gap, Stereotypen, Geschlecht und die Normen der Heterosexualität und Zweigeschlechtlichkeit, die Normierung weiblicher Körper, die Frage, welche Rolle weitere Formen der Unterdrückung spielen, und danach, welcher Feminismus der bessere ist. Auch der Netzfeminismus war keine einheitliche politische Strömung. Feminist*innen im Internet waren offline existierende Menschen mit eigenen Kämpfen. Sie waren hetero oder lesbisch, kartoffeldeutsch oder Frauen of Color, cis oder trans. Das hieß auch: Netzfeminismus war divers, hatte jedoch keine grundlegend neuen Inhalte.

Missy war zwar ein Print-Magazin mit einer einfachen WordPress-Webseite. Trotzdem zählte man uns dazu, weil wir im gleichen Alter waren, uns thematisch nicht von den Blogs unterschieden und viele der Protagonist*innen kannten.

Die zahlreichen (queer-)feministischen Blogs wurden von Einzelpersonen oder Kollektiven gestaltet. Sie widmeten sich aktuellen Themen, verwiesen auf Veranstaltungen, besprachen Filme, Bücher oder TV-Sendungen, immer aus feministischer Perspektive. Sie hießen Mädchenmannschaft, Kleinerdrei, Gender-Blog beziehungsweise weiterdenken, Mädchenblog, infemme unterstellt, flannel apparel, f*cking queers oder Medienelite. Manche Autor*innen wurden in der Folge von klassischen Medien entdeckt, begannen Kolumnen zu schreiben, veröffentlichten Bücher: Anne Wizorek, Nicole von Horst, Noah Sow, Antje Schrupp, Kübra Gümüşay, Teresa Bücker, Rochus Wolff, Nils Pickert, Hengameh Yaghoobifarah, Alice Hasters, Anne Roth, Laura Gelhaar, Regina Frey, Rike Drust,

Luise F. Pusch, Nadine Lantzsch, Ninia Binias, Magda Albrecht. Viele Bloggerinnen sind *weiße* cis hetero Frauen, aber da es nun so einfach war zu publizieren, erhöhte sich auch die Sichtbarkeit und Vielfalt marginalisierter Personen – und damit auch intersektionaler und queerer Themen. Gleichzeitig wurde aufeinander Bezug genommen, wertschätzend oder kritisch. Feministische Konflikte, wie etwa das Verhältnis von heterosexuellen und lesbischen Frauen, spielten auch im Netzfeminismus eine Rolle, zum Beispiel in der Auseinandersetzung des feministischen Blogs Mädchenmannschaft, von dem sich die drei Gründerinnen nach vier Jahren zurückzogen. Streitthemen waren Rassismus innerhalb der feministischen Berliner Szene, die Inklusion von Männern, die Tonalität des Blogs.

Ergänzt wurde das neue feministische Medienangebot durch eigene Online-Magazine wie das von Aviva Berlin, die Webseite des österreichischen feministischen Magazins *an.schläge*, die *Missy*-Webseite und natürlich das Onlineportal der *Emma*.

Das Internet diente nicht nur als Publikationsraum, es erfüllte ähnliche Funktionen wie die Frauenzentren in den 70er und 80er Jahren. Es ging um Erfahrungsaustausch, gegenseitige Vergewisserung, die Herstellung eines feministischen Wir-Gefühls. In der medialen Einordnung des neuen »Netzfeminismus« wurde diese Parallele häufig übersehen: Feminist*innen hatten schon immer eigene Medien, Zeitschriften, Verlage gegründet, um ihre Inhalte zu verbreiten und sich zu vernetzen. Und nun war es noch einfacher, Kontakte zu knüpfen, verschiedene Feminismen kennenzulernen und Informationen einzuholen: »In den Siebzigern organisierten Frauen sich in unterschiedlichen Zentren – die Frauen aus verschiedenen Strömungen des Feminismus kannten sich untereinander kaum. Heute gibt es keinerlei Schranken – wer sich informieren möchte, klickt sich von einer Website zur nächsten«, erzählte Schrupp 2014 in einem Interview auf der Webseite des Goethe-Instituts.

Nicht nur im deutschsprachigen Feminismus entfaltete die Medienrevolution ihre Wirkung, auch wenn die Wortschöpfung »Netzfeminismus« sich nur hierzulande etablierte. Vor allem im englischsprachigen Raum entstanden früher als in Deutschland zahlreiche Webseiten wie thefword.org.uk, rookiemag.com, autostraddle.com, everydayfeminism.com, bitchmedia.org oder feministfrequency.com. Aufgrund der Größe des englischsprachigen Medienraums entstanden auch kommerzielle feministische Projekte wie etwa jezebel.com, oder später broadly.com. Die Projekte, Social-Media-Accounts und Blogs waren zahlreicher, die Verfasser*innen und ihre Inhalte diverser als im kleineren deutschsprachigen Raum. Viele Debatten hatten schon in den Mainstream vordringen können, waren weniger auf die akademische Sphäre beschränkt gewesen als hierzulande.

Auch fernab Europas und der USA nutzten Menschen die sozialen Medien und das Internet für innovative Protestformen. Im Jahr 2009 hatte die indische Aktivistin Nisha Susan die »Pink Chaddi«-Kampagne gestartet, als Protest gegen den Angriff der rechtsgerichteten Hindu-Organisation Sri Ram Sene auf Feministinnen in einer Kneipe in Mangalore. Die gleichnamige Facebook-Gruppe zählte innerhalb einer Woche fast 30000 Mitglieder. Und die schickten aus Protest 3000 rosa Höschen an den Gruppenanführer. Die Kampagne bekam international viel Aufmerksamkeit. Nicht nur, weil sie traditionelle Vorstellungen von Aktivismus infrage stellte, sondern auch, weil sie zeigte, wie sich soziale Medien nutzen ließen, um breite Aufmerksamkeit zu generieren.

Die neue Generation von Feminist*innen betrachtete das Internet als Zugang zu politischen Themen, zur Vernetzung, zum Aktivismus als selbstverständlich und alltäglich. Ihr gegenüber reagierte die mit den neuen Medien weniger vertraute ältere Generation teils neugierig und interessiert, teils verhalten und mit Skepsis. Viele von uns Jüngeren wurden zum Beispiel von Gleichstellungsbeauftragten für Veranstaltungen zum Thema Netzfeminismus oder auch »neuer Feminismus« gebucht, um zu erklären, was da gerade passiert.

Nicht selten begegnete mir dann der Vorwurf, dass das, was wir tun würden, doch nicht wirksam sei, da es nur im virtuellen Raum stattfände. Die indische Geschlechterforscherin Sujatha Subramanian beschrieb das nicht immer harmonische Zusammentreffen von »alten« und »jungen« Feminist*innen wie folgt: »Ein zufälliges Gespräch mit meiner Professorin für Gender Studies vor ein paar Jahren offenbarte ihre tiefe Besorgnis über die Zukunft des Feminismus. ›Apathisch‹ und ›unpolitisch‹, so beschrieb sie die, wie sie es nannte, ›jüngere Generation von Feminist*innen‹. Für mich kam diese Einordnung überraschend. Auch wenn ich es nicht laut zugeben würde, hatte ich mehr über feministische Theorie durch die Interaktion mit meinen Freund*innen gelernt als im Klassenzimmer. Woher kam diese Diskrepanz in der Meinung? Da wurde mir klar: Während ich feministische Interaktion und politisch aufgeladene Gespräche mit anderen Feminist*innen auf Facebook suchte, sah meine Professorin die leeren Straßen als Beweis für unser mangelndes Interesse an feministischer Politik. Im Laufe einer Generation hatten sich die politischen Akteure nicht verändert, aber der Raum der Politik hatte sich gewandelt.«

In Wirklichkeit löste der Netzaktivismus den Straßenprotest gar nicht ab, sondern führte zu einer Wiederbelebung. Denn die Mobilisierung über das Netz ist wirkungsvoll und so fanden in den 2010er Jahren mehr Straßenproteste mit wachsenden Teilnehmerzahlen statt. Neue Anlässe und Formate entstanden. Darunter zum Beispiel die 2011 ins Leben gerufene Slutwalk-Bewegung. Sie ging aus dem Protest gegen den Universitätsvortrag eines kanadischen Polizisten hervor. Er hatte erklärt, dass »Frauen vermeiden sollten, sich wie Schlampen anzuziehen, um nicht zum Opfer zu werden.« – eine klassische Trope patriarchaler Erzählung, die die Schuld für eine erlittene Vergewaltigung den Betroffenen zuschreibt. Daraufhin organisierten sich erst in Toronto und im Anschluss weltweit Menschen, um gegen Täter-Opfer-Umkehr und Vergewaltigungsmythen zu demonstrieren. Magda Albrecht, Queerfeministin der ersten Stunde und Mitautorin des Blogs »Mädchenmannschaft«, erzählt rückblickend, wie überrascht sie über die Wucht der Bewegung war, lag die durchschnittliche Teilnehmerzahl bei feministischen Protesten zuvor eher bei 200 Personen. Auf den über 20 Slutwalks in mehreren deutschen Städten – der erste in Passau – demonstrierten zum Teil mehrere Tausend Menschen, streckenweise von großer medialer Aufmerksamkeit begleitet.

Andere Protestaktionen erhielten ebenfalls großen Zulauf, so wie »One Billion Rising«, eine Initiative der in den 90ern mit dem Stück *Vagina Monologe* bekannt gewordenen Theaterautorin Eve Ensler, die Gegendemonstrationen zum antifeministischen »Marsch für das Leben«, die Kundgebungen rund um den 8. März – je nach politischer Überzeugung als Internationaler Frauentag oder feministischer Kampftag begangen–, die bis in die 70er zurückreichenden »Take Back the night«-Demos als Protest gegen sexualisierte Gewalt im öffentlichen Raum.

Dass Netzaktivismus tatsächlich etwas bewirken konnte, auch in der realen Welt, wurde der breiteren Öffentlichkeit schließlich 2013 durch die Kampagne #aufschrei vor Augen geführt. Vier Jahre vor #metoo hatte sie im deutschsprachigen Raum zu einer breiten Diskussion um sexuelle Belästigung und sexualisierte Gewalt geführt.

Die Mitinitiatorin Anne Wizorek beschreibt den Beginn der Aktion in ihrem Buch *Weil ein Aufschrei nicht reicht* wie folgt: Am 24. Januar 2013 veröffentlichte Maike Hank ihren ersten Artikel auf kleinerdrei.org, einem von Wizorek und anderen Feminist*innen gegründeten Gemeinschaftsblog. Der Text mit dem Titel »Normal ist das nicht!« handelte von Street Harassment, sexuellen Belästigungen im öffentlichen Raum. Hank bezog sich auf das britische Everyday Sexism-Projekt von Laura Bates, die unter dem Hashtag #shoutingback dazu aufgerufen hatte, Geschichten von sexueller Belästigung auf der Straße zu teilen. In der Kommentarspalte von »Normal ist das nicht!« teilten Menschen eifrig eigene Erlebnisse, andere relativierten die beschriebenen Vorfälle. Die Debatte verlagerte sich auf Twitter. Nicole von Horst (@vonhorst) teilte dort eine bedrückende Erfahrung: »Der Arzt, der meinen Po tätschelte, nachdem ich wegen eines Selbstmordversuchs im Krankenhaus lag.« Wizorek, von Horst sowie Jasna Strick

(@faserpiratin) wollten diese Beiträge unter einem Hashtag sammeln und die Reichweite vergrößern, Wizorek hatte einen Vorschlag.

#aufschrei traf den Nerv der Zeit, und es traf meinen. Gebannt beobachtete ich meine Twittertimeline. Nach der Namensfindung dauerte es zehn Minuten, bis andere ihre Geschichten teilten. Die ersten 100 Tweets innerhalb von dreißig Minuten. Stündlich wurden es mehr, in zwei Wochen sollten es 60 000 werden. Wizorek beschreibt es rückblickend so: »Wir teilen nicht nur unsere Geschichten, sondern auch den Schmerz dahinter – genauso wie die Wut darüber, dass es uns immer wieder als ›normal‹ eingeredet wird, solche Dinge durchmachen zu müssen. Für diesen Augenblick sind wir eine kleine Community, geben uns gegenseitig Halt und trösten uns. An Schlaf ist längst nicht mehr zu denken. #aufschrei reißt uns alle mit.«

Ich war elektrisiert. Noch nie hatte ich eine vergleichbare feministische Aktion im öffentlichen Raum in Deutschland wahrgenommen. Es war das Äquivalent zur § 218-Kampagne, nur dass sie – nicht untypisch für Aktivismus im Netz – spontan entstand und nicht von langer Hand geplant werden musste.

Twitter repräsentiert einen Bruchteil der Gesellschaft, zu einer gesellschaftlich wirksamen Kampagne gehören folglich die klassischen Medien. Kurz bevor #aufschrei anlief, veröffentlichte der *Stern* einen Beitrag der Politikjournalistin Laura Himmelreich. Sie schilderte darin ihre Erfahrungen mit dem FDP-Politiker Rainer Brüderle während einer längeren Porträt-Recherche. »Der Herrenwitz« beschrieb eindrücklich, wie sie von ihrem Gegenüber nicht als seriöse Journalistin auf

Augenhöhe sondern immer wieder als Sexobjekt behandelt wurde, und gipfelte in dem Satz: »Sie können ein Dirndl auch gut ausfüllen.«

Wie unter #aufschrei bezog sich Himmelreich ebenfalls auf ihre persönliche Erfahrung mit Sexismus und sexueller Belästigung. Damit beging sie einen klaren Bruch mit den Normen der Berichterstattung innerhalb des politischen Journalismus. Dass sie sich selbst zum Gegenstand des Porträts machte, dass sie als ein Ich zu Wort kam, dass sie den erlebten Sexismus explizit benannte und kritisierte, das alles sprengte die Konventionen objektiver Berichterstattung.

Nicht nur starke Stimmen zum Thema Sexismus kamen zu Wort, ein Begriff, der bis dato vor allem als »verstaubt« und »altfeministisch« galt. Die Medienaufmerksamkeit entstand dadurch, dass in diesem Moment zwei neue Formen der Berichterstattung sichtbar wurden. Ein neuer persönlicher Journalismus und die erste feministische Twitter-Kampagne im deutschsprachigen Raum.

Und so kam es, dass innerhalb kürzester Zeit die Menschen begannen, über Sexismus und sexuelle Belästigung zu debattieren, in den Medien, in der Bar, am Küchentisch. Anne Wizorek war in zahlreichen TV-Sendungen zu Gast, unter anderem bei Günther Jauch. Wie Millionen andere Zuschauer*innen schaltete ich auch den Fernseher an, um mir die Sendung »Ein Herrenwitz mit Folgen – hat Deutschland ein Sexismus-Problem?« anzuschauen. Neben Anne Wizorek diskutierten Thomas Osterkorn, Chefredakteur des *Stern*, FDP-Politikerin Silvana Koch-Mehrin, Alice Schwarzer, Literaturkritiker Hellmuth Karasek und die ehemalige Journalistin Wibke Bruhns. Als junge Frau zwischen Medien-Profis fiel

Wizorek auf. Sie lächelte in die Kamera, man sah ihr die Aufregung an, eine gewisse Kampfeslust ebenso. Ich war mit aufgeregt, obwohl ich sie zu diesem Zeitpunkt nicht persönlich kannte. Doch sie war »eine von uns«. Es war das erste Mal, dass ich eine Frau in einer Talkshow wahrnahm, die dort explizit als Feministin eingeladen wurde und meiner Generation entstammte. Sie verhandelte diese Themen: für uns.

Sie machte es gut, hervorragend, es würde nicht ihre letzte Talkshow sein. Dabei waren die Umstände widrig, Wizorek musste sich gegen all das zur Wehr setzen, was gemeinhin unter »Vergewaltigungsmythen« läuft. Es ginge doch eigentlich um falsch verstandene Flirt-Versuche und Komplimente. Betroffene würden sich selbst zu Opfern stilisieren oder sich belästigt fühlen, bloß weil die »Anmach-Versuche« von unattraktiven Männern kämen. Sie sollten sich einfach selbst wehren, schließlich wolle man keine »amerikanischen Verhältnisse«, wo sich Männer nicht mehr allein mit einer Frau in einen Fahrstuhl trauen würden aus Angst, danach wegen sexueller Belästigung verklagt zu werden.

Bis heute fällt auf, dass Fernseh- und Radioredaktionen mit den Themen Sexismus oder sexualisierte Gewalt überfordert sind, zuletzt erfuhr ich dies, als ich selbst im Juni 2023 bei »hart aber fair« geladen war, um über die mutmaßlichen sexuellen Übergriffe durch den Rammstein-Sänger Till Lindemann zu sprechen. Selten kommen Expert*innen zu Wort, wie etwa Psycholog*innen, Opferberatungsstellen oder Jurist*innen. Stattdessen werden die Talkshows meist nach dem Motto besetzt, das jede*r eine Meinung zu dem Thema haben kann, weil ja schließlich jede*r ein Geschlecht hat.

Nach der Sendung mit Anne Wizorek damals widmeten

zahlreiche Zeitungen #aufschrei einen Schwerpunkt. Es schien, als hätte plötzlich jede*r etwas zum Thema Sexismus zu sagen. Politiker*innen meldeten sich zu Wort, darunter Bundespräsident Joachim Gauck, der in einem Interview mit dem *Spiegel* kein besonders gravierendes, flächendeckendes Fehlverhalten von Männern gegenüber Frauen in Deutschland erkennen konnte. Zahlreiche FDP-Politiker*innen, wie etwa Sabine Leutheusser-Schnarrenberger, meldeten sich zu Wort, wollten »Schadensbegrenzung« betreiben und Brüderle verteidigen. Wizorek wurde oftmals zur Sprecherin einer Generation hochstilisiert, einen Titel, den sie nie wollte. In Deutschland herrschte die Besonderheit, dass medial nur eine Feministin existierte, keine Vielfalt mit widerstreitenden Positionen, wie in anderen Ländern. Aber die Nachfolgerin Alice Schwarzers wollte sie nicht werden, niemand von uns wollte das. Feminismen sollten in Zukunft als das wahrgenommen werden, was sie sind: eine vielfältige Bewegung aus unterschiedlichen Personen verschiedener Geschlechter, in der keine*r die Weisheit gepachtet hat.

Die #aufschrei-Debatte glich einer Intervention, es war die erste große Aktion des neuen Feminismus. Zwar führte sie – genau wie die § 218-Kampagne in den 70ern – zu keiner direkten gesellschaftlichen Veränderung, dennoch setzte sie das Thema weithin sichtbar auf die Agenda, das seither in den Medien in immer neuen Wellen bricht. Und Teilen der feministischen Zivilgesellschaft, die schon länger daran arbeiteten, das Sexualstrafrecht zu reformieren, um Schutzlücken zu schließen, diente sie als wirkungsvolle Unterstützung.

Im Oktober 2017 folgte #MeToo. Anders als in anderen Ländern verlief die globale Debatte in Deutschland fast wie eine Wiederholung. #MeToo sorgte dafür, dass das Thema aktuell blieb. Diesmal nutzten US-amerikanische Schauspieler*-innen einen Hashtag – ursprünglich von der Schwarzen Bürgerrechtlerin Tarana Burke ersonnen –, um auf sexualisierte Gewalt und Übergriffe des millionenschweren Produzenten Harvey Weinstein aufmerksam zu machen. Im Vergleich zu anderen Ländern, in denen #MeToo direkt intensiv und im jeweils eigenen Bezugsrahmen verhandelt wurde, begann die erneute Sexismusdebatte in Deutschland nach #aufschrei eher schleppend. Nach Monaten erschien 2018 ein erster Investigativartikel in der *Zeit*, in dem Vergewaltigungsvorwürfe gegen den Filmproduzenten Dieter Wedel erhoben wurden.

Heute sind die Themen Machtmissbrauch und sexuelle Belästigung aus den öffentlichen Debatten nicht mehr wegzudenken. Mehr und mehr Fälle werden von Investigativjournalist*innen wie Juliane Löffler, Lena Kampf oder Katrin Langhans ans Licht gebracht, seien es die Vorgänge rund um Axel Springer und seinen ehemaligen *Bild*-Chefredakteur Julian Reichelt oder die Causa Till Lindemann. Es sind feministisch sozialisierte Journalist*innen, vor allem Frauen, ein paar Jahre jünger als ich, und manche haben irgendwann auch einmal für das *Missy Magazine* geschrieben.

2023 gehören Protestformen im Internet und auf Social Media zum Standard politischer Aktivist*innen, nicht nur im Feminismus. Überall nutzen Soziale Bewegungen die Macht von Social Media, ob #schauhin, 2013 von Kübra Gümüsay als Hashtagkampagne gegen Rassismus initiiert, die globale Protestbewegung #blacklivesmatter, nach der Ermordung des Schwarzen US-Amerikaners George Floyd von Bürgerrechtler*innen ins Leben gerufen, die Klimabewegung Fridays for Future oder #ichbinhanna, eine Kampagne gegen die schlechten Arbeitsbedingungen von Wissenschaftler*innen.

Doch auch die Gegenseite formiert sich. Die sozialen Medien verleihen nicht nur progressiven, demokratischen Strömungen Sichtbarkeit, sie sind genauso dienlich für die Mobilisierung von rechten Akteur*innen, die direkte, konzertierte Angriffe auf Feminist*innen planen und durchführen. Laurie Penny, Feminist*in aus Großbritannien, nannte die Meinung einer Frau einmal den Minirock des Internets. Denn natürlich gibt es nicht nur Online-Feminismus, sondern auch Online-Sexismus, als Abbild der realen gesellschaftlichen Gegebenheiten.

Tatsache ist: Viele Menschen reagieren ablehnend bis aggressiv auf Feminismus, sehen in ihm eine Störung der Ordnung. Konsequent gedacht und umgesetzt, soll er das ja auch sein. »Der neue Feminismus im Netz wird als besonders radikal empfunden«, so lautete ein Meinungsbeitrag auf T-Online. Tatsächlich fehlen empirische Belege für eine solche Bewertung. Denn im Vergleich mit anderen, früheren Feminismen lässt sich keine besondere Radikalität erkennen. Wahrscheinlicher ist es, dass nun viele Menschen mit feministischen Inhalten in Berührung kamen, obwohl sie nicht aktiv danach gesucht hatten. Zum ersten Mal seit den 70er Jahren drangen entsprechende Positionen aus der akademischen und institutionalisierten feministischen Blase geballt in den gesellschaftlichen Mainstream.

Antifeminismus gibt es, seit es Feminismus gibt. Schon die erste Welle der Frauenbewegung wurde von organisierten antifeministischen Netzwerken und Aktionen begleitet, wie die

die Historikerin Ute Planert wissenschaftlich belegt. Gegen Ende der Weimarer Republik gründete sich beispielsweise der »Deutsche Bund zur Bekämpfung der Frauenemanzipation«, dessen erklärtes Ziel es war, das traditionelle Geschlechterverhältnis wiederherzustellen: Frauen sollten allein im Privaten und in der Familie wirken, aus dem öffentlichen Leben gedrängt werden, an den Männern sei es, den Staat und die Gesellschaft zu lenken.

Zu Beginn des Online-Backlashs banden organisierte Antifeminist*innen, Maskulisten und sogenannte »Väterrechtler« viele Kräfte der meist ehrenamtlich tätigen Jungaktivist*innen. Sie organisierten sich, um Kommentarspalten zu fluten und auf Social Media ausgewählte Personen mit Schmähungen und Gewaltdrohungen zu überziehen. Die mehrheitlich männlichen Akteure waren in vielen Fällen namentlich bekannt, bildeten eine Szene, sie tauchten regelmäßig auf Veranstaltungen auf. Diese Männer fühlten sich durch Feminist*innen bedroht. Das Netzwerkdurchsetzungsgesetz, das eine Handhabe gegen Hass im Netz bietet und die Plattformbetreiber dazu verpflichtet, gegen Hasskriminalität aktiv zu werden, wurde erst im Jahr 2017 eingeführt. Es definierte erstmals einen rechtlichen Rahmen für Hasskommentare, Gewaltandrohungen und Falschinformationen im Internet.

Der »Netzfeminismus« verortete sich in einigen Themenfeldern anders, verfolgte unterschiedliche praktische Ansätze im Vergleich zur Bewegung der 70er bis 90er Jahre. Zudem traten auch innerhalb der Gruppe der jüngeren Feminist*innen Kritik und Konfliktlinien zu tage. An den Slutwalks lassen sich beide Auseinandersetzungen gut exemplifizieren, sowohl die intergenerationalen als auch die zwischen verschiedenen Feminismen. Slut bedeutet auf Deutsch Schlampe. Während die Initiator*innen der Slutwalks den Begriff einer affirmativen Aneignung unterziehen wollten, problematisierten andere Feminist*innen die Namensgebung. Heather Jarvis, eine der Organisatorinnen in Toronto, begründete ihre Position wie folgt: »Das Wort ›Slut‹ wird verwendet, ob wir es wollen oder nicht. Es ist ein übermächtiges Wort, das Menschen beschimpfen und verletzen soll. Lasst uns versuchen, ein wenig Unsicherheit in seine beleidigende Wirkung zu bringen.«

Die Strategie der Aneignung von Schimpfwörtern und verletzenden Begriffen war jüngeren Generationen vertraut. Schon im Gangsta-Rap der 90er Jahre verwendeten Rapper*innen das rassistische N-Wort inflationär, um sich selbst oder andere Schwarze zu benennen. Auch von der LGBTQI-Community ist die selbstbewusste Aneignung und Verwendung von Bezeichnungen bekannt, die vormals oder parallel als Schimpfwörter gegen sie verwendet wurden oder werden, wie »schwul«, »Lesbe« oder »Transe«. Warum also nicht auch »Slut« oder »Schlampe« aneignen?

Kritik kam von zwei Seiten. Zum einen von Feministinnen der älteren Generation. Gail Dines und Wendy Murphy, zwei radikalfeministische Britinnen, meldeten sich im *Guardian* zu Wort. Sie vertraten die Auffassung, dass der Begriff der Schlampe so stark in der patriarchalen Konstruktion weiblicher Sexualität verhaftet sei – Frauen entweder als Heilige, als möglichst reine, keusche Mutter und Ehefrau oder als Hure, als sexuell aktive, unmoralische, gefallene Frau –, dass er unrettbar sei. Sie waren der Meinung, dass die positive Selbstbezeichnung als »Schlampe« Frauen noch mehr unter Druck setzen würde, sexuell verfügbar zu sein. Während die Sorge durchaus berechtigt schien, reagierten Antifeminist*innen tatsächlich aggressiv gegenüber der Bewegung, wie die Soziologin Kaitlynn Mendes hervorhob. Sie sah die Reaktionen als Beweis dafür, dass Slutwalks genau wegen der Begriffsverwendung das Potential hatten, patriarchale Stereotype herauszufordern.

Weitere Kritik an den Slutwalks handelte von Privilegien und vollzogenen Ausschlüssen der feministischen Bewegung, sie sprach von mangelnder Sensibilität für die Anliegen von marginalisierten Frauen: Frauen of Color und Schwarze Frauen, behinderte Frauen, Sexarbeiter*innen sind erwiesenermaßen in besonders hohem Ausmaß von Gewalt und Stigmatisierung betroffen, wurden aber wie so oft in der feministischen Geschichte an den Rand gedrängt. Für manche ist das Schlampenstigma ungleich höher – und auch anders aufgeladen. Der Begriff hat auch eine klassistische Konnotation. Im Kolonialismus wurde sexualisierte Gewalt weltweit als Mittel eingesetzt, um nicht nur patriarchale, sondern auch koloniale Machtstrukturen zu festigen; Schwarze Frauen wurden systematisch vergewaltigt, auch in den deutschen Kolonien. Ihre Körper wurden als per se abweichend, hypersexuell und/oder übertrieben beschrieben. Ähnliche (aber auch andere) Zuschreibungen existierten im Nationalsozialismus für jüdische Frauen: Antisemitismus war durchdrungen von antisemitisch-sexistischen Geschlechterbildern. Sowohl historische als auch gegenwärtige Erfahrungen und Zuschreibungen bestimmen mit, ob Angehörige verschiedener Communitys sich Wörter wie »Schlampe«, »Slut« oder ähnliches aneignen können und wollen.

In Deutschland machten die Sexarbeiter*innen-Organisation Hydra e.V. und LesMigraS sowie der Antidiskriminierungs- und Antigewaltbereich der Lesbenberatung Berlin e.V. auf die fehlenden Perspektiven aufmerksam. Dazu passt, dass die rassistische Aneigungspraxis von fünf mehrheitsdeutschen Frauen, die sich in Burkas gekleidet auf dem Berliner Slutwalk 2012 ungefragt zum Sprachrohr für muslimische Frauen machten, im Nachgang von den Organisator*innen noch verteidigt wurden. Magda Albrecht, queerfeministische Aktivistin und Autorin, fasst in einem Artikel die Wirkung der Slutwalks wie folgt zusammen: »Den Slutwalks gelang es, massenmediale Aufmerksamkeit für marginalisierte Themen wie sexualisierte Gewalt zu erreichen. Jedoch wurden trotz gegenteiligen Anspruchs auch Ausschlüsse produziert.«

Zum Start vom *Missy Magazine* im Oktober 2008 handelte die Medienberichterstattung über uns fast immer davon, dass wir neu seien und uns vom alten Feminismus abgrenzten: Poppige Aufmachung, Breast Tassels als Aboprämie, so etwas hätte es in der *Emma* nie gegeben.

Uns war die permanente Zuschreibung »neu« unangenehm, empfanden wir sie doch als entsolidarisierend mit älteren Feministinnen. Schließlich war uns selbst klar, dass wir das Rad nicht neu erfunden hatten. Aber das interessierte die vielen Journalist*innen, die auf uns aufmerksam geworden waren, nie. Stattdessen wurden wir in fast jedem Interview nach Alice Schwarzer gefragt. Unsere Antworten glichen einer Gratwanderung. Moderatorin und *Feuchtgebiete*-Autorin Charlotte Roche positionierte sich beispielsweise so: »Der Feminismus hat in Hinblick auf die sexuelle Autonomie der

Frauen versagt.« Autorin Thea Dorn formulierte ebenso explizite Kritik: »Alice Schwarzer hat sich gedanklich in den vergangenen 30 Jahren nicht mehr viel weiterbewegt. Männer stehen für sie immer noch im Generalverdacht, Vergewaltiger zu sein. Und alle Frauen sind entweder bereits Opfer sexueller Gewalt geworden – oder sind stark bedroht, ein solches zu werden. Das ist nicht mein Lebensgefühl.«

Diese Kritik am »alten« Feminismus empfanden wir als problematisch: Wir verfolgten keine Spaltung der Generationen. Wenn, dann gab es lediglich unterschiedliche politische Ansätze, Meinungen, Haltungen, wie ohnehin genauso innerhalb jeder Generation. Wir wollten Feminismus aktualisieren, für eine jüngere Generation attraktiver machen. Wir empfanden uns genauso wenig als kollektive Opfer von Männern, sondern von gesellschaftlichen Geschlechterhierarchien, die unabhängig von Personen jeden Geschlechts entweder mitgetragen oder aufgebrochen werden können. Und gleichzeitig waren wir sicher, dass es nicht das Anliegen irgendeines neuen oder alten Feminismus sein konnte, wie poppig er auch immer sein mag, Gewalt gegen Frauen zu verharmlosen oder unter den Teppich zu kehren, damit sie bloß nicht als Opfer dastehen. Wir sahen uns und unseren Aktivismus als Ergänzung zum politischen und institutionalisierten Feminismus, indem wir den Sexismus auf den symbolischen Ebenen von Kultur bearbeiteten. In dem wir zeigten, dass ein anderes Schreiben über Kultur und andere Bilder möglich waren.

Wir wollten uns nicht abgrenzen, weder von der feministischen Geschichte noch von einer bestimmten Person. Wir lassen *Emma* und Alice Schwarzer in Ruhe, Angriffe untereinander gehören sich einfach nicht, so lautete die Devise. Gleichzeitig fühlten wir Missys uns von den Seitenhieben Schwarzers getroffen. Schwarzer hatte im Frühjahr 2008 in ihrer Dankesrede zur Verleihung des Ludwig-Börne-Preises die Anliegen der neuen feministischen Generation medienwirksam als »Wellness-Feminismus« verunglimpft.

Anders als die nicht-feministischen Medien ignorierte *Emma* unseren Magazinstart weitestgehend. Nur eine kleine skeptische Notiz, dass es jetzt eine neue feministische Zeitschrift gäbe, der man angesichts der Tatsache, dass sich mit Feminismus kein Geld verdienen lässt, viel Erfolg wünschte, erschien. Umso erstaunter waren wir, als Ende 2010 – *Missy* hatte bereits zehn Ausgaben vorgelegt und es war klar, wir würden nicht verschwinden – eine Einladung erhielten zu einem Round-Table-Gespräch mit der *Emma*-Redaktion. Chris Köver und ich waren neugierig und entschlossen uns teilzunehmen. Sonja Eismann und Margarita Tsomou entschieden sich dagegen, zu kritisch bewerteten sie Schwarzers Rolle. Katrin Rönicke, Teil des Blogkolletivs »Mädchenmannschaft«, nahm ebenfalls an dem Gespräch teil. Zu dritt liefen wir im FrauenMediaTurm auf, dem Sitz der Redaktion, und wurden erst von einem überaus freundlichen und zuvorkommenden Team begrüßt – und dann von Schwarzer selbst. Sie war eine beeindruckende Person, sehr darauf erpicht, eine Verbindung zu uns herzustellen: Sie lachte laut, redete viel, berührte uns ständig. Also so, wie man sie in den Talkshows kennt. Trotzdem schien es gleich augenfällig, dass sie eine Rolle spielte: sich selbst als Deutschlands berühmteste Feministin. Ihre Pointen und Geschichten waren witzig, manchmal zu routiniert. Wir kannten sie aus den zahlreichen Büchern und Filmen zu ihrer Person.

Nach einer Führung durch den FrauenMediaTurm begann das Round-Table-Gespräch. Wir vereinbarten, vor allem verbindende Themen in den Vordergrund zu stellen. Die spätere Freigabe des Gesprächs würde gemeinsam erfolgen. Außerdem nahmen wir den Vorschlag der Emmas an, potenziell kontroverse Themen wie »Kopftuch, Prostitution und Pornografie« außen vor zu lassen. Im Anschluss schossen wir ein Gruppenbild. Es würde das Cover einer *Emma*-Ausgabe zieren. Die Verabschiedung war herzlich. Wir hatten den Eindruck, dass wir einander grundsätzlich Wertschätzung entgegenbrachten. Über Trennendes, so meine Hoffnung, würde man auf dieser Basis besser streiten können. Das Heft mit unseren Köpfen auf dem Cover erschien im April 2011 mit dem Titel »Kein Bock auf Spaltung«. Wir waren zufrieden – im Gegensatz zu weiten Teilen der feministischen Szene. Julia Seeliger von der *taz* fragte zum Beispiel, ob wir uns auf gar keinen Fall von der *Emma* abgrenzen wollten und wie wir zu ihrer Haltung zu Prostitution, Islam, Sexualität und Pornografie ständen. Mmh. Ganz ehrlich: Wir hatten uns entschieden, die Themen erstmal außen vor zu lassen. Innerfeministische Konflikte gibt es sicherlich genug. Braucht es nicht auch Verbündete?

Wenig später vollzogen wir den Bruch mit Alice Schwarzer. *Emma* launchte im Oktober 2013 den »Appell gegen Prostitution«, eine große Kampagne mit prominenten Unterstützer*innen aus Medien und Politik, so wie es von jeher das Markenzeichen des bekanntesten deutschsprachigen feministischen Mediums war. Flankiert von exzessiver Berichterstattung und der passenden, oft reißerisch aufgemachten Buchpublikation.

Nur unterschied sich die Kampagne von der zur Abschaffung von § 218 in einem entscheidenden Punkt: Es ging nicht um die Abschaffung patriarchaler Gesetze, sondern darum, selbst neue einzuführen, um im Sinne einer feministischen Umgestaltung gesellschaftliche Normen zu prägen, um zu verbieten, was den Frauen der Mehrheitsgesellschaft schadete. Die PorNo-Kampagne von Alice Schwarzer im Jahr 1987 war ein ähnlicher Vorstoß gewesen – Pornografie sollte mit der Begründung verboten werden, dass diese »die Propagierung und Realisierung von Frauenerniedrigung und Frauenverachtung« sei. Und nun der Appell für die Reform des liberalen Prostitutionsgesetzes: Prostitution sollte verboten werden, Prostituierte sollten straffrei bleiben, ausschließlich Freier als »Sexkäufer« bestraft werden. Es handelte sich also um ein Vergütungsverbot für sexuelle Dienstleistungen.

In den Jahren zuvor war Prostitution selten Thema gewesen, jetzt war sie in aller Munde. Deutschland sei ein einziges Bordell, ein Paradies für »Frauenhändler«, in das aus ganz Europa männliche Horden einfielen, um »Sklavinnen« zu vergewaltigen, so der Tenor. Die Schuldigen waren ausgemacht: Die rot-grüne Bundesregierung hatte 2001 die Sittenwidrigkeit und die Strafbarkeit der »allgemeinen Förderung der Prostitution« abgeschafft. Das bedeutete, dass es von nun an möglich war, legal Räume oder Immobilien für den Zweck der Sexarbeit zu vermieten. Stattdessen ging der Straftatbestand »Ausbeutung in der Prostitution« ins Gesetz ein: »Wer gewerbsmäßig einen Betrieb unterhält oder leitet, in dem Personen der Prostitution nachgehen und in dem diese in persönlicher oder wirtschaftlicher Abhängigkeit gehalten werden, wird mit Freiheitsstrafe bis zu drei Jahren oder mit Geldstrafe bestraft« (§ 180a StGB). Von nun an war also Ausbeutung innerhalb der Prostitution verboten, nicht die Prostitution selbst.

Dem Bürgerlichen Gesetzbuch wurde ein eigenes Gesetz zur Regelung der Rechtsverhältnisse der Prostituierten hinzugefügt, kurz ProstG. Ziel war, die Situation von Sexarbeiter*-innen zu verbessern. Seit Inkrafttreten des Gesetzes in 2002 konnten Prostituierte in die Sozialversicherungssysteme einbezahlen, ihren Lohn einklagen. Bordelle, vorher als »Zimmervermietung« getarnt, wurden legalisiert. Doch hatte es funktioniert? Alice Schwarzer und *Emma* sagten: Nein.

In der Tat stellen Sexarbeiter*innen weltweit eine höchst verletzliche Gruppe dar, ihren Status allein mit Gesetzen zu verbessern, gestaltet sich schwierig. Laut Amnesty International gehören sie zu den am stärksten marginalisierten und stigmatisierten Bevölkerungsgruppen weltweit. Sie sind täglich mit Bedrohungen ihrer Sicherheit und ihres Wohlergehens konfrontiert, häufig von Gewalt- und Missbrauchserfahrungen betroffen und besonders anfällig für Menschenrechtsverletzungen.

Sexarbeiter*innen stehen Angriffen und Diskriminierung durch Polizei, Kund*innen (fast nur Männer), Zuhälter*innen, Vermieter*innen, Familie oder durch die Gesundheitseinrichtungen gegenüber. Sehr viele Fälle von Gewalt und Missbrauch werden nicht gemeldet, nicht ausreichend untersucht. Sehr viel bleibt ungestraft.

Die Gesetzgebungen zu Prostitution sind weltweit höchst verschieden und reichen von vollständiger Dekriminalisierung bis zu strengen Verboten. Deutschland schuf 2002 einen liberalen gesetzlichen Rahmen, wenn auch keine vollumfängliche Dekriminalisierung wie zum Beispiel in Neuseeland. Prostitution, so die Vertreter*innen der Entkriminalisierung, sei eine einvernehmliche Dienstleistung zwischen zwei Erwachsenen, eine Privatsache, die auch so behandelt werden sollte. Prostitution werde zum Beruf: Sexarbeit. Zumindest in der Theorie. In der Praxis spielen Stigmatisierung und Vorurteile gegenüber Sexarbeiter*innen nach wie vor eine große Rolle, verhindern ihren Schutz und führen zu Gewalt, die nicht geahndet wird.

Doch rechtfertigen diese Mängel Alice Schwarzers Kampagne elf Jahre später? Ist das liberale Prostitutionsgesetz gescheitert? Das ProstG galt doch auch als ein Erfolg der Hurenbewegung. Die hatte seit den frühen 80ern Ausgrenzung und Gewalt gegen Prostituierte bekämpft. 1980 hatte Pieke Biermann, die ihr Studium teilweise durch Sexarbeit finanziert hatte, ihr Buch *Wir sind Frauen wie andere auch!* veröffentlicht – benannt nach der Parole des berühmten Hurenstreiks im französischen Lyon. Es war die erste Publikation in Deutschland, in denen Prostituierte selbst zu Wort kamen, ein Bestseller. Biermann – in der Berliner Frauenbewegung aktiv und Mitinitiatorin der Lohn-für-Hausarbeit-Kampagne – legte den Finger in die Wunde, in dem sie die patriarchale Vorstellung der Hure als »unnormale« Frau entmystifizierte, und ordnete sie in den Kontext der ökonomischen Abhängigkeiten zwischen den Geschlechtern ein. Schließlich würde die in der Ehe von ihrem Mann finanziell abhängige Hausfrau auch nicht immer lustvollen Sex haben – nur damit kein eigenes Geld verdienen. Und sie konstatierte: Prostituierte benötigen feministische Solidarität!

Klar, es ging hier (nicht nur) um Frauen, die anschaffen, es ging um Sexualität, es ging um eine patriarchale Institution, die historisch gesehen Männern das Privileg verschaffte, außerhalb der Ehe, deren Zweck die Zeugung legitimer, also erbberechtigter Nachkommen war, ihre Lust offen auszuleben. Und zwar möglichst ohne Konsequenzen (von der ein oder anderen Geschlechtskrankheit abgesehen). Ich hatte in der Vergangenheit von der internationalen Hurenbewegung gehört, 2007 in der Berliner Volksbühne Annie Sprinkle, eine Ikone der US-amerikanischen Sexworker-Bewegung, gesehen. Viele Sexarbeiter*innen sagten sehr klar: Kriminalisierung schadet uns, die wir von der Gesellschaft sowieso verachtet, ausgestoßen und an den Rand gedrängt werden.

Was mich an Schwarzers Appell so irritierte, war die populistische und alarmistische Ansprache, das Fehlen der Stimmen von Betroffenen. Wo war ihre Lobby, die Sexarbeiter*innen selbst, Sozialarbeiter*innen, die auf diese Missstände aufmerksam machten? Wir leben in einer Demokratie und hier herrscht Vielstimmigkeit. Doch bis auf wenige Ausnahmen blieben Sozialarbeiter*innen, die im Bereich Prostitution und gegen Menschenhandel zur sexuellen Ausbeutung arbeiteten, stumm und stellten sich nicht auf die Seite der *Emma*. Zudem hatte ich einen anderen, wenn auch oberflächlichen Eindruck von Sexarbeit. Ich hatte in Hamburg, als ich in der Nähe der Reeperbahn wohnte, immer wieder mal Kontakt gehabt zu den Frauen, die dort anschafften. Ich hatte beobachtet, wie sie aus knallroten Renault Twingos mit Pinneberger Kennzeichen stiegen, mit langen bunten Fingernägeln, High Heels und erhobenen Hauptes gut gelaunt Richtung Rotlichtviertel zogen. Ich kam mit ihnen im Kaffeeladen ins Gespräch und lauschte, wie sie sich am Nachbartisch über ihr Pferd oder das Geburtstagsgeschenk für ihre Mutter austauschten. Wie Sklavinnen kamen mir diese Frauen nun nicht vor. Eher wie eine Gruppe verschworener Freundinnen.

Doch ich sah auch andere Facetten der Prostitution, in St. Georg, rund um den Hamburger Hauptbahnhof. Morgens kam immer ein Kleinbus und brachte sechs Frauen vor das Stundenhotel, das sich im selben Haus befand, in dem mein damaliger Freund wohnte. Besonders glücklich wirkten die nicht, eher gelangweilt. Sie waren auch nicht besonders sexy angezogen wie die Frauen auf der Reeperbahn, rauchten eine Zigarette nach der anderen. Ich sah Drogenprostituierte, die wie nervöse Gespenster auf der Straße auf und ab liefen und jeden Mann ansprachen. Ich sah, wie die dicken SUVs hielten, sie dann mitnahmen, und mich packte eine unbändige Wut auf Männer, die es aufgeilte, offensichtlich schwerkranke Frauen zu missbrauchen. Diese Art von Prostitution abschaffen? Ja, bitte, aber wie? Und die andere? Warum sollte den vergnügten Frauen auf der Reeperbahn ihr Job verboten werden? Und dann gab es noch ganz andere Bereiche: BDSM, Tantra-Massagen, Escorts, in denen selbstbewusste artikulierte Personen arbeiteten, die ihre Tätigkeiten verteidigten.

Kurz vor Erscheinen des Appells gegen Prostitution war ich Mitglied des Blog-Kollektivs 10vor8 geworden, einer Gruppe von Frauen, die einen Blog auf den Onlineseiten der *FAZ* veröffentlichte. Die ersten drei Beiträge erschienen in der gedruckten Ausgabe, darunter meiner zur Kampagne von Alice Schwarzer, mit dem ich mir mein Unbehagen über die mangelnde Differenziertheit, die drastische (und rassistische, weil sklavereiverharmlosende) Sprache von der Seele schrieb. Mein Fazit – damals wie heute:

»Es ist meine feministische Pflicht, eigene Moralvorstellungen hintenanzustellen, um die konkrete Lage der Frauen, die in einer viel prekäreren Situation sind als ich, zu verbessern. Da hat die Politik 2002 durchaus richtig gehandelt. Was die Politiker aber auch nicht wissen konnten, war, wie schwierig es sein würde, das Gesetz zur Anwendung zu bringen und welche Fallstricke im Hinblick auf das Thema Menschenhandel sich dahinter verbergen würden. Ein Gesetz als juristische Maßnahme braucht immer Strategien zu seiner nachhaltigen Anwendung, von selbst ändert sich nichts. Auch deswegen gehen Sozial- und Sexarbeiterinnen von Organisationen wie der Verein Hydra oder die Deutsche Aidshilfe in Bordelle, um konkret die Arbeitsbedingungen der Frauen zu verbessern und Gesundheitsaufklärung zu leisten. Sie warnen vehement vor dem von Schwarzer propagierten schwedischen Modell der Illegalisierung, denn es würde ihre Aufklärungsarbeit verunmöglichen: Wer illegal lebt, hat gar keine Rechte mehr.«

Was ich nicht geahnt hatte, war, dass mir der Text meinen ersten Shitstorm bescherte. Binnen kürzester Zeit fand sich eine Replik auf emma.de, die in erster Linie davon handelte, dass ich keine Feministin sein könne. Nicht Antifeministen oder Frauenhasser gingen mich aggressiv an, nein, Alice Schwarzer und ihre Anhängerinnen. Hunderte Mails erreichten mich, sogar ein anonymer, sorgfältig mit Schreibmaschine getippter »Leserbrief«. Immerhin – so viel feministische Ehre gab es – waren keine Gewaltandrohungen darunter.

Wir machten uns an die Arbeit für ein Dossier zu Sexarbeit, um den verschiedenen Facetten des Themas auf die Spur zu kommen. Bei den Recherchen knüpfte ich neue Kontakte:

zur Berliner Hurenbewegung, zu Sexarbeitsaktivistinnen, vermittelt durch den Verein Hydra e. v. Den hatte unter anderem Pieke Biermann 1980 mitgegründet, er ist die älteste Organisation von Sexarbeiter*innen in Deutschland, bis heute aktiv und ausgestattet mit kontinuierlicher Finanzierung aus öffentlichen Geldern. Zwei Beratungsstellen bieten Ausstiegs- und Einstiegsberatung, die dahinterliegende Idee ist stets die Selbstbestimmung. Dass viele es sich nach der Einstiegsberatung anders überlegen, zeigt deutlich, dass es hier nicht um Anwerbung für Bordelle geht, wie es regelmäßig in der *Emma* anklingt, die die Organisation als Zuhälterlobby diffamiert.

In Deutschland entstanden in den 80er und 90er Jahren weitere autonome Prostituiertenprojekte. Einige dieser Projekte existieren bis heute und sind zusammen mit anderen Fachberatungsstellen für Sexarbeiter*innen im Dachverband Bufas e.V. zusammengeschlossen. Sie repräsentieren alle in der Sexarbeit tätigen Personen, unabhängig von Geschlecht, auch wenn die Mehrzahl cis Frauen sind.

Für mich war die Sache klar: »Im Zweifel nicht für oder gegen Prostitution, sondern für die Prostituierten«, wie es eine Vertreterin von Hydra auf den Punkt brachte. Ich war der festen Überzeugung, dass Sozialpolitik immer pragmatisch sein sollte und nicht ideologisch. Und leider war das Sexkaufverbot genau das: Ideologie. Feministische Ideologie.

Wie konnte aus einer Bewegung, die sich der Befreiung der Frauen verschrieben hatte und im Denken von Simone de Beauvoir wurzelte, eine feministische Ideologie erwachsen, dogmatisch, im Wunsch, Frauen zu helfen?

Sexualität hatte in feministischen Diskussionen von Anfang an eine große Rolle gespielt, insbesondere in Ergänzung und Abgrenzung zur sexuellen Revolution der 68er. Damals wurde Sex politisiert. Dabei vertraten verschiedene feministische Gruppierungen unterschiedliche Einstellungen zu weiblicher Sexualität.

Da die deutsche Frauenbewegung hier stark aus den USA beeinflusst war, lohnt es, einen Blick auf die dortigen Kämpfe zu werfen, die als Feminist Sex Wars bzw. Lesbian Sex Wars in die Geschichte eingingen.

Ende der 70er spitzte sich dort eine Debatte zu, in der die wachsende Besorgnis über die Folgen der Hippiebewegung und Counterculture zum Ausdruck kam. Insbesondere der Trend zu größerer sexueller Freiheit geriet ins Visier der Kritik. Die Darstellung von Gewalt und Sexualität in den Medien, die wachsende Akzeptanz von Pornografie, die zunehmende sexuelle Aktivität unter Jugendlichen wurden genauso kritisiert wie Kinderpornografie und vermeintliche Snuff-Filme. Gegenstimmen behaupteten, dass in dieser Atmosphäre eine regelrechte »Moralpanik« entstanden sei, die zehn Jahre später ihren Höhepunkt erreichte. Der Begriff der Moralpanik entstammt der Soziologie und bezeichnet Ängste und Abwehrgefühle auf konservativer Seite gegenüber Freiheiten, die Minderheiten wie der LGBTQI-Bewegung gewährt werden. Diese Emotionen spielten ebenso in der feministischen Bewegung eine Rolle, in der radikalfeministische Gruppen verstärkt die Pornografie als Grundlage des Patriarchats und direkte Ursache für Gewalt gegen Frauen betrachteten. Die Aktivistin Robin Morgan brachte diese Vorstellung auf die Formel: »Pornografie ist die Theorie; Vergewaltigung die Praxis.«

Zusammen mit Andrea Dworkin vertrat sie seit 1974 vehement antipornografische Standpunkte. Später hatte sich der Radikalfeminismus weiter ausdifferenziert und auch Eingang in die Rechtswissenschaften der USA gefunden. Neben der Soziologin Kathleen Barry, die zu Prostitution arbeitete (*Female Sexual Slavery*), wurde die Juristin Catharine MacKinnon zu einer der wichtigsten Vertreterinnen der US-amerikanischen feministischen Rechtswissenschaft. MacKinnon wollte die Gesellschaft fundamental verändern, strukturellen Sexismus bei den Wurzeln packen und nachhaltige Veränderung erreichen. MacKinnon entwickelte eine eigene politische Theorie des Feminismus, angelehnt an den Marxismus: Das, was Arbeit im Marxismus repräsentiert, soll laut MacKinnon Sexualität im Feminismus sein. Im Marxismus wird Arbeit als ein soziales Verhältnis betrachtet, das durch die Beziehung zwischen Kapitalisten und Arbeitern geprägt ist. Im Feminismus, so MacKinnon, sei es die Sexualität, die das soziale Verhältnis zwischen Frauen und Männern präge; der Mann sei unumstößlich in der dominierenden, die Frau in der unterwürfigen Position. Das zeige sich in sexualisierter Gewalt, in Pornografie und Prostitution, die für MacKinnon nicht von sexualisierter Gewalt zu trennen sei. Sexarbeiterinnen oder Pornodarstellerinnen, die nicht zu ihrer Tätigkeit gezwungen würden, wären in einer unfreien, an der männlich orientierten Sexualität verhaftet, auch wenn sie diese als freiwillig empfinden würden, könnte sie es nicht sein.

Aus dem doppelten Befund der Sexualität als des Elements, das die sozialen Beziehungen zwischen Männern und Frauen konstituiert, und der Pornografie bzw. Prostitution als tatsächlicher sexualisierter Gewalt kann MacKinnon nur eine Konsequenz ziehen: das Verbot. Für sie war eine feministische Gesetzgebung, die über die lediglich Abschaffung patriarchaler Gesetze hinausging, der Schlüssel zur Erreichung einer geschlechtergerechten Welt. Neben Andrea Dworkin steigt MacKinnon zur weltweit wichtigsten Verfechterin von Anti-Pornografie- und Anti-Prostitutions-Gesetzgebung auf.

Unbestritten: MacKinnon ist eine wichtige feministische Theoretikerin, auch für den deutschsprachigen Raum. Hätte MacKinnon tatsächlich sexualisierte Gewalt beschrieben, an ihren Theorien wäre nichts auszusetzen – wobei sich mir die Gleichsetzung von »Sexualität« mit »Arbeit« im Marxschen Sinne auch bei längerem Nachdenken nicht erschließt.

Natürlich muss geschlechtsspezifische Gewalt beendet werden. Natürlich muss sie verboten sein. MacKinnons stetes Beharren auf der Verbindung zwischen Geschlecht, Sexualität und Patriarchat markiert ebenso einen Meilenstein im Verständnis sexualisierter Gewalt in all ihren Formen. Sie spielte eine Schlüsselrolle bei der Einordnung von sexueller Belästigung als Diskriminierung aufgrund des Geschlechts – nicht nur als allgemeines Gewaltphänomen –, wie es heute unter anderem im Allgemeinen Gleichbehandlungsgesetz (AGG) heißt, welches Schutz vor Diskriminierung im Arbeitsleben und bei Alltagsgeschäften, beispielsweise im Supermarkt, der Bank, im Restaurant oder Club, gewährleistet.

Gleichzeitig überhöhte MacKinnon Sexualität und insbesondere Pornografie und Prostitution zu den alleinigen Faktoren zur erfolgreichen Bekämpfung patriarchaler Strukturen. Ökonomische Ungleichheiten, die unfaire Verteilung und Unsichtbarmachung von Sorgearbeit, mangelnde Repräsentanz von Frauen in Führungspositionen, Geschlechterstereotype spielen eine ebenso große Rolle für die Machtverhältnisse zwischen den Geschlechtern, doch bleiben sie bei MacKinnons politischen Forderungen außen vor. Natürlich: Viele feministische Aktivist*innen, Wissenschaftler*innen und Politiker*innen konzentrieren sich in ihrer Arbeit auf einen oder wenige gesellschaftliche Bereiche.

Fatal an den radikalfeministischen Ansätzen der genannten Autorinnen ist, dass sie kaum Raum für die Möglichkeit einer selbstdefinierten weiblichen Sexualität lassen, die sich im Spannungsfeld zwischen patriarchalen Normen und individueller Autonomie entfalten kann. Muss das Patriarchat erst abgeschafft sein, damit Frauen eine »erwachsene« Sexualität entwickeln können? Eine, die sich nicht an männlichen Normen orientiert, wie es bei de Beauvoir schon anklang? Macht feministische Theorie Sex besser? Wohl kaum. Und was ist mit den Männern? Nutzen Männer Sexualität notwendigerweise als Waffe? Viele Männer sind interessiert daran, ihren Partner*innen Lust zu verschaffen, nur Bruchteile sind Sexualstraftäter. Auch Männer kennen Sorgen und Unsicherheiten bezüglich ihrer Körperlichkeit und Sexualität. Gerade weil die Frauenbewegung es geschafft hat, patriarchale Strukturen langsam aber sicher zu erodieren, mutet die Vorstellung von Frauen und Männern als sich diametral gegenüberstehenden und nur über Hierarchie und Abhängigkeitsverhältnisse definierten »Klassen« stark vereinfachend und zu kurz gedacht an.

In den USA kritisierten schon damals viele innerhalb des (lesbisch-)feministischen Lagers die unterkomplexen Ansätze von MacKinnon und Co.: Die *Feminist Anti-Censorship Task Force* umfasste Mitglieder wie Kate Millett, die lesbische Lyrikerin Adrienne Rich, die Journalistin und Popmusikkritikerin

Ellen Willis und die lesbische Geschlechterforscherin Gayle Rubin. Als Reaktion auf den konservativen, radikalfeministischen Trend gründeten sie den sexpositiven Feminismus. FACT stand für eine plurale Sexualität ein und warnte davor, dass ein Mehr an gesetzlicher Regulierung letztlich zu Lasten marginalisierter Personen gehen würde.

Ende der 70er waren bereits im Umfeld der US-amerikanischen Frauen- und Lesbenbewegung Räume und Möglichkeiten entstanden, um die eigene Sexualität neu und anders zu leben und zu erkunden. Für Feminist*innen wie den trans Mann Patrick Califia trat der radikale Feminismus für sexuelle Unterdrückung ein, nicht für die Befreiung der Frauen. Als sich die örtlichen Frauenbuchläden weigerten, eine Broschüre der feministischen sado-masochistischen Gruppe Samois aus San Francisco zu verkaufen, veröffentlichte Califia eine Reihe von Artikeln, in denen er radikale Feministinnen als puritanisch anprangerte. Er vertrat die Ansicht, dass sexuelle Erkundung zur Befreiung führen würde. Seine These war, dass die lesbische Sexualität ungleiche Machtverhältnisse sichtbar mache, anstatt heteropatriarchale Verhältnisse zu reproduzieren. Auch im deutschsprachigen Raum entsponnen sich ähnliche Debatten.

FACT sprach sich gegen eine Verschärfung der rechtlichen Maßnahmen gegen Pornografie aus; das heißt aber nicht, dass die Beteiligten das Genre in seiner herkömmlichen Form befürwortet hätten: als ein von Männern für Männer produziertes Kulturprodukt, in denen Frauen als Objekte dargestellt werden. Sie zweifelten jedoch an der Sinnhaftigkeit und Wirksamkeit verschärfter Gesetze in diesem Bereich und befürchteten, dass solche Maßnahmen zu einer noch stärkeren Normierung von Sexualität und zu Ausgrenzung und Kriminalisierung von Verhaltensweisen führen könnten, die nicht den bürgerlichen Vorstellungen entsprechen.

Eine der frühesten feministischen Erklärungen gegen die neu eingeschlagene Richtung der Bewegung war Ellen Willis' Essay »Feminism, Moralism, and Pornography«. Darin drückte sie die von vielen geteilte Sorge aus, dass der Feminismus so in eine Bewegung mit nur einem einzigen Anliegen verwandelt werden würde. Sie vertrat die Auffassung, dass Feminist*innen Pornografie nicht pauschal verdammen sollten. Aus ihrem Essay »Lust Horizons: Is the Women's Movement Pro-Sex?« stammte der Begriff »Pro-Sex-Feminismus«. Sexpositive Feministen waren der Überzeugung, dass der Zugang zu pornografischem Material für Frauen ebenso wichtig sei wie für Männer und dass Pornografie nicht zwingend Frauen erniedrigende Elemente enthalten müsse. Sie schufen damit die Grundlage für eine Darstellung, die die Vielfalt von Körpern abbilden und feiern will, für eine queere und lesbische Pornografie, für eine nicht-sexistische, nicht-rassistische, nicht-ableistische Pornografie.

Auch in Deutschland entstand im Laufe der Jahre eine kleine feministische Pro-Sex-Bewegung. 1994 drehte Manuela Kay, Gründerin und Chefredakteurin des Lesbenmagazins *L-Mag*, den Film *Airport*, der als erster lesbischer Porno gilt – ein Meilenstein queerer Filmproduktion. 2003 begann die deutsche Regisseurin Petra Joy Pornos aus weiblicher Perspektive zu drehen. 2009 wurde der feministische PorYes Award durch Laura Méritt und Polly Fannlaf ins Leben gerufen, der seither einmal im Jahr vergeben wird.

Die Ansätze des Pro-Sex-Feminismus fanden in Deutschland

zwar Anklang in lesbisch-feministischen Räumen, wurden öffentlich aber wenig bis gar nicht diskutiert. Eine Ausnahme bildet die Publikation *Frauen & Pornografie* von Claudia Gehrke. Stattdessen dominierte die Gegenseite, angeführt von der *Emma*. 1987 kam Andrea Dworkin auf Einladung der *Emma* nach Deutschland, um an einer Veranstaltung in der Kölner Volkshochschule teilzunehmen und die PorNO-Kampagne zu unterstützen. Ziel war es, Pornografie zu verbieten und eine Schadensersatzforderung für Frauen zu ermöglichen, weil diese als Gruppe von Pornografie in ihrer Menschenwürde verletzt würden. Es war eine illustre Runde, die sich dort traf: Neben Andrea Dworkin diskutierten die Frauenministerin Rita Süssmuth (CDU), *Spiegel*-Kulturchef Hellmuth Karasek, die Bundestagsabgeordneten Renate Schmidt (SPD) und Verena Krieger (Grüne) sowie Markus Peichl, Chefredakteur des hippen (und schon lange eingestellten) *Tempo*-Magazins. Letzterer als einziger Verteidiger der Pornografie.

Die deutschen Gegner*innen von Pornografie orientierten sich mit ihrem Gesetzesentwurf an einer Vorlage, die von Dworkin und MacKinnon erarbeitet worden war. Analog zur Strategie des US-amerikanischen Radikalfeminismus sollte Pornografie in Deutschland nicht mehr hauptsächlich durch das Strafgesetzbuch geregelt und als »anstößig« zensiert werden. Stattdessen sollten sich Frauen, die sich durch das Genre beeinträchtigt oder geschädigt fühlten, auf das Zivilrecht berufen können, um Menschenwürde und Gleichbehandlung einzufordern.

Um einen solchen gewagten Gesetzentwurf durchbringen zu können, brauchte es öffentlichen Druck und politische Verbündete. Und die stammten aus dem religiös-konservativen

Lager, die Pornografie aus ganz anderen Gründen verbieten wollten: um eine konservative Sexualmoral und die Aufrechterhaltung der Werte der Familie sicherzustellen. So kam es zu ungewöhnlichen Allianzen, deren Inkonsistenz häufig Kritik an den feministischen Vertreter*innen hervorrief. Der von der Frauenbewegung und der politischen Rechten gemeinsam formulierte Appell für schärfere Gesetze zum Schutz vor Pornografie verfolgte letztendlich entgegengesetzte Ziele: Während Feministinnen für die geschlechtliche Gleichbehandlung in der Öffentlichkeit kämpften und in letzter Konsequenz das Patriarchat abschaffen wollten, verteidigten die Rechten konservative Werte und damit auch die Geschlechterhierarchie als Grundpfeiler der bestehenden Ordnung, die sie zwingend aufrechterhalten möchten. Der von der *Emma* vorgeschlagene Gesetzesentwurf wurde nicht in den politischen Prozess eingeführt.

1998 versuchte Schwarzer die Kampagne erneut aufleben zu lassen und schuf ein Frauenbündnis gegen Pornographie, das unter anderem von den prominenten Politikerinnen Regine Hildebrandt (SPD), Sabine Leutheusser-Schnarrenberger (FDP), Andrea Fischer (Die Grünen) und der späteren Frauenministerin Christine Bergmann (SPD) unterstützt wurde.

Mit dem Appell zur Abschaffung der Prostitution wiederholte die *Emma* 2013 die Logik der PorNo-Kampagne. Ähnlich wie PorNo stand ein Sexkaufverbot nicht für pragmatische, sondern ideologische Gesetzgebung und ging erneut auf die Arbeiten von MacKinnon und Co. zurück. Schweden führte 1999 als erstes Land ein Sexverbot ein, später folgten Norwegen, Island (mittlerweile Irland, Nordirland, Frankreich ebenso), weswegen es als »Schwedisches« bzw. »Nordisches Modell«

bekannt wurde, obwohl Finnland und Dänemark das Gesetz ablehnen. Schweden propagiert das Gesetz seitdem im Ausland, um seinen Ruf als »feministisches Land« zu stärken.

Weil diese Logik eine ideologische ist, keine pragmatische, vertreten zahlreiche Menschenrechtsorganisationen wie Human Rights Watch oder Amnesty International die Position, Sexarbeit, also konsensuelle sexuelle Dienstleistungen zwischen erwachsenen Personen, umfassend zu entkriminalisieren. Sie stellen sich explizit gegen das Nordische Modell, basierend auf vergleichenden Studien zur rechtlichen Situation in verschiedenen Ländern weltweit. Da das Ziel darin besteht, die Sexarbeit als solche zu beenden, ist es für Sexarbeiter*innen überall dort bedeutend schwieriger, sichere Arbeitsplätze zu finden, sich gewerkschaftlich zu organisieren, zusammenzuarbeiten und einander zu unterstützen und zu schützen. Die rechtliche Vertretung ist verunmöglicht bis hin zur Eröffnung eines Bankkontos, Stigmatisierung und Marginalisierung der Sexarbeiter*innen werden verstärkt, die Anfälligkeit für Gewalt und Missbrauch durch die Polizei steigt, da ihre Arbeit und ihre Kundschaft weiterhin kriminalisiert sind.

Auch wenn es häufig anders scheint, »Pro-Sex« und Radikaler Feminismus stehen sich nicht diametral gegenüber. Beide Richtungen kommen in der Analyse überein, dass sich patriarchale Strukturen auf unsere Sexualität auswirken, uns unfrei machen. Beide benennen und verurteilen geschlechtsspezifische sexualisierte Gewalt. Konsens ist das Schlagwort des Pro-Sex-Feminismus: Alles ist in Ordnung, solange alle Beteiligten aktiv eingewilligt haben. Die Debatten werden deswegen so scharf geführt, weil der radikalfeministische Vorstoß nach Verboten von Prostitution oder Pornografie den Raum für sexpositive Ansätze schließt.

Bis heute passierte es selten, dass sich queerfeministische, sexpositive Aktivist*innen mit radikalfeministischen zusammentun, um ein gemeinsames Ziel zu verfolgen. Im Sommer 2016 kam es im Zuge der Lobbyarbeit für die Reform des Sexualstrafrechts zu einem solchen Moment.

2015 hatte die feministische Zivilgesellschaft, allen voran der Bundesverband Frauenberatungsstellen und Frauennotrufe bff e.V., die Kampagne »Nein heißt Nein« ins Leben gerufen – das zweite Mal. Denn die ehemals gefeierte Reform aus dem Jahr 1997 hatte nicht alle Gesetzeslücken geschlossen, sogar – unwissentlich – neue geschaffen.

Vor 1997 lautete die Definition eines Vergewaltigers in Deutschland wie folgt: »Jemand, der mittels Gewalt oder durch Drohung mit gegenwärtiger Gefahr für Leib oder Leben eine Frau dazu zwingt, außerehelichen Geschlechtsverkehr zu dulden«. Die Formulierung stammt aus dem § 177 des Reichsstrafgesetzbuches von 1871 und ging mit nur geringfügigen Änderungen in das deutsche Strafgesetzbuch über. Gemäß dieser gesetzlichen Bestimmung und der allgemeinen Auffassung konnte Vergewaltigung also nur Frauen betreffen, nur Männer kamen als Täter in Frage. Die Gesetzesdefinition beschränkte sich auf Geschlechtsverkehr, also notwendigerweise Penetration, und lag ausschließlich außerhalb der Ehe als Straftatbestand vor.

Bereits 1972 hatte die SPD, 1983 die Grünen daran gearbeitet, § 177 StGB zu reformieren und den Passus des außerehelichen Geschlechtsverkehrs aus dem Gesetz zu streichen.

Doch der Widerstand aus CDU/CSU und FDP war zu groß gewesen. Die Vorstellung, dass Ehemänner sich bei einer Vergewaltigung lediglich das nehmen würden, was ihnen zustehe, ist Jahrhunderte alt. Noch im Jahr 1987 gab laut *Spiegel*-Umfrage jeder vierte verheiratete Mann an, dass Frauen eine Vergewaltigung als »angenehmes Erlebnis« empfinden würden. Über 30 Prozent gaben Frauen eine Mitschuld an Vergewaltigungen, jeder fünfte glaubte, dass Frauen bei gewaltsamem Sex »ganz unerwartet große Lust« empfinden würden.

Erst 1997 ergab sich die Möglichkeit einer Reform des § 177. Es ist ein Beispiel dafür, dass das »Wir« eine Rolle spielt, dass die Repräsentanz von Frauen in Verantwortungspositionen wichtig ist: Denn nur dann sind andere politische Entscheidungen möglich. In den 90ern war die Zahl der Parlamentarierinnen stark angestiegen, unter anderem, weil nach den Grünen nun auch die SPD eine Quote für ihre Listenplätze eingeführt hatte. Seit 1994 war erstmals mehr als ein Viertel der im Bundestag vertretenen Parlamentarier*innen weiblich. Frauen aus allen Parteien schlossen sich im Laufe des Jahres 1996 fraktionsübergreifend zu einem Gruppenantrag zusammen, der die Reform von § 177 vorsah, folglich musste die schwarz-gelbe Regierungskoalition den Fraktionszwang für die Abstimmung aufheben.

Die Änderung des Strafrechts im Mai 1997, gegen die unter anderem der jetzige Parteivorsitzende der CDU, Friedrich Merz, und der ehemalige Bundesinnenminister Horst Seehofer (CSU) stimmten, beinhaltete nun die Anerkennung von Vergewaltigung in der Ehe. Sie setzte nicht nur Penetration, sondern auch »ähnliche sexuelle Handlungen« unter Strafe und ersetzte die geschlechtsspezifische Formulierung »Frau« durch

»Person«, wodurch nun erstmals die Möglichkeit anerkannt wurde, dass auch Männer und andere Geschlechter Opfer sexueller Gewalt sein können, obwohl dies für viele in der damaligen Zeit immer noch schwer vorstellbar war.

War jetzt alles gut? Leider nein. Die Reform von § 177 zeigte auch, dass Gesetztestexte nur so gut sind, wie sie dann in der Rechtsprechung umgesetzt werden. Auch Polizist*innen und Richter*innen sind in einer patriarchalen Gesellschaft sozialisiert. Sie interpretieren das Verhalten von Opfern und Täterpersonen (mehrheitlich cis Männer) im Kontext sexualisierter Gewalt nach patriarchalen Mustern, die nicht immer im Einklang mit der Intention der Gesetzgeber stehen, zum Beispiel die Vorstellung, dass Täter meist Unbekannte sind oder dass Opfer sich immer heftig schreiend zur Wehr setzen würden. Sie sind nicht immer geschult, wie sich Betroffene verhalten, dass sie etwa häufig in Schockstarre verfallen, dissoziieren und eine Tat über sich ergehen lassen – und werten dies im Zweifel als Einwilligung. Eine 2014 veröffentlichte Fallanalyse des bff e.V. zu Schutzlücken im Sexualstrafrecht zeigt diese Problematik deutlich auf. In einer Analyse von 107 Fällen wird deutlich, dass bei sexuellen Übergriffen, die gegen den eindeutigen und dem Täter bloß verbal zur Kenntnis gebrachten Unwillen des Opfers vollzogen werden, Anklageerhebungen durch die Staatsanwaltschaft oder Verurteilungen durch das Gericht ausblieben. »Nein« sagen reichte für eine Strafbarkeit nicht aus, stattdessen mussten Betroffene aktiven Widerstand geleistet haben, damit sie gegeben war.

Wie kam es schließlich zum Zusammenschluss von Pro-Sex- und Radikalfeministinnen in dieser Frage?

Anlass war der 2016 am Amtsgericht Berlin-Tiergarten verhandelte Prozess gegen Gina-Lisa Lohfink wegen falscher Verdächtigung. Lohfink hatte angegeben, am 2. Juni 2012 von zwei Männern unter Drogen gesetzt und vergewaltigt worden zu sein. Die beiden mutmaßlichen Täter hatte Lohfink am Abend zuvor kennengelernt. Mit dem einen der beiden hatte sie sich auf Sex einlassen wollen, mit dem anderen nicht. Lohfink vermutete K. o.-Tropfen, konnte diese aber nicht nachweisen. Die Männer hatten das Geschehen gefilmt, die Aufzeichnung wurde Medienvertreter*innen angeboten, verbreitete sich überall im Netz. Wer wollte, konnte sich das Sexvideo mit der lallenden und desorientierten Lohfink anschauen. Sie wirkte nicht wie eine Person, die in der Lage war, in das Geschehen aktiv einzuwilligen, außerdem äußerte sie mehrfach deutlich ein »Hör auf«.

Im damaligen Prozess 2012 waren die beiden Männer freigesprochen worden. Es sei nicht gesichert, dass Lohfinks »Hör auf« sich auf den gesamten Geschlechtsverkehr bezogen hätte und nicht lediglich auf einzelne Praktiken. Und selbst wenn sich ihre Aussagen auf den gesamten Geschlechtsverkehr bezogen hätten, hätte dies nach dem damals geltenden § 177 StGB ohne physischen Widerstand des Opfers nicht als Vergewaltigung gegolten.

2012 war das Ganze von geringer Medienaufmerksamkeit begleitet. Vier Jahre später stand Lohfink nun erneut vor Gericht, denn die beiden Männer hatten sie wegen Falschbeschuldigung angezeigt. Und nun rief der Fall viele feministische Aktivist*innen auf die Barrikaden. Ich ging selbst zu den Demonstrationen, die stattfanden, während im Amtsgericht verhandelt wurde. Radikalfeminist*innen und Sexarbeitsaktivist*innen teilten in öffentlichen Reden gemeinsam ihre Erfahrungen mit sexualisierter Gewalt, skandierten Solidaritätssprüche. Es war eine seltene Momentaufnahme gemeinsamen Handelns, doch sie zeigte: Bündnisse sind möglich.

2014 hatte der bff e.V. gemeinsam mit der Opferanwältin Christina Clemm eine entsprechende Stellungnahme veröffentlicht und auf die Schutzlücken im Gesetz verwiesen: Faktisch führte sexuelle Nötigung selten zu einer Verurteilung, zu viele Fälle wurden gar nicht erst verfolgt. Fachverbände und die feministische Zivilgesellschaft forderten eine Reform. 2015 startete der bff e.V. die Kampagne »Nein heißt nein. Schaffen Sie ein modernes Sexualstrafrecht.« Die Kampagne flankierte den Koalitionsvertrag der 18. Bundesregierung, bestehend aus CDU/CSU und SPD, in dem die Regierungspartner angekündigt hatten: »Wir schließen zudem inakzeptable Schutzlücken und beseitigen Wertungswidersprüche im Sexualstrafrecht.«

Doch die Frage war, wie das neue Sexualstrafrecht ausfallen würde. Wenn die Geschichte eines gezeigt hat, dann, dass demokratischer Fortschritt öffentlichem Druck folgt. Die Debatte um Lohfink erzeugte enormen Druck, gerade weil sich hier alle Feminist*innen einig waren. Und zudem hatten die vorangegangenen Ereignisse der Silvesternacht in Köln weitere Reformkräfte mobilisiert.

Den Jahreswechsel 2015/2016 hatte ich wie so oft bei Freund*innen auf dem Land verbracht. An Neujahr explodierte meine Twitter-Timeline. Unzählige Bilder vom Gelände um den Kölner Hauptbahnhof, ein unkontrollierter Menschenauflauf von circa 1000 Personen, Raketen, die in die Menge geschossen werden, aggressive Stimmung. Angepöbelte, bestohlene Passanten, begrapschte, verfolgte Frauen. Eine völlig überforderte Polizei auch nach der Räumung des Geländes.

Junge, alkoholisierte Männer waren systematisch auf Frauen losgegangen. Ein Großteil der später Beschuldigten hatte eine ausländische Staatsangehörigkeit, oft aus dem nordafrikanischen Raum, doch deutsche Staatsbürger gehörten ebenfalls dazu. In den folgenden Tagen wendeten sich Betroffene an die Polizei, insgesamt 622 Frauen zeigten sexuelle Nötigung an. In 28 Fällen wurde eine Vergewaltigung oder versuchte Vergewaltigung angezeigt. Die Augenzeugin Claudia Vosen, die mit ihren Kindern am Hauptbahnhof gewesen war, berichtete dem *WDR* den Tränen nahe: »Wir waren hintereinander, mussten der Menschenmasse folgen, hatten keine Wahl.« Gemeinsam mit ihren beiden Kindern durchschritt sie einen Pulk von Männern, die sie und ihre Tochter anfassten, penetrierten: »Es waren viele Männer, entsprechend auch viele Hände, und die waren überall. Finger in den Körperöffnungen. Es wurde in die Hosen gefasst, in den Hosenbund von hinten, zwischen die Beine, hier oben an die Brüste, überall. Sie hatten einfach überall nur noch Hände und Finger.« Die insgesamt 150 Polizeibeamt*innen, die an dem Abend vor Ort waren, gerieten in die Kritik. Augenzeuginnen berichteten, dass die Polizei nicht eingegriffen habe. Für viele Betroffene sind die Erlebnisse ein Schock, der ihr Sicherheitsgefühl nachhaltig beeinflusste.

Der öffentliche Umgang mit Vorfällen dieser Art ist häufig davon bestimmt, dass konservative und rechte Kräfte sie nutzen, um Stimmung gegen Einwanderung zu machen. Sexualisierte Gewalt, Sexismus wird auf eine Gruppe von Anderen projiziert, Gewalt, die von kartoffeldeutschen Männern ausgeht, hingegen verharmlost. Selbstverständlich bestehen Unterschiede zwischen Ländern und Kulturen, doch manifestieren sie sich graduell und sind immer im Wandel. Islamischer Fundamentalismus existiert, christlicher und hinduistischer ebenso. In arabischen Ländern leben sexismuskritische und feministische Männer, unter denjenigen, die nach Deutschland migriert sind, findet man sie ebenfalls. Sexualisierte Gewalt und sexuelle Belästigung zu kulturalisieren ist falsch, auf der ganzen Welt herrscht spezifische Gewalt gegen Frauen und LGBTQI-Personen. Das grundlegende Problem, die patriarchalen Strukturen, zeigen sich überall auf ähnliche Weise. Es macht jedoch einen gewaltigen Unterschied, dass in einem demokratischen System diese Strukturen der Ungleichheit der geltenden Norm der Gleichheit und Menschenwürde widersprechen, sodass hierzulande Veränderung ausgehandelt werden kann, während in Diktaturen Hierarchien zwischen Menschen als normal gelten und aufrechterhalten werden müssen.

In den deutschen Medien spielte diese Art der Differenzierung nach der Silvesternacht schnell keine Rolle mehr. Die Vorkommnisse waren ein Anlass für all diejenigen, die mit der Entscheidung von Bundeskanzlerin Angela Merkel vom 4. September 2015, die Grenze nach Deutschland für den Strom der Geflüchteten in Ungarn offen zu halten, unzufrieden waren. Darunter neben Rechtsextremist*innen und konservativen Parteien auch Alice Schwarzer, die umgehend ein Buch zum Thema verfasste. Täterschaft ausschließlich vermeintlich Fremden zuzuschreiben, bedient rassistische Narrative, entmenschlicht eine ganze Gruppe, lenkt ab vom eigentlichen Problem der sexualisierten Gewalt. Am Ende steht immer nur die eine als »Lösung«: Abschiebung sowie Verschärfung der Asylgesetzgebung.

Tatsächlich hatte es zur gleichen Zeit eine starke feministische Aktion gegeben: #ausnahmslos. Als deutlich wurde, wohin sich das Mediennarrativ bewegen würde, initiierten die Aktivistinnen Kübra Gümüsay und Anne Wizorek eine #-Kampagne. Sie versammelten einen Kreis von intersektional denkenden Feminist*innen um sich, zu denen auch ich gehörte. Gemeinsam formulierte die Gruppe ein Papier, startete eine internationale Unterschriftenaktion, schickte Pressemitteilungen und Statements raus. Zunächst war die Aufmerksamkeit sehr groß, viele Anfragen erreichten uns, 11 000 Unterschriften kamen innerhalb einer Woche zusammen. Der Deutsche Juristinnenbund veröffentlichte beispielsweise eine Pressemitteilung mit Hinweis darauf, dass Gewalt gegen Frauen unabhängig von der Herkunft der Täter aufgeklärt und verfolgt werden muss. »Ihre Zwischenrufe fanden in der aufgeheizten Debatte der Leitmedien um ›Frauen und Islam‹, die ›Flüchtlingskrise‹ und die ›Lügenpresse‹ nur wenig Gehör«, so die Schlussfolgerung der Kommunikationswissenschaftlerin Ricarda Drüeke, die die mediale Berichterstattung analysierte.

Im Juli 2016 beschloss der Deutsche Bundestag schließlich in einem Hauruckverfahren die Reform das Sexualstrafrechts. Nach ihrer Positionierung zur Kölner Silvesternacht hatte sich die regierungsführende CDU gegenüber einer Gesetzesänderung nicht verschließen können. Der bff e.V. feierte die Reform, bezeichnete sie als Paradigmenwechsel: Endlich hieß Nein wirklich Nein! Sie stellte eine bedeutende Verbesserung zum Schutz sexueller Selbstbestimmung dar. Sexuelle Übergriffe galten jetzt bereits als strafbar, wenn sie gegen den erkennbaren Willen einer Person begangen werden, unabhängig davon, ob sich die betroffene Person körperlich gewehrt hat oder nicht. Der Straftatbestand der sexuellen Belästigung ging ebenfalls ein, wodurch nun Übergriffe, die bisher als nicht erheblich angesehen wurden (wie das sogenannte Grapschen), strafbar wurden. Gleichsam war die Ungleichbehandlung im Strafrahmen für Betroffene mit Behinderungen abgeschafft. Bisher waren sexuelle Übergriffe gegen »widerstandsunfähige« Personen weniger hart bestraft worden. Das neue Gesetz ermöglichte fortan eine härtere Bestrafung solcher Übergriffe gegen Frauen mit Behinderungen.

Es sei jedoch kritisch zu sehen, so der bff e.V. in einer Stellungnahme damals, dass das Gesetz das Delikt der »Straftaten aus Gruppen« einführe. Dadurch könnten Personen für Handlungen bestraft werden, die sie weder begangen noch vorhergesehen haben. Dies sei »eine politische Reaktion auf die Übergriffe in der Silvesternacht 2015/16, in deren medialer Aufbereitung der Eindruck erweckt wurde, sexuelle Übergriffe seien hauptsächlich ein Problem nicht-*weißer* Täter«, so der bff e.V. Eine abschließende Evaluierung der Strafrechtsreform steht noch aus.

Wer über die Frauenbewegungen spricht, kommt nicht umhin, ebenso über Ausschlüsse zu sprechen. Ab den 80er Jahren begannen marginalisierte Gruppen innerhalb der Bewegung deshalb, sich selbst zu organisieren, ihr eigenes »Wir« zu stärken. Seitdem entstehen immer wieder neue feministische Gruppen und Initiativen, die »den Feminismus« herausfordern und verändern.

Viele Frauen und Lesben, die andere Erfahrungen gemacht hatten, weil sie eine Migrationsgeschichte hatten, Schwarz waren, Jüd*innen, von Behinderungen betroffen oder aus der Arbeiterklasse stammten, beschrieben in eigenen Publikationen, auf Konferenzen und Kongressen, wie ihre Anliegen ignoriert wurden, sie sich nicht wiederfanden in den Forderungen der Feministinnen. Und schließlich begannen, sich selbst zu organisieren, ihre eigenes »Wir« zu stärken.

Das ist genau besehen nicht verwunderlich – warum sollte die Frauenbewegung es besser machen als die gesamtdeutsche Gesellschaft? Schließlich herrschen in allen gesellschaftlichen Bereichen Probleme mit Diskriminierung vor, wie nicht zuletzt die jährlichen Berichte der Antidiskriminierungsstelle des Bundes zeigen.

Als wir das *Missy Magazine* gründeten, waren wir uns einig, dass wir die These vom »Hauptwiderspruch Geschlecht« nicht teilen. Die Kinder der sogenannten Gastarbeiter*innen, sie waren mit uns in Kitas und Grundschulen gegangen – und ihr Fehlen an den Gymnasien und Universitäten wurde uns spätestens dann bewusst, als wir an den Universitäten begonnen hatten, sowohl Kritische Theorie als auch Texte zu Rassismus und Postkolonialismus zu lesen: von den britischen Cultural Studies, Stuart Halls Texten zu Rassismus bis zu Paul Gilroys *The Black Atlantic*.

Eine Diskriminierungsachse, über die wir gelernt hatten, war Rassismus. Der britische Soziologe Stuart Hall definiert Rassismus als eine soziale Praxis, bei der körperliche Merkmale zur Klassifizierung bestimmter Bevölkerungsgruppen benutzt werden, etwa wenn man die Bevölkerung nicht in Arme oder Reiche, sondern in *Weiße* oder Schwarze einteilt. Diese Praxis basiert auf keiner wissenschaftlichen Grundlage, es gibt schlicht keine Menschenrassen, körperliche Merkmale sagen nichts über die Eigenschaften von Personen aus, wie die Genforschung belegt hat. Hall selbst stellt hier die Verbindung zur sexistischen Praxis her, die ebenfalls einen fundamentalen Unterschied zwischen Menschen konstruiert.

In Deutschland wurde die Existenz von Rassismus und Antisemitismus – zwei unterschiedliche Phänomene – jahrzehntelange in der Öffentlichkeit verneint, er wurde nach dem exzessiven rassistischen Antisemitismus und Antiziganismus des Nationalsozialismus in der Mehrheitsgesellschaft tabuisiert. Zudem fehlten (und fehlen) Zahlen und Daten zu von Rassismus betroffenen Personen, da die Praxis des Datensammmelns zu körperlichen Merkmalen zur Organisation der Shoa, des Genozids an Rom*nja und Sinti*zze (Porajmos) und der systematischen Ermordung von Menschen mit Behinderung missbraucht wurde und bis heute eine große Hemmschwelle besteht. Erst 2020 stellte der Bundestag erstmals Mittel bereit, um Rassismus in Deutschland in der Breite zu erforschen.

Von Rassismus betroffene Personen wurden lange Zeit dem unterworfen, was man heute als »Gaslighting« bezeichnet: Ihre Beobachtungen, Erfahrungen und Gefühle wurden geleugnet, nach dem Motto »Das hast du dir nur eingebildet«. »Rassismus gibt es im heutigen Deutschland nicht« waren etwa die Worte, mit denen das Diplomarbeitsthema »Afro-Deutsche: Ihre Kultur- und Sozialgeschichte auf dem Hintergrund gesellschaftlicher Veränderungen« der Lyrikerin May Ayim, Mitbegründerin der Schwarzen deutschen Frauenbewegung, abgelehnt wurde.

Feministische Veröffentlichungen wie *Farbe bekennen*, herausgegeben von May Ayim, Katharina Ogontuye und Dagmar Schultz, die die Diskriminierungsachse von Rassismus und Geschlecht in Deutschland beschrieben und untersuchten und zunächst vor allem für kleine Gruppe der Frauen of Color und Interessierte relevant war, haben auch gegenwärtig nicht an Bedeutung verloren und werden wieder aufgelegt und kontinuierlich rezipiert.

Erst nach der Enttarnung des NSU-Komplexes 2011, der rechtsradikalen Anschlagsserie, bei der zwischen 2000 und 2007 neun Männer mit Migrationsgeschichte und eine Polizistin ermordet und drei Sprengstoffanschläge verübt worden waren und gleichzeitig jeder Hinweis auf einen rechtsextremen Hintergrund durch Staatsanwaltschaften und ermittelnde Polizeibeamte ignoriert worden war, erst nach Erstarken der islamfeindlichen, völkischen, rassistischen und rechtsextremen Organisation Pegida (Patriotische Europäer gegen die Islamisierung des Abendlandes) und den Wahlerfolgen der rechten AfD ließ sich Rassismus in Deutschland nicht mehr länger leugnen.

Ähnlich wie die von *weißen* Frauen dominierte Bewegung waren auch die Schwarzen Frauen stark von US-amerikanischen Feministinnen beeinflusst. Insbesondere der Aufenthalt der Schriftstellerin, Bibliothekswissenschaftlerin und Anglistik-Professorin Audre Lorde an der FU Berlin im Rahmen einer Gastprofessur in den Jahren 1984 bis 1992 gilt als wichtiger Moment für die Schwarze deutsche Frauenbewegung.

In den 2010ern las ich ihre Bücher, darauf folgten die von bell hooks und Angela Davis. Wir wollten mit unserem Magazin auch Frauen ansprechen, die nicht so waren wie wir, *weiß*, mittelschichtig, cis- und heterosexuell. Allerdings war unser

Gründungsteam selbst alles andere als vielfältig. Wir hatten uns über die Universität kennengelernt, wir waren Freundinnen, mit Ausnahme der queeren und migrantischen Margarita Tsomou ein Netzwerk aus gesellschaftlich ähnlich positionierten Frauen. Dass es problematisch sein könnte, dass uns Menschen mit anderen Erfahrungen in unserem Kernteam fehlten, diesen Impuls hatten wir, igorierten wir dann aber – und unterschieden uns darin nicht von vielen Feminist*innen vor uns.

Wir lernten jedoch dazu. Langsam, denn es galt nicht nur zu verstehen, wie wir ein intersektionales feministisches Magazin werden konnten, sondern wie wir eine regelmäßige Zeitschrift veröffentlichen und vermarkten, einen Anzeigenkundenstamm aufbauen, ein Unternehmen führen mussten. Das alles ohne Schulungen, Geld oder Coaching, in strikt feministischer DIY-Manier. Zusätzlich mussten wir unseren Lebensunterhalt verdienen, denn die ersten zehn Jahre warfen gerade mal genug Geld für die Miete ab – bis heute sind alle bei *Missy* beschäftigten Personen unterbezahlt, wenn auch nicht mehr ganz so stark wie am Anfang.

Zweimal wurden wir in der Anfangszeit wegen rassistischer Bildsprache im Heft kritisiert; einmal ging es um einen Comic, einmal um den Abdruck eines Plattencovers der Slits, das die Band mit Blackfacing zeigt. Wir sprachen eine Entschuldigung aus und setzten uns nach und nach intensiver mit Intersektionalität und Mehrfachdiskriminierung auseinander. Diese Debatten wurden nicht nur bei uns, sondern in der gesamten jüngeren Generation geführt.

Eine große Anzahl feministischer Bücher aus dieser Zeit – seien es Anne Wizoreks *Weil ein Aufschrei nicht reicht*, Julia Korbiks *Stand Up*, Margarete Stokowskis *Untenrum frei* oder wissenschaftliche Anthologien wie *Feminismen heute* – betonten, dass das feministische »Wir« zusammengedacht werden muss, mit allen Unterschieden, die die große Gruppe der FLINTA in viele kleine Gruppen und Individuen trennt. Gleichzeitig erreichten Übersetzungen feministischer Werke aus den USA ein großes Publikum: Lena Dunhams *Not that Kind of Girl*, das Memoir der jungen Drehbuchautorin, Schauspielerin und Regisseurin, Roxane Gays *Bad Feminist* über die politisch inkorrekten Sünden von Feminist*innen, die mir allzu gut bekannt waren: lauthals sexistische Liedtexte mitsingen, Modezeitschriften verschlingen, Pink lieben. Das Buch der Facebook-Managerin Sheryl Sandberg, *Lean In*, avancierte auch in Deutschland zum Bestseller, trotz der negativen Kritiken aus feministischen Kreisen; stellte Sandberg doch die These auf, dass Frauen alles erreichen könnten, wenn sie nur wollten, und stand ihren eigenen Privilegien und den sexistischen Machtstrukturen unkritisch gegenüber.

Mit Hengameh Yaghoobifarah als langjähriger Autor*in, der späteren Chefredakteurin Dominique Haensell und der österreichischen Journalistin und Aktivistin Vina Yun stießen schließlich Mitte der 2010er Jahre Personen zu uns in die Redaktion, die nicht nur selbst Mehrfachdiskriminierung erfahren hatten, sondern mehr Vielfalt, queere Positionen und intersektionale Themen einbringen konnten. Und es machte einen Unterschied, wer da in der Redaktion saß, um die Bandbreite an interessanten Themen überhaupt zu erkennen und Diskriminierungen in Texten und Bildern zu vermeiden. Gestern wie heute lebt Feminismus von den Erfahrungen und Erzählungen von FLINTA-Personen. Sineb El Masrar, Reyhan Şahin, besser bekannt als Lady Bitch Ray, Kübra Gümüşay,

Sharon Adler, Alice Hasters, Tupoka Ogette, Laura Gehlhaar und viele andere brachten Perspektiven von Schwarzen, migrantischen, jüdischen, queeren, behinderten, finanziell benachteiligten FLINTA ein und beeinflussten die Bewegung nachhaltig.

Gleichzeitig zeigte sich, wie komplex das Thema Mehrfachdiskriminierung oder Intersektionalität in die Praxis umzusetzen ist, gibt es doch bei genauer Betrachtung unendlich viele Möglichkeiten, Menschen in Schubladen zu stecken, zu diskriminieren, individuell und strukturell.

Intersektionalität lediglich als Verschränkung von Sexismus und Rassismus zu begreifen, griff zu kurz, wie wir 2017 lernen mussten, als wir eine Kooperation mit dem Berliner Popkultur-Festival eingingen, welches ins Visier der BDS-Bewegung geraten war. Das Festival hatte 500 Euro von der israelischen Botschaft an Reisekostenunterstützung für eine israelische Künstlerin eingeworben. Die BDS-Bewegung (Boykott, Divestment and Sanctions) ist eine organisierte Kampagne, die vorgibt, aus der palästinensischen Zivilgesellschaft heraus für die Menschenrechte der Palästinenser*innen in den durch Israel besetzen Gebieten zu kämpfen, indem sie zu Boykotten und Sanktionen aufruft. Dies betrifft nicht nur Warenboykotte, sondern auch israelische (und teilweise auch einfach jüdische) Künstler*innen und Wissenschaftler*innen. Zahlreiche Analysen zeigen jedoch, dass es weiten Teilen der Bewegung und auch deren Gründer Omar Barghouti darum geht, den jüdischen Staat als solchen zu delegitimieren. Gefordert wird nämlich nicht nur eine andere israelische Politik und ein Ende der Besatzung, sondern die Auflösung der Staatsgrenzen – eine Forderung, mit der sich kein anderer Staat konfrontiert sieht. Letztlich zielt BDS auf die faktische Vernichtung des israelischen Staates ab, der in Kampagnen dämonisiert wird. Nach der Antisemitismus-Definition der International Holocaust Remembrance Alliance (IHRA) ist BDS deshalb als antisemitisch einzuordnen. Israelfeindliche Projektionen können auch ein (Um-)Weg sein, typische antisemitische Ressentiments zu bedienen, ohne dabei Juden*Jüdinnen offen(sichtlich) zu diskriminieren.

Wir entschieden uns zur Veröffentlichung eines Dossiers zu Antisemitismus, um die feministische Debatte zu differenzieren und Antisemitismus innerhalb der (queer-)feministischen Bewegung zu thematisieren. Jüdische Feministinnen wie die queerfeministische Gruppe Latkes*Berlin, *Missy*-Kolumnistin Debora Antmann, Literaturwissenschaftlerin Judith Coffey, Leah Czollek, Gründerin des Instituts für Social Justice and Diversity, oder Monty Ott, Vorstandsvorsitzender der queer-jüdischen Initiative Keshet, kritisierten an den Debatten um Intersektionalität, dass sie nicht an den Kontext in einem post-nationalsozialistischen und post-Shoah-Deutschland angepasst worden sind. Die spezifischen Erfahrungen von Jüd*innen in queerfeministischen antirassistisch geprägten Zusammenhängen werden oft nicht beachtet, da die Analyse von Antisemitismus zu kurz kommt und insbesondere israelbezogener Antisemitismus verharmlost oder verleugnet werde. Auch gelten Jüd*innen für viele als *weiß* und daher privilegiert. Bisweilen verbindet sich diese Vorstellung mit dem »antisemitischen Phantasma der jüdischen Übermacht«, dann gelten Juden*Jüdinnen gewissermaßen gar als »Super-Weiße«, wie Judith Coffey und Vivien Laumann kritisch anmerken. Die Erfahrung, als *weiße* jüdische Person einer verfolgten und diskriminierten

Gruppe anzugehören, hat in queerfeministischen Settings oft keinen Raum, wie Debora Antmann in einer *Missy*-Kolumne erklärte: »›Liebe Debora, das ist eine Veranstaltung für Personen of Color. Es gibt auch noch eine Veranstaltung für weiße Menschen.‹ Ich schlucke. Da ist sie, diese Dichotomie. Diese beiden Räume. Und zu keinem gehöre ich. Ich bezeichne mich als *weiße* Jüdin, aus Solidarität. Um meine jüdischen Geschwister of Color und meine Schwarzen jüdischen Geschwister nicht unsichtbar zu machen. Um mich gesellschaftlich zu verorten und sichtbar zu machen, welche Erfahrungen ich nicht mache. Aber mein »*weiß*« kann niemals allein stehen, es kann nur vor Jüdin stehen. Ich bin nicht *weiß*, wie wc-Deutsche, wie Klaus und Mareike. Erst recht nicht in Deutschland.«

Bis heute führt die theoretische Erkenntnis, dass es keine Haupt- und Nebenwidersprüche zwischen diskriminierten Gruppen geben sollte, in der Praxis zu Widersprüchen, bis heute gibt es zu wenig Diskussion darum, und spezifisch Antisemitismus wird in Debatten um Mehrfachdiskriminierung oder Intersektionalität meistens vernachlässigt.

Die 2010er Jahre waren auch das Jahrzehnt, in dem Feminist*in sein vom Stigma zum zeitgeistigen Muss avancierte. Feminismus war nun vielfach ein Label, das sich vermarkten ließ und jedem noch so flachen Produkt eine Bedeutung, einen politischen Spin verlieh. Noch 2013 erklärten Popstars und Schauspielerinnen wie Lady Gaga, Taylor Swift, Björk, Kate Perry, Madonna, Susan Sarandon oder Sarah Jessica Parker, dass sie keine Feministinnen seien. Die Gründe lasen sich wie ein Glossar antifeministischer Vorurteile: »Ich bin keine Feministin. Ich liebe Männer!«, wiederholte Lady Gaga das Klischee der männerhassenden Feministin. Oder Madonna: »Ich bin keine Feministin, ich bin Humanistin.« Und das, obwohl diese Stars eigenwillige, selbstbestimmte und bis heute sehr erfolgreiche Künstlerinnen sind und teilweise als Feministinnen gelesen wurden – Lady Gaga stand sogar Patin für eine Abhandlung des US-amerikanischen Hochschulprofessors Jack Halberstam zum neuen dekonstruktivistischen Popfeminismus: *Gaga Feminism: Sex, Gender, and the End of Normal*, in dem er sie als Vorbotin eines queeren gesellschaftlichen Wandels sieht. Nur wenige Jahre später hatte sich das Blatt gewendet und die gleichen Stars trugen das Label Feministin vor sich her. Und nicht nur sie, auch viele andere. Die britische Schauspielerin Emma Watson, 24 Jahre alt und bekannt aus den *Harry Potter*-Filmen, hielt 2014 eine Rede zu Frauenrechten vor den Vereinten Nationen, die gleichaltrige Jennifer Lawrence, bekannt aus der Filmreihe *Tribute von Panem* und zu der Zeit die weltweit bestbezahlte Schauspielerin (im Vergleich mit anderen Frauen), veröffentlichte 2015 einen Text, in dem sie die ungleiche Bezahlung von Männern und Frauen in der Filmbranche thematisierte sowie ihre Hemmung, mehr Geld zu fordern, um nicht als zickig zu gelten.

Am Anfang dieser feministischen Welle stand Popikone Beyoncé mit dem wohl öffentlichkeitswirksamsten feministischen »Coming Out«: Bei den MTV Music Awards in Inglewood, Kalifornien, im August 2014, als sie im Glitzerbody und hochhackigen Stiefeln ihren Song »Flawless« aufführte. Vor der Bühne und an den Bildschirmen ein Millionenpublikum. Und hinter ihr prangte in weißen Buchstaben auf schwarzem Hintergrund ein Wort in Großbuchstaben: »FEMINIST«.

»Hast du das gesehen?«, fragte mich Chris am nächsten Tag in der Redaktion. Hatte ich nicht, und wir schauten den Clip online nochmal zusammen. Danach klatschten wir uns ab: »Endlich geht es los, endlich ist Feminismus keine Nische mehr!« Beyoncé Knowles-Carter galt – und gilt – als einer der größten Popstars unserer Zeit. Und nun bezeichnete sie sich als Feministin, spielte Teile einer feministischen Rede der nigerianischen Autorin Chimamanda Ngozi Adichie ein.

Beyoncés Engagement markierte den Beginn eines neuen Zeitgeistes, der sich nicht nur feministisch, sondern »aktivistisch« charakterisierte. Modemarken wie Monki – eine junge, hippe Marke des schwedischen H&M-Konzerns –, die Kosmetikfirma Body Shop oder der Sporthersteller Puma schmückten sich mit »Markenbotschafter*innen«, die nicht nur jung waren und gut aussahen, sondern auch Aktivist*innen. Und zwar für alles Mögliche: Umweltschutz, Tierrechte, HIV-Aufklärung, Antirassismus, LGBTQI-Rechte oder eben Feminismus.

Bei vielen Feminist*innen warf der neue Mainstream-Feminismus Fragen auf. Ist es hilfreich oder schädlich für feministische Anliegen, dass nun plötzlich alle Feminist*innen sein wollen? Insbesondere 2017 erreichte die Debatte mit Ivanka Trumps Aussagen einen Höhepunkt. Auf dem W20-Gipfel in Berlin, dem offiziellen Frauentreffen der G20-Staaten, welche die wichtigsten Industrie- und Schwellenländer repräsentieren, verkündete sie auf einem Podium neben der damaligen Bundeskanzlerin Angela Merkel: »Ich betrachte mich als Feministin, denn ich glaube an die Gleichheit der Geschlechter«, um im nächsten Atemzug ihren Vater, dessen sexuelle Übergriffe gegenüber Frauen hinlänglich bekannt waren, zu verteidigen, als Mann, der gut zu Frauen sei. Wenn Ivanka Trump Feministin ist, hat die Bezeichnung dann überhaupt noch eine politische Bedeutung?

Die US-amerikanische Feministin Andi Zeisler, Mitbegründerin des popfeministischen Magazins *Bitch*, war der Meinung, dass es sich um einen Ausverkauf der Bewegung handelte, um Wohlfühlfeminismus, dessen Omnipräsenz die strukturellen Probleme in unseren Gesellschaften verschleierte, anstatt sie zu beheben, weil er die falsche Sicherheit vermittelte, dass alles erreicht wäre. Der Konsumaktivismus stellte laut Zeislers Analyse nicht mehr die Frage danach, wie man die Gesellschaft verändern könnte, sondern, welche Produkte man konsumieren dürfte oder gar müsste, um ein besserer Mensch zu werden. Die Schwarze feministische Ikone bell hooks warf Beyoncé vor, Schwarze Körper als Konsumprodukte auszubeuten und sich damit in eine rassistische Tradition zu stellen.

Ich bewertete den Hype um Feminismus im Mainstream positiver, schließlich zeigt ein Blick in die Geschichte der sozialen Bewegungen, dass Aktivismus und Kapitalismus schon immer miteinander verwoben waren. Eines der ältesten Beispiele eines gelungenen PR-Coups, der ein politisches Anliegen mit dem Verkauf von Produkten verband, war Edward Bernays' Zigaretten-PR-Kampagne »Torches of Freedom«, Fackeln der Freiheit, aus dem Jahr 1929, die die Sehnsucht der Frauen nach Freiheit und Selbstbestimmung mit der Zigarette in Beziehung setzte. Bernays, ein Neffe von Sigmund Freud, bezahlte Models, junge Frauen, die sich während der New Yorker Ostersonntagparade öffentlich eine Zigarette ansteckten.

Damals ein Skandal, da das Rauchen für Frauen in der Öffentlichkeit verpönt war. Auch die Hippiebewegung verfolgte Anliegen wie soziale Gerechtigkeit, Bürgerrechte, Frieden, sexuelle Befreiung, doch von kapitalistischer Ausbeutung blieb sie keineswegs verschont, ja sie kann sogar als der Beginn des Abbaus von Arbeiternehmerrechten und der Entstehung des neuen Kulturprekariats gesehen werden. Eine These, die etwa die Sozialwissenschaftler Luc Boltanski und Ève Chiapello in ihrem 1999 erschienenen Buch *Der neue Geist des Kapitalismus* ausarbeiteten. Und natürlich warben damals Marken wie Pepsi oder der Dosenhersteller Campbell mit der trendigen Psychedelic-Ästhetik für ihre Produkte.

Selbst wenn diese Entwicklung von jeher kritisch zu sehen ist, so bedeutete sie nicht das Ende des Aktivismus oder gar, dass jeglicher Aktivismus sinnlos wäre, weil immer die Gefahr bestünde, dass er warenförmig verwertbar sei. Diese Dynamik ließ sich sowieso nicht aufhalten. Vielmehr sind Pop und Kapitalismus in ihrer Verklammerung zumindest als temporär wirkende Werkzeuge nützlich, um politische Anliegen global zu verbreiten. Social-Justice-Bewegungen wie Black Lives Matter oder die LGBTQI-Bewegung wären weniger sichtbar, wenn sie kein popkulturelles Phänomen wären, wenn sie nicht durch Stars wie Beyoncé, Rihanna oder Lady Gaga aufgegriffen, verstärkt und verbreitet würden. Und dass Feminismus im Monki-Gewand ach so jung und hip daherkommt? Super. Die neurechte Bewegung der Identitären, deren Mitglieder sich jung und total social-media-affin geben, können von so einem Hipster-Appeal nur träumen, und das wissen sie auch.

Es sollte sich nur niemand der Illusion hingeben, dass dieser Trend nachhaltig wäre. Doch es nutzt dem feministischen Fortschritt, wenn Feminismus »Trend« ist, wenn er breit diskutiert wird und wenn jüngere Generationen mit dem Selbstverständnis aufwachsen, dass es normal ist, sich für Gerechtigkeit, Klimaschutz und gegen Gewalt einzusetzen.

Feministisches Handeln bedeutet Haltung zeigen, sich solidarisch verhalten gegenüber Betroffenen von Gewalt, Diskriminierung und Ausbeutung. Nicht nur auf Twitter, sondern da, wo es darauf ankommt; im Alltag. Aufzustehen und denjenigen beizustehen, die sexualisierte Gewalt erfahren haben, für mehr FLINTA in Macht- und Verantwortungspositionen zu streiten. Und das gilt für jede Generation von Feminist*innen: gestern, heute und morgen.

Eure Kinder werden so wie wir, eure Kinder werden queer

Die 2020er

Zukunftsgerichteter Feminismus braucht Utopien, die in der Realität verankert sind. Zu Beginn der Frauenbewegung – wie zu Beginn jeder Bewegung für soziale Gerechtigkeit – dominierte die Unzufriedenheit, dann folgten die Visionen. Von Philosophinnen und Aktivistinnen wie etwa Simone de Beauvoir, Luce Irigaray, Shulamith Firestone oder Audre Lorde erdachte Vorstellungen einer Gesellschaft, in der die gewaltvolle patriarchale Kultur durch etwas anderes, Menschlicheres ersetzt wird. Um ins politische Handeln zu kommen, braucht es eine Idee davon, was das Ziel sein soll und auf welche Weise unser Zusammenleben lebenswerter, zufriedenstellender und gerechter gestaltet werden kann.

Im Jahr 2023 herrscht unter Feministinnen keine hundertprozentige Einigkeit darüber, wie die Gesellschaft der Zukunft aussehen soll. Eher wenig gerungen wird um Themen wie die Umverteilung von Macht oder die gerechtere Aufteilung von Sorgearbeit, auf welche Art auch immer. Die Gräben zwischen Differenz- und Gleichheitsfeminismus gehören der Vergangenheit an, ersterer spielt gegenwärtig kaum eine Rolle in Deutschland. Dafür verorten sich Feminist*innen nun zunehmend im queeren und intersektionalen Spektrum, beziehen weitere Kategorien von Ungleichheit mit ein, verstehen Geschlecht nicht mehr binär. Doch Themen wie die Inklusion von trans Personen in feministische Kämpfe sind auch innerhalb des Feminismus immer noch umstritten.

Pragmatisch ausgerichtete Feminist*innen arbeiten gegenwärtig konkret daran, Verbesserungen für FLINTA zu erreichen, sei es in Bezug auf ihre rechtliche Situation, ihre Repräsentation in Politik, Wirtschaft oder Wissenschaft oder ihre soziale Situation. Die erzielten Fortschritte sind diesbezüglich nicht von der Hand zu weisen. Die feministische Aufbauarbeit wurde geleistet, institutionelle Strukturen geschaffen, zuletzt beispielsweise die 2021 ins Leben gerufene Bundesstiftung Gleichstellung. Ebenso ist die Geschlechterforschung an den Universitäten etabliert, genau wie Gleichstellungsministerien und zahlreiche Gleichstellungsbeauftragte. Haushalte auf Bundes-, Landes- und kommunaler Ebene beinhalten für die Gleichstellungsarbeit vorgesehene Budgets – wenn auch immer zu geringe. Eine breite Szene aus Vereinen und Instituten arbeitet zu verschiedensten Anliegen, von Quotenforderungen für Frauen in Führungspositionen über Interessenvertretungen von migrantischen Frauen oder Frauen mit Behinderung. International konnte anhaltender Druck aufgebaut, Verpflichtungen verabschiedet werden, wie die 2018 ratifizierte Istanbul-Konvention, das Übereinkommen des Europarats zur Verhütung und Bekämpfung von Gewalt gegen Frauen und häuslicher Gewalt. Und die Zahl einzelner Feminist*innen in Redaktionen, politischen Ämtern und Führungspositionen, überall dort, wo Diskurse und Strukturen verändert werden können, steigt kontinuierlich. Das alles haben wir der internationalen feministischen Bewegung der letzten 50 Jahre zu verdanken. Diese Institutionen werden bleiben. Die feministische Bewegung hat eine Schwelle überschritten, nach der symbolischen Ebene folgte die Institutionalisierung. Nun gilt es, diese Strukturen auszubauen – und zu verstetigen.

Nach der Bundestagswahl 2021 tagte das erste paritätisch besetzte Kabinett Deutschlands, bis zum Rücktritt von Verteidigungsministerin Lambrecht bestehend aus acht männlichen und acht weiblichen Minister*innen. Das seither von Annalena Baerbock geführte Auswärtige Amt bekennt sich zu einer Feministischen Außenpolitik: Weltweit sollen Frauenrechte gestärkt und hierfür entsprechende Maßnahmen und Initiativen finanziell gefördert, die Beteiligung von Frauen an außenpolitischen Entscheidungsprozessen und -positionen erhöht werden. Auch wenn es bis zur Etablierung noch ein weiter Weg zurückgelegt werden muss, ist dieses Bekenntnis als ein großer Fortschritt zu werten.

In der jüngsten Vergangenheit schafften es feministische Publikationen, die nicht nur kartoffeldeutsche Perspektiven behandeln, wie der Sammelband *Unlearn Patriarchy*, der eine Reihe feministischer Utopien und gesellschaftlicher Lösungsvorschläge aus intersektionaler Perspektive verhandelt, *Das Ende der Ehe* der queeren Autorin of Color Emilia Roig oder *Hass* der Kölner Gastarbeitertochter Seyda Kurt, auf die Sachbuch-Bestsellerliste. Der Filmhype des Jahres ist die Satire *Barbie* von Greta Gerwig – ein vielschichtiger Kommentar auf den warenförmigen Feminismus –, und in keinem Popcorn-Kino-Film gab es je so viel Pink, fiel der Begriff »Patriarchat« öfter. Und auch die letzte Männerbastion, der Fußball, scheint zumindest zu bröckeln: Meine Kinder saßen diesen Sommer neben mir im Wohnzimmer und schauten begeistert die Fußball-WM der Frauen in Australien an, kennen nun die Namen der Spielerinnen: ob Frauen oder Männer gegen Bälle kicken, es macht für sie keinen Unterschied mehr.

Feminist*innen könnten sich entspannt zurücklegen, auf

die Erfolge der letzten 50 Jahre zurückblicken und sagen: Läuft bei uns. Doch so einfach ist das nicht. Rückschritte sind jederzeit möglich. Wie flüchtig die Erfolge der feministischen Bewegung in Krisensituationen sind, zeigte sich insbesondere zu Beginn der Coronapandemie, als die Bundesregierung rigide Maßnahmen zur Viruseindämmung beschlossen hatte. Von einem auf den anderen Tag kam das staatliche System der Kinderbetreuung – Schulen und Kindertagesstätten – zum Erliegen. Plötzlich waren Familien und Alleinerziehende mit ihren Kindern, ihren Jobs allein. Bei Angestellten mit Büroplatz wie mir rief die erste Zeit beinahe ein Urlaubsfeeling hervor – anders als bei den vielen Menschen in Dienstleistungsberufen oder im stark belasteten Gesundheitssystem. Doch als sich ein neues »Normal« mit Home-Office, den vielen digitalen Meetings und Unterrichtseinheiten etabliert hatte, zeigte sich, dass der Lockdown zur anhaltenden Stresssituation und Dauerbelastung für Elternpersonen mutierte, insbesondere für Mütter. Erschöpfungs-, Stress- und Burnout-Symptomatiken nahmen in dieser Zeit deutlich zu. Früh prognostizierte Jutta Allmendinger, Präsidentin des Wissenschaftszentrums Berlin (WZB), dass die Pandemie zu einer nachhaltigen Retraditionalisierung der Geschlechterrollen führen würde. Sie sollte Recht behalten, denn »zu unvollendet und fragil war die Gleichstellung von Männern und Frauen, zu gering das Engagement von Vätern bei Haus- und Sorgearbeit, zu leicht konnte sich die Schere in der Verteilung bezahlter und unbezahlter Arbeit zwischen Frauen und Männern weiter spreizen«. Seither hat sich der Personalmangel in Kindertagesstätten verschärft; die Bundeselternrats-Vorsitzende Christiane Gotte rechnet fest mit einer Burnout-Welle bei Eltern, insbesondere Müttern von Kleinkindern.

Manchmal braucht es jedoch Krisen, damit sich Debatten immer wieder neu entfachen; wie etwa diejenige um das Elterngeld und die Abschaffung des Ehegattensplittings, der Dauerbrenner unter den unvollendeten feministischen Reformen. Aufgrund der angespannten Haushaltslage musste Familienministerin Lisa Paus Sparvorgaben des FDP-geführten Finanzministeriums entsprechen und die Ausgaben für die Transferleistung Elterngeld senken. Sie entschied sich dafür, die Einkommensobergrenze für den Erhalt von 300 000 Euro auf 150 000 Euro pro Haushalt zu senken.

Obwohl dieser Vorschlag die sozial gerechteste Lösung darstellt – die Kürzung betrifft sehr wohlhabende Eltern (ca. 60 000, damit fünf Prozent aller Bezieher*innen), welche den Wegfall der Leistung finanziell verkraften dürften –, wird die Auseinandersetzung lautstark geführt.

Der Rat der Wirtschaftsweisen plädiert statt der Elterngeldkürzung für eine Abschaffung des Ehegattensplittings, also der steuerrechtlichen Bevorteilung von Alleinverdienerehen. Die Ökonom*innen betonen, dass bestehende Regelungen in der Einkommensbesteuerung und den Sozialversicherungen den Anreiz zur Erwerbstätigkeit des Zweitverdienenden mindern und eine geringere Beschäftigung attraktiver erscheinen lassen. Diese Problematik betrifft vor allem Frauen, die oft die schlechter verdienende Person in einer Ehe sind. Dies hat nicht nur Auswirkungen auf die soziale Absicherung und das Risiko von Altersarmut, die Experten betonen gleichermaßen die gesamtwirtschaftliche Bedeutung von Anreizen zur Erwerbstätigkeit, um dem zunehmenden Fachkräftemangel etwas entgegenzusetzen.

Der Blick in die Zukunft des Feminismus bedeutet auch,

sich mit antifeministischen und geschlechtskonservativen Tendenzen zu beschäftigen. Politische Entwicklungen verlaufen selten linear, sondern sprunghaft in alle möglichen Richtungen, auf Fortschritte in einem Bereich folgen Rückschritte in einem anderen.

Antifeminist*innen gehen organisiert gegen den Feminismus und die Gleichstellungspolitik vor. Sie glauben an eine hierarchische binäre Aufteilung der Geschlechter in Mann und Frau sowie an eine ungleiche Verteilung von Aufgaben und Arbeit. Ihre Positionen reichen von neoliberal bis rechtsextrem. Antifeminismus und Geschlechterkonservatismus zeigen sich auf unterschiedliche Weise. Die rechtsextreme AfD ist als antifeministisch einzustufen. Sie ist der parteipolitische Arm der »Neuen Rechten«, zu der auch das von Götz Kubitschek gegründete Institut für Staatspolitik und rechtsextreme Organisationen wie die Identitäre Bewegung zählen. Ihr gemeinsames Ziel ist es, die von der 68er-Generation ausgegangenen liberalen und demokratischen Prägungen in der Gesellschaft zu diskreditieren und die damit verbundenen Errungenschaften abzuschaffen. Hierarchien, Autorität und patriarchale Ordnung sollen wiederhergestellt, Stärke zudem als männlich, Schwäche als weiblich (und auch jüdisch) konstruiert werden. Die Strömung richtet sich daher gegen jede emanzipatorische Bewegung, sie zielt darauf, Sexismus, Rassismus, LGBTQI-Feindlichkeit, Antisemitismus und Ableismus zu normalisieren.

Gerade wegen der Anschlussfähigkeit an geschlechtskonservative Positionen spielte Antifeminismus in den vergangenen Jahren die zentrale Rolle, wenn es darum ging, rechten Positionen gesellschaftliche Akzeptanz zu verleihen. Dies zeigte sich zum Beispiel in Diskussionen um geschlechtergerechte Sprache, das (Ent)Gendern des generischen Maskulinums und die Sichtbarmachung von weiteren Geschlechtsidentitäten. Während zu Beginn meiner feministischen Aktivitäten diese Praxis außerhalb der Szene weitgehend auf Unverständnis stieß, haben sich vor allem seit Mitte der 2010er Jahre verschiedene Formen des Genderns durchgesetzt, wurden von Kommunen, Universitäten, Medien und Unternehmen übernommen. Die polemischen Abwehrreaktionen, Vorstöße durch den CSU-Vorsitzenden Markus Söder oder CDU-Parteichef Friedrich Merz, der das Gendern für das Erstarken der AfD verantwortlich machte, zeigen exemplarisch, wie der Schulterschluss zwischen konservativen und rechten Kräften funktioniert.

Denn die Ablehnung von nicht-dualistischen Geschlechterkonzepten, also der Anti-Genderismus, ist in Teilen der Bevölkerung nach wie vor weit verbreitet und biologistische Ansichten über Geschlechterrollen werden oft ohne großen Widerspruch akzeptiert.

Die *Manosphere* stellt eine weitere Verkörperung des gegenwärtigen Antifeminismus dar. Dabei handelt es sich um ein Netzwerk aus vornehmlich im Internet aktiven Männern, deren Ziel die Wiederherstellung hegemonialer Männlichkeit ist. Zu denen gehören Pick-up Artists genau wie Incels oder Tradwives. Online vollzieht sich eine Normalisierung von Frauenhass, eine Normalisierung von Gewalt gegen Frauen, was Mitglieder bereits zu Angriffen, Anschlägen, Attentaten verleitete. Häufig trifft es Frauen mit Kopftuch. Die Zahl dieser Taten steigt laut dem Verband der Beratungsstellen für Betroffene rechter, rassistischer und antisemitischer Gewalt seit

Jahren an. Auch Trans- und Intersexuelle, lesbische und bisexuelle Menschen berichten von zunehmenden Übergriffen.

Antifeministischen Strömungen ist es bisher nicht gelungen, substantiellen Einfluss auf die staatlichen Institutionen in Deutschland zu nehmen, weswegen die feministischen Errungenschaften hierzulande nicht gefährdet sind. Sollte die AfD jedoch – wie derzeit in einzelnen Kommunen in Ostdeutschland – Mandate und Mehrheiten erlangen, wird sie die Mittel der kommunalen Selbstverwaltung zügig in den Dienst ihrer rechtsradikalen, antifeministischen und antidemokratischen Politiken stellen. Für lokale zivilgesellschaftliche Organisationen hätte das katastrophale Folgen. Wie sich der antidemokratische Umbau von staatlichen Institutionen vollzieht, zeigen Beispiele aus Ländern wie Ungarn, Polen oder den USA.

2023 drehen sich innerfeministische Konflikte vor allem um das sogenannte Selbstbestimmungsgesetz, welches das seit 1981 bestehende Transsexuellengesetz (TSG) ersetzen soll. Aktuell müssen trans Personen ein aufwändiges Verfahren durchlaufen und mit zwei Gutachten ihre trans Identität offiziell bescheinigen lassen. Immer wieder hatte das Bundesverfassungsgericht deutlich gemacht, dass diese Bedingungen gegen Grundrechte verstoßen. Die Ampel-Koalition hatte daher die Erarbeitung eines Selbstbestimmungsgesetzes beschlossen, das die Änderung des Geschlechtseintrags vereinfachen soll. Die großen institutionalisierten Frauenorganisationen wie der Deutsche Frauenrat, der Deutsche Juristinnenbund oder der Bundesverband der Frauennotrufe und Frauenberatungsstellen unterstützen das Vorhaben.

Trotz der breiten Unterstützung entstand in der öffentlichen Debatte der Eindruck, als seien mit dem Selbstbestimmungsgesetz cis Frauenrechte in Deutschland massiv in Gefahr. Eine kleine Gruppe von Radikalfeministinnen – darunter auch Alice Schwarzer und die *Emma* – rief eine populistische Kampagne mit polemischen Gegenargumenten ins Leben. Sie behaupteten, dass institutionelle Errungenschaften der Frauenbewegung auf dem Spiel stünden, dass cis Männer sich als trans Frauen ausgeben würden, um Straftaten gegenüber cis Frauen zu begehen oder von Frauenquoten zu profitieren. Die Tatsache, dass weite Teile der feministischen Szene nicht in die Kampagne mit einstimmen, zeigt, dass sich auch die »klassischen« Frauenrechtsorganisationen weiterentwickelt haben.

Doch welche feministischen Strategien und Praktiken benötigen wir, um gemeinsam vorwärtszukommen? Die Geschlechterforscherin Ilse Lenz hat die feministischen Ansätze systematisiert und unter anderem in strukturelle, institutionelle und diskursive Feminismen unterteilt. Strukturelle Feminismen fokussieren geschlechtliche Ungleichheiten und Machtverhältnisse und arbeiten an Lösungsideen, wie etwa das Netzwerk Care-Revolution, das gegen Erzieher*innenmangel, Pflegenotstand und andere Lücken in der öffentlichen Infrastruktur kämpft und neue Modelle von Sorgearbeit anstrebt. Institutionelle Feminismen wollen praktische Veränderungen und Reformen erreichen, oft mittels Gender Mainstreaming und Quotenforderungen wie UN Women, ProQuote Medien oder Fidar – Frauen in die Aufsichtsräte. Wieder andere, wie die Initiativen Equal Pay oder FairPay, kämpfen gegen Entgeltdiskriminierung.

Diskursive Feminismen, also solche, die publizistisch arbeiten, wie das *Missy Magazine* oder der Netzfeminismus, sind fast nie institutionell angebunden und stehen dieser Form des Feminismus nicht selten kritisch gegenüber. Alle Feminismen setzen Schwerpunkte und haben ihre Leerstellen. Mein Eindruck ist, dass viele Feminist*innen vor allem in ihrem eigenen Bereich wirken, verwandte Strategien zwar zur Kenntnis nehmen, ihnen aber gleichzeitig skeptisch gegenüberstehen. Das liegt daran, dass es an Austauschmöglichkeiten mangelt, an Orten, an denen sich Vertreter*innen unterschiedlicher und auch widersprüchlicher Feminismen begegnen, um zu diskutieren. Die Zeit der Frauenkongresse, während denen die Bewegung gemeinsam nachdachte und stritt, scheint vorbei. Heute wird auf Twitter gestritten, teils mit harten Bandagen, und Diskussionen führen zu schnellen Abgrenzungen statt zu einer tieferen Auseinandersetzung mit Erkenntnisgewinn.

Unterschiedliche feministische Strategien zusammenzudenken, in den Blick zu nehmen, dass diese sich trotz aller Differenzen und Widersprüche ergänzen, und Feminismus mehr als gesamtgesellschaftliche Strategie zu begreifen, könnte den notwendigen, übergreifenden – temporären und nicht konfliktfreien – Zusammenschluss bewirken. Ein in Vergessenheit geratener Begriff aus den 80ern bietet Orientierung, der des transformativen Feminismus. Er wird als eine politische Perspektive und Position verstanden, die an dem Ziel orientiert ist, Gleichheit, Würde und Entscheidungsfreiheit für FLINTA (ursprünglich Frauen) zu stärken und wirklich jedwede Form von Unterdrückung durch die Schaffung einer gerechteren und sozialen Ordnung zu beseitigen. Alle individuellen Lebenszusammenhänge und die Gesellschaft müssen dazu in den Blick genommen werden. Feminismus ist so gesehen eine Weltanschauung, die sich auf alle Probleme bezieht und nicht auf einen Spezialkatalog von Frauenproblemen: »Diese Politik ist nicht nur im Interesse aller Frauen, sondern aller Menschen.«

Eine weitere strategische Leerstelle – die eine gemeinsame der vielen Feminismen auch über Trennendes hinweg sein könnte, da sie nicht politisch-inhaltlich fokussiert ist – betrifft die Finanzierung feministischer Advocacy- und Think-Tank-Arbeit: die Beeinflussung und Konzeption von politischen Entscheidungen und Maßnahmen. Dazu gehörten Awareness Raising, die klassische Lobbyarbeit, genau wie die Einflussnahme auf andere wichtige Akteur*innen aus Wirtschaft, Politik und Zivilgesellschaft. Auch *strategic litigation*, die gezielte Nutzung von rechtlichen Verfahren und Klagen, ist ein strategisches Mittel zur Förderung sozialer oder politischer Ziele. Ein Beispiel ist etwa der Prozess für Lohngleichheit von Birte Meier gegen das ZDF.

Feministische NGOs bekommen bis auf wenige Ausnahmen keine institutionelle Förderung, sondern zeitlich befristete und stets neu zu beantragende Projektgelder. Advocacy-Arbeit ist selten Bestandteil dieser Projekte und selbst wenn Organisationen frei über Gelder verfügen können, so entscheiden sie sich häufig dafür, sie größtenteils für die direkte Unterstützung von Betroffenen einzusetzen. Und das Grundproblem besteht nicht zuletzt darin, dass feministische NGOs diejenigen politisch beeinflussen müssen, von denen sie selbst finanziell abhängig sind.

Hinzu kommt, dass keine umfassenden Daten zur staatlichen Unterstützung feministischer Initiativen vorliegen und somit kaum Transparenz hergestellt werden kann. Feminist-

*innen wissen, dass sie unterfinanziert sind, und fordern regelmäßig »mehr Geld«, aber an Daten über Zielgrößen oder Förderungsbelege – zum Beispiel Vorgaben, wie wir es aus dem Rüstungsbereich mit dem 2-Prozent-Ziel kennen, oder bloß Vergleiche mit Haushaltsplanungen anderer Länder – gelangen wir nicht.

Eine Möglichkeit wäre, den Bereich der privaten Finanzierung zu stärken. In vielen Ländern ist feministische Arbeit zusätzlich oder in erster Linie durch private progressive Stiftungen, durch Philanthropie finanziert. In Deutschland ist diese Art der Unterstützung unterentwickelt. Nur sehr wenige der gut 22 000 deutschen Stiftungen fokussieren auf Frauenförderung, wie beispielsweise filia.die frauenstiftung, die Helga Stödter-Stiftung oder die maecenia für Frauen in Wissenschaft und Kunst. Soll feministische Advocacy-Arbeit in Zukunft effektiver finanziert und gestaltet werden, braucht es dazu also Verhaltensänderungen sowohl seitens der Philanthropie als auch der NGOs.

Obwohl die Bestandsaufnahme in zahlreichen Bereichen »Wir haben viel erreicht, lasst uns damit weiterarbeiten« lautet, ist der feministisch-aktivistische Alltag oft defizitorientiert. Es ist die Wut, die als Katalysator der Veränderung immer wieder den Blick auf die Erfolge verstellt. Jüngere Feminist*innen kritisieren ältere Generationen teilweise zu Recht, aber nicht immer mit der angemessenen Wertschätzung und mit der nötigen Differenziertheit. Es ist möglich, gleichsam kritisch und zugewandt zu bleiben. Wertschätzung bedeutet nicht, in allem zustimmen zu müssen, was vorherige Generationen gesagt oder getan haben.

2018 hatte ich mich entschieden, meine Tätigkeit als geschäftsführende Redakteurin beim *Missy Magazine* zu beenden – Herausgeberin bin ich geblieben. Seit 2023 bin ich Mitglied der Geschäftsführung der feministischen NGO EAF Berlin und leite das Bündnis »Gemeinsam gegen Sexismus«. Ich arbeite in einer feministischen Organisation, ich schreibe über feministische Themen.

Ich hätte mir nicht träumen lassen, dass aus mir, dem Kind, das die kritischen Tischgespräche der Erwachsenen über die weibliche Emanzipation belauscht hatte, eine öffentlich sichtbare Feministin werden sollte. 24/7, beruflich und privat.

Ich erinnere mich daran, wie wenig ich zunächst wusste, über die Geschichte, die Vergangenheit der Frauen- und Lesbenbewegung, wie ich mir die verschiedenen Themenbereiche selbst erarbeiten musste. Und jetzt, wo ich so viel in Erfahrung bringen konnte, fällt mir ständig auf, wie vereinzelt, wie losgelöst wir nebeneinanderstehen und es so versäumen, uns den Reichtum der feministischen Bewegung anzueignen und aus der Vielfalt unserer Geschichte Kraft zu schöpfen. Es ist auffällig, dass nur wenige Stimmen der historischen jüdischen, Schwarzen, migrantischen, aber insbesondere auch sexpositiven Frauen- und Lesbenbewegung in Deutschland wahrnehmbar sind, dass die Leerstellen nach wie vor groß sind. Zu Letzterer gibt es im Grunde keine Literatur, nur Versatzstücke. Die Unkenntnis über die Vielfalt der Frauen- und Lesbenbewegung ist vor allem auch unter jüngeren Feminist*innen groß, die den älteren Feminismus oft ausschließlich als *weiß* wahrnehmen.

Der Status quo wird zu schnell als selbstverständlich angesehen, die unintendierten Folgen der feministischen Bewegung rücken für Jüngere dann immer wieder in den Vordergrund – so wie in den 90er Jahren, die stark durch generationale Abgrenzung geprägt waren. Der »Feminismus ist schuld«, heißt es dann schnell, dabei liegt die Schuld bei denjenigen geschlechterkonservativen Strukturen, die regelmäßig wichtige Reformen verhindern oder erschweren.

Noch ist Feminismus Pop, doch jedes Pop-Phänomen endet irgendwann einmal. Wie das aussehen könnte, zeigt der Hashtagtrend #lobotomychic: Hier teilen vor allem junge Frauen sexy Bilder von sich selbst, mit leerem, dissoziierendem Blick, als ob sie sich einer Lobotomie unterzogen hätten. Diese operative Methode, ein chirurgischer Eingriff zur »Behandlung« von Psychosen und Depression, bei der die Hirnlappen durchtrennt werden, gilt heute wegen der irreversiblen Schäden als Musterbeispiel für medizinische Grausamkeit und die Missachtung des Selbstbestimmungsrechts von Patient*innen. Sie wurde vor allem bei Frauen und Menschen auf dem LGBTQI-Spektrum angewandt. Wie bitte kann es im Jahr 2023 einen wie auch immer ironisch gemeinten, positiven Bezug zu einer solchen Praxis geben? Es muss Geschichtsvergessenheit sein.

Feministische Erinnerungskultur ist auch gesamtgesellschaftlich von großer Bedeutung. Es mangelt an den einfachsten Kenntnissen zur Situation von FLINTA früher, zur Überwindung dieser Situation, zur feministischen Bewegung in der Gesellschaft ganz allgemein. Wir lernen vielleicht noch, wann das Frauenwahlrecht eingeführt wurde und von wem, kennen die Proteste gegen § 218, aber das war es dann schon. Diese Ignoranz hat ihre Ursache in den sexistischen Strukturen, die auch Feminist*innen selbst verinnerlicht haben. Wir sollten deshalb dafür kämpfen, das vielfältige feministische Erinnerungskultur Teil der Lehrpläne wird.

Die Geschichte der feministischen Bewegung, des feministischen Widerstands gegen patriarchale Strukturen, sie sollte uns mit Stolz erfüllen. Denn sie hat die Gesellschaft so stark verändert, dass es für jüngere Generationen gar nicht mehr nachvollziehbar ist, wie es sich angefühlt haben muss, in einer Gesellschaft geboren zu sein, in der es normalisiert war, Frauen als unselbstständige, zweitrangige Mitglieder zu betrachten, denen keine Autonomie zugesprochen wurde.

Und selbst wenn Feminismus kein Pop mehr sein sollte – so ist die Bewegung derzeit breiter und besser aufgestellt als je zuvor. Nun gilt es, Feminismus auf noch massivere Fundamente zu stellen, institutionell und finanziell besser auszustatten und strategisch gemeinsam daran zu arbeiten, wie wir Gesellschaft im Sinne einer transformativen Strategie weiterentwickeln können – und dabei im Blick zu haben, möglichst viele Menschen mitzunehmen, um Abwehrreaktionen auszuhebeln. Indem wir uns erinnern, Visionen weiterentwickeln, Institutionen erobern und zeigen, wie Feminismus das Leben für alle besser macht.

Ich habe den Traum, dass Feminist*in zu sein in naher Zukunft so selbstverständlich geworden ist, wie es ist, Demokrat*in zu sein. In der Menschenwürde und Chancengleichheit keine leeren Worthülsen sind. In der Bekämpfung von Gewalt und Diskriminierung die Priorität eingeräumt wird, die sie haben sollte. Und daran haben wir, die Feminist*innen verschiedener Generationen, gemeinsam gearbeitet.

Denn hinter jeder großartigen Frau steht … eine andere großartige Frau.

Dank an:

Tobias Scholz, Ursula Schwarz, Wolfgang Lohaus, Kathrin Mahler Walther, Tina Weber, Helga Lukoschat, Rana Göroğlu, Laura Giardina, Lea Rahman, und das gesamte Team der EAF Berlin, Sabine Kroner, Christian Stollwerk, Chris Köver, Sonja Eismann, Margarita Tsomou, und das gesamte *Missy*-Team, Stella Leder, Anne Wizorek, Teresa Bücker, Mithu Sanyal, Julia Rosshardt, Simon Lörsch, Elisabeth Ruge und allen Feminist*innen von gestern, heute und morgen.

Ohne euch wäre dieses Buch nicht möglich gewesen!

Anmerkungen

Die Wut und Wir

12 **laut Global Gender Gap Report** – *World Economic Forum.* (13.07.2022). Von Global Gender Gap Report 2022: https://www.weforum.org/reports/global-gender-gap-report-2022/

Die Frauen- und Lesbenbewegung der 70er Jahre – Nienhaus, U. (2007). Wie die Frauenzeitschrift zu Courage kam. In: G. Notz, *Als die Frauenbewegung noch Courage hatte. Die »Berliner Frauenzeitung Courage« und die autonomen Frauenbewegungen der 1970er und 1980er Jahre. Dokumentation einer Veranstaltung am 17. Juni 2006 in der Friedrich-Ebert-Stiftung, Berlin Friedrich-Ebert-Stiftung* (S. 7-21). Bonn: Historisches Forschungszentrum der Friedrich-Ebert-Stiftung, S. 11.

13 **die Proll-Lesbengruppen** – Roßhardt, J. & Witte, M. (2019). *Die Proll-Lesbengruppen*. Digitales Deutsches Frauenarchiv: https://www.digitales-deutsches-frauenarchiv.de/akteurinnen/die-proll-lesbengruppen

die Proll-Lesbengruppen – Mit Prollesben und Krüppel-Frauen verwende ich hier die Selbstbezeichnungen für Frauen und Lesben aus der Armuts- bzw. Arbeiterklasse und für behinderte Frauen.

in politisches Handeln zu übersetzen – Dennert, G., Leidinger, C. & Rauchut, F. (2007). *In Bewegung bleiben – 100 Jahre Politik, Kultur und Geschichte von Lesben.* Berlin: Querverlag, S. 64.

Und auch jüdische – Der lesbische Berliner Schabbeskreis beispielsweise rückte die jüdische Perspektive in den Mittelpunkt und thematisierte den Antisemitismus innerhalb der Frauen- und Lesbenbewegung. Es entstanden Organisationen wie Initiative Schwarze Deutsche Frauen, aus der später die Vereine ADEFRA und die ISD (Initiative Schwarze Menschen in Deutschland) entstanden, oder die Koreanische Frauengruppe, welche sich für die Rechte koreanischer Textilarbeiterinnen einsetzte.

Antmann, D. (2019). *lesbisch feministische Schabbeskreis*. Digitales Deutsches Frauenarchiv: https://www.digitales-deutsches-frauenarchiv.de/akteurinnen/lesbisch-feministischer-schabbeskreis

Cho-Ruwwe, K.-N. (2021). Wer sich nicht bewegt, spürt ihre Fesseln nicht. Koreanische Frauen in Deutschland. In: E. Gutiérrez Rodríguez & P. Tuzcu, *Migrantischer Feminismus in der Frauen:bewegung in Deutschland (1985-2000)* (S. 117-143). Berlin: edition assemblage.

die migrantische Frauenbewegung – Gutiérrez, E. & Tuzcu, P. (2021). Einleitung. In: E. Gutiérrez Rodríguez & P. Tuzcu, *Migrantischer Feminismus in der Frauen:bewegung in Deutschland (1985-2000)* (S. 9-31). Berlin: edition assemblage.
Geschichte einer einheitlichen Gruppe von *weißen* – Im Folgenden möchte ich den Begriff *weiß* im Zusammenhang mit gesellschaftlicher Zugehörigkeit, Teilhabe und Rassismus, wie in unterschiedlichen Leitfäden zu rassismuskritischem Sprachgebrauch empfohlen, klein und kursiv schreiben, um zu verdeutlichen, dass es hierbei nicht um eine Hautfarbe, sondern eine gesellschaftspolitische Norm und Machtposition geht. Der Begriff wird als Gegensatz zu People of Color und Schwarzen Menschen verwendet, Eigenbezeichnungen, die viele afrodiasporische Menschen und Initiativen verwenden. Als politische Selbstbezeichnung wird Schwarz großgeschrieben – auch von immer mehr Medien. Vgl. bspw. https://glossar.neuemedienmacher.de/glossar/prefix:w/. Vgl. Eggers, Maureen Maisha/Kilomba, Grada/Piesche, Peggy/Arndt, Susan (Hrsg.) 2005: Mythen, Masken und Subjekte. Münster: Unrast Verlag, 13.
unter den Begriff der Intersektionalität – Der Begriff der Dominanzgesellschaft wurde durch Birgit Rommelspacher geprägt. Intersektionalität bezeichnet die Überkreuzung von Diskriminierungserfahrungen. Frauen, die zum Beispiel lesbisch sind, Behinderungen haben oder Schwarz sind, erfahren spezifische Formen von Sexismus und Ausgrenzung, auch innerhalb der feministischen Blase.

14 **in den früheren Auseinandersetzungen** – Cho-Ruwwe, K.-N. (2021). Wer sich nicht bewegt, spürt ihre Fesseln nicht. Koreanische Frauen in Deutscland. In: E. Gutiérrez Rodríguez & P. Tuzcu, *Migrantischer Feminismus in der Frauen:bewegung in Deutschland (1985-2000)* (S. 117-143). Berlin: edition assemblage.
ein temporäres, strategisches »Wir« – Nienhaus, U. (2007). Wie die Frauenzeitschrift zu Courage kam. In: G. Notz, *Als die Frauenbewegung noch Courage hatte. Die »Berliner Frauenzeitung Courage« und die autonomen Frauenbewegungen der 1970er und 1980er Jahre. Dokumentation einer Veranstaltung am 17. Juni 2006 in der Friedrich-Ebert-Stiftung, Berlin Friedrich-Ebert-Stiftung* (S. 7-21). Bonn: Historisches Forschungszentrum der Friedrich-Ebert-Stiftung.
Die Kritikfähigkeit in Zusammenhang mit diskriminierendem Verhalten – Beispielhaft hier die Erfahrungen, die Nivedita Prasad schildert: »Ende der 80er Jahre gab es ein Seminar, bei deiner Dozentin, die als die Feministin galt. Nach fünf Minuten habe ich gedacht, Okay, ich glaube, ich gehe wieder. Sie hat nämlich alle gefragt wie sie hießen und nur als Beispiel waren da Antworten Petra Müller, Lisa Schneider usw. Als ich dann meinen Namen sagte, meinte sie ›So ein schöner Name‹ und dann hat sie ihn an die Tafel geschrieben. (…) Ich sagte mir: »okay mal gucken, was es für Themen gibt.« Und dann kam die Literaturliste mit ausschließlich weißen Namen, nur Europäerinnen. (…) Aber als dann wirklich jedes Fallbeispiel zu Gewalt gegen Frauen einen türkischen Namen trug, kam der Punkt, an dem ich aus dem Seminar ausgestiegen bin.« Prasad, N. (2021). Eine bewegte Zeit. In: E. Gutiérrez Rodríguez & P. Tuzcu, *Mi-*

grantischer Feminismus in der Frauen:bewegung in Deutschland 1985-2000 (S. 97-110). Berlin: edition assemblage.
emanzipierte cis Männer – cis: Gegenteil von trans: Wenn das bei der Geburt zugewiesene Geschlecht der Geschlechtsidentität entspricht.
seit den 2010er Jahren geschlechterinklusiv – Lenz, I. (21.4.2018). *Von der Sorgearbeit bis #MeToo*. Bundeszentrale für politische Bildung: https://www.bpb.de/shop/zeitschriften/apuz/267940/von-der-sorgearbeit-bis-metoo/
16 **die US-amerikanische Soziologin Myra Marx Ferree** – Marx Ferree, M. (2001). Was bringt die Biografieforschung der Bewegungsforschung? In: I. Miethe & S. Roth, *Politische Biografien und sozialer Wandel.* Gießen: Psychosozial-Verlag.

Ob Kinder oder keine, entscheiden wir alleine. Die 80er

22 **Frauen waren Ansagerinnen** – Nur zehn Jahre zuvor war man der Meinung, dass Frauen nicht in der Lage seien, Fernsehnachrichten von einem Blatt Papier abzulesen, da männliche Journalisten Angst hatten, sie würden beim Verlesen von schlechten Nachrichten in Tränen ausbrechen: So sagte Tagesschau-Sprecher Karl-Heinz Köpcke 1975: »Eine Nachricht verlangt vom Sprecher sachlich unterkühlte Distanz. Frauen aber sind emotionale Wesen.«
23 **Dieser müsse sich im Job abstrampeln** – Vilar, E. (1971). *Der dressierte Mann.* Gütersloh: Bertelsmann.
25 **lag der Anteil an Journalistinnen** – *Der Spiegel.* (6.11.1988). »Die Deutschen sind ›tres Hausfrau‹« In Frankreich und Italien, S. 88.
Lünenborg, Margreth (2009): Geschlechterordnung und Strukturen des Journalismus im Wandel. In: Lünenborg, Margreth (Hrsg.) Politik auf dem Boulevard. Die Neuordnung der Geschlechter in der Politik der Mediengesellschaft. transcript Verlag, S, 22-43, S. 26.
27 **hatten England und die USA bereits Gesetze** – Marx Ferree, M. (2012). *Varieties of Feminism – German gender politics from a global perspective.* Stanford: Stanford University Press, S. 38.
Puddingabitur – R.-H., B. (4. März 1954). *Das Pudding-Abitur*. Zeit Online: https://www.zeit.de/1954/09/das-pudding-abitur
28 **Diese lassen sich in Aktivistinnen** – Lenz, I. (Hrsg.). (2008). *Die neue Frauenbewegung in Deutschland. Abschied vom kleinen Unterschied. Eine Quellensammlung.* Wiesbaden: Verlag für Sozialwissenschaften, S. 75 f.
eine Jugendbewegung, die überwiegend – Ebd.
29 **umfasste 50000 Mitglieder** – Toppe, S. (2023). *Jüdischer Frauenbund.* Digitales Deutsches Frauenarchiv: https://www.digitales-deutsches-frauenarchiv.de/akteurinnen/juedischer-frauenbund
2023 sind es rund 60 Mitgliedsorganisationen – Hecht, Patricia (2019). *Nach 100 Jahren wird's mal Zeit.* taz.de: https://taz.de/Mehr-Frauen-in-die-Parlamente/!5563473/

32 **schreibt Aktivistin Halina Bendkowski** – Bendkowski, H. (1999). Einleitung. In: H. Bendkowski (Hrsg.), *Wie weit flog die Tomate?* (S. 11-23). Berlin: Heinrich Böll Stiftung.

33 **erkannten die Marginalisierung der Frauen** – Marx Ferree, M. (2012). *Varieties of Feminism – German gender politics from a global perspective.* Stanford: Stanford University Press, S. 52.

34 **lag der Gender Pay Gap** – (1966). *Bericht der Bundesregierung über die Situation der Frauen in Beruf, Familie und Gesellschaft.* Bundestagsdrucksache V/909, Bonn, S. 28.

für die deutsche Hausfrau – Ebd.

wie die Zeit-Autorin Petra Kipphoff – Kipphoff, P. (13.09.1966). Die restlos ausgewertete Frau. *Die Zeit*: https://www.zeit.de/1966/40/die-restlos-ausgewertete-frau/komplettansicht

35 **damit sich dadurch die Frauen solidarisieren** – Sander, H. (13. September 1986). *100(0) Schlüsseldokumente zur deutschen Geschichte im 20. Jahrhundert.* Von Rede von Helke Sander (Aktionsrat zur Befreiung der Frauen) auf der 23. Delegiertenkonferenz des »Sozialistischen Deutschen Studentenbundes« (SDS) am 13. September 1968 in Frankfurt/Main: https://www.1000dokumente.de/index.html?c=dokument_de&dokument=0022_san&object=translation&l=de

nicht allein durch individuelles Handeln – Ebd.

36 **Die damals 29-jährige Sigrid Rüger** – Scheub, U. (12. Januar 1996). Die Frau, die die Tomate warf. *die tageszeitung*, S. 4.

im neunten Monat schwanger mit dem zweiten – Marx Ferree, M. (2012). *Varieties of Feminism – German gender politics from a global perspective.* Stanford: Stanford University Press, S. 52.

Bundesvorstand Hans-Jürgen Krahl – Krahl war der einzig offen schwule Mann im SDS und eigentlich ein Verbündeter der Frauen. Rüger bereute später, ausgerechnet ihn getroffen zu haben.

37 **Insbesondere lesbische Frauen** – Perincioli, Christina: Warum musste die Tomate so weit fliegen? In: Dennert, Leidinger, Rauchut (Hrsg.): In Bewegung bleiben. 100 Jahre Politik, Kultur und Geschichte von Lesben. Querverlag. Berlin 2007.

38 **Im Theaterstück** – Niehring, E. (11. November 2014). Auseinandersetzung mit den eigenen Müttern. *Deutschlandfunk*: https://www.deutschlandfunk.de/she-she-pop-auseinandersetzung-mit-den-eigenen-muettern-100.html

39 **durch die Erwerbsbeteiligung der Frauen** – Herwig, G. (1993). Einleitung. In: G. Helwig & H. M. Nickel, *Studien zur Geschichte und Politik. Band 318. Frauen in Deutschland 1945 – 1992* (S. 10). Bonn: Bundeszentrale für politische Bildung.

ihre Beziehungen so zueinander gestalten, daß die Frau – Ebd., S. 11.

Und in den Thesen unseres Zentralkomitees – *MDR.de*. (2. Dezember 2021). Von Gleichberechtigung der Frau: DDR und BRD im Vergleich: https://www.

mdr.de/geschichte/ddr/alltag/familie/gleichberechtigung-mann-frau-brd-100.html

40 **Die Erwerbsquote von Frauen** – Wippermann, C. (2015). *25 Jahre Deutsche Einheit. Gleichstellung und Geschlechtergerechtigkeit in Ost.* Bundesministerium für Familien, Senioren, Frauen und Jugend: https://www.bmfsfj.de/resource/blob/93168/8018cefd4ecaaab3f46051a479/25-jahre-deutsche-einheit-gleichstellung-und-geschlechtergerechtigkeit-in-ostdeutschland-und-westdeutschland-data.pdf

die gegenwärtige Diskussion um sogenannte Wochenkrippen – Meienfelder, Laura: Wenn Eltern zu Fremden werden: Eine Kindheit in der Wochenkrippe in der DDR. https://www.mdr.de/geschichte/ddr/alltag/familie/wochenkrippe-kinder-kindergarten-aufbau-sozialismus-100.html

was es heißt, finanziell abhängig zu sein – Obwohl diese elementaren Ungerechtigkeiten ausgehebelt wurden, waren Frauen und Männer in der DDR nicht gleichgestellt. Es gab einen messbaren Gender Care Gap – Frauen wendeten mehr Zeit für Hausarbeit auf – genauso wie einen Gender Pay Gap – Frauen verdienten weniger als Männer. Auch waren Frauen wesentlich seltener in Führungspositionen zu finden. Aber der Unterschied war geringer. Bis heute liegt der Gender Pay Gap in Ostdeutschland bei 6%, in Westdeutschland bei 19%.

41 **Sie kann ihre Arbeit nur fortsetzen** – de Beauvoir, S. (kein Datum). *Das andere Geschlecht*, S. 860/861.

42 **Im Mittelpunkt der Überlegungen** – Lenz, I. (Hrsg.). (2008). *Die neue Frauenbewegung in Deutschland. Abschied vom kleinen Unterschied. Eine Quellensammlung.* Wiesbaden: Verlag für Sozialwissenschaften, S. 22.

43 **Wie können sie lernen, Mutterschaft so zu leben** – Giuliani, R. (1998). *Spielräume der Freiheit – Feministische Utopien seit den 50er Jahren: Simone de Beauvoir, Luce Irigaray und Judith Butler:* https://nbn-resolving.org/urn:nbn:de:0168-ssoar-330447

die italienische differenzfeministische Gruppe Diotima – Schrupp, Antje: Die Lust an der Unterschiedlichkeit. https://www.antjeschrupp.de/einfuehrung-italienerinnen

die – Die *Courage* war die größte und bekannteste feministische Zeitschrift, es gab jedoch einen regelrechten Boom in ganz Deutschland. Andere Zeitschriften hießen *Anarcha*, die *Lesbenpresse*, die Hamburger Frauenzeitung *Hexenschuß*, *Kratzbürste*, *Kassandra*, *Frauen und Film*, *Atropin*.

Schnallner, B. (2023). *Neue Zöpfe und Das Lächeln der Medusa: Zeitschriften der Neuen Frauenbewegung in der BRD der 1970er und 1980er Jahre*. Digitales Deutsches Frauenarchiv: https://www.digitales-deutsches-frauenarchiv.de/themen/zeitschriften-der-neuen-frauenbewegung-der-brd-der-1970er-und-1980er

45 **Die Berliner Feministinnen selbst** – Nienhaus, U. (2007). Wie die Frauenzeitschrift zu Courage kam. In: G. Notz, *Als die Frauenbewegung noch Courage hatte. Die »Berliner Frauenzeitung Courage« und die autonomen Frauenbewegungen der*

1970er und 1980er Jahre Dokumentation einer Veranstaltung am 17. Juni 2006 in der Friedrich-Ebert-Stiftung, Berlin Friedrich-Ebert-Stiftung (S. 7-21). Bonn: Historisches Forschungszentrum der Friedrich-Ebert-Stiftung, S. 16.

46 **Der Platz der Frau** – 1953 von einer US-amerikanischen Frauengruppe publiziert und später der Engländerin Selma James zugeordnet.

47 **einer der Pionierinnen feministischer Ökonomiekritik** – Haidinger, B. & Knittler, K. (2014). Was ist Feministische Ökonomie? In: Y. Franke, K. Mozygemba, K. Pöge, B. Ritter & D. Venohr, *Feminismen heute. Positionen in Theorie und Praxis* (S. 169-182). Bielefeld: Transcript.

Bock hatte den Text – Becker-Schmidt, Regina (2019): Produktion – Reproduktion: kontroverse Zugänge in der Geschlechterforschung zu einem verwickelten Begriffspaar. In: Kortendiek, Riegraf, Sabisch (Hrsg.): Handbuch Interdisziplinäre Geschlechterforschung, Wiesbaden: Springer VS.

Arbeitsstunden von insgesamt 60 bis 65 Milliarden – Bundestag. Drucksache V909 14.09.1960 https://dserver.bundestag.de/btd/05/009/0500909.pdf

48 **Ein Umstand, den vor allem linke Feministinnen** – Schrupp, A. (07.06.2010). *Aus Liebe zur Freiheit.* Der falsche Systemwechsel beim Elterngeld: https://antjeschrupp.com/2010/06/07/der-falsche-systemwechsel-beim-elterngeld/

49 **fester Bestandteil der Berliner Infrastruktur** – Pannen, A. (18. Juli 2022). *Der Tagesspiegel.* Von Kinderbetreuung in Eigenregie: Ein Paradies für die Kleinen, Arbeit für die Großen: https://www.tagesspiegel.de/berlin/kinderbetreuung-in-eigenregie-ein-paradies-fur-die-kleinen-arbeit-fur-die-grossen-518301.html

52 **Grund für diese Entwicklung war** – Geis-Thöne, W. (10.12.2022). *Institut der deutschen Wirtschaft.* Die Kitalücke schließt sich langsam: https://www.iwkoeln.de/studien/wido-geis-thoene-die-kitaluecke-schliesst-sich-langsam.html

schreibt Jo Lücke – Lücke, J. (12.04.2019). *Feminist Mother*Hood.* Angstgegner Kitaplatz: Wie wir ihn besiegt haben: https://www.feministmotherhood.de/app/flex/blog/preview/161751451

auf 15 000 Euro Schadensersatz verklagt – dpa. (02.02.2015). *Der Spiegel.* Stadt muss zahlen, weil Kita-Plätze fehlen: https://www.spiegel.de/karriere/fehlende-kita-plaetze-stadt-muss-eltern-verdienstausfall-zahlen-a-1016333.html#ref=rss

Es ist kein Personal da – dpa Meldung. (11.02.2023). *Süddeutsche Zeitung.* Eltern nach Kürzungen der Kita-Öffnungszeiten besorgt: https://www.sueddeutsche.de/leben/kindergaerten-tuebingen-eltern-nach-kuerzungen-der-kita-oeffnungszeiten-besorgt-dpa.urn-newsml-dpa-com-20090101-230211-99-559092

53 **eine eigene feministische Subkultur** – Hebdige, D. (1979). *Subculture – The Meaning of Style.* London, New York: Routledge.

54 **ergänzten die Farbwelt um das berühmte Lila** – Schmidt, M. & von Soden, K. (1988). Mode und Antimode. In: K. Ellwanger & A. Hülsenbeck, *Der große Unterschied. Die neue Frauenbewegung und die Siebziger Jahre* (S. 11-16). Berlin: Elefantenpress.

55 **wenn sie Jungen und Mädchen hatten** – Sweet, E. (7. Oktober 2011). *New*

Dream – More of What Matters. https://newdream.org/blog/2011-10-gendering-of-kids-toys

Lasst es glitzern, lasst es knallen – Sexismus in den Rücken fallen. Die 90er

62 **mit den langen Dreadlocks** – Spätestens seit Mitte der 2000er Jahre wird die Praxis *weißer* Personen, Dreadlocks oder andere Frisuren zu tragen, die traditionell Schwarz sind, auch in Deutschland als kulturelle Aneignung kritisiert: Während Schwarze Personen für diese Frisuren Stigmatisierung und Ausgrenzung erfahren, gelten sie an *weißen* Personen vielfach als cool und hip.
Hasters, A. (2021). *Was weiße Menschen nicht über Rassismus hören wollen, aber wissen sollten.* München: Hanser, S. 72ff.

63 **Ich stehe nicht jeden Morgen auf und danke der Frauenbewegung** – »Madonna kämpft anders«. *Der Spiegel* 47/1994 21.11.1994, S. 111-115, S. 111.
Eine neue Generation von jungen Frauen – Die Bombe von nebenan. *Der Spiegel* 47/1994 21.11.1994, S. 104-109,

64 **sie würden Männer hassen** – Ebd.
Feminismus setzen sie als Existenzminimum voraus – Ebd., S. 106.
die jedoch in keiner Weise darauf hindeuteten – Mitte der 1990er lag der Gender Pay Gap bei 21 Prozent. Die Frauenerwerbstätigkeit liegt bei 55 Prozent. Der Anteil von Frauen unter Geschäftsführern der 70000 größten deutschen Unternehmen liegt bei 63 Prozent.
DeStatis. (30.01.2023). Von Unbereinigter Gender Pay Gap (GPG) nach Gebietsstand ab 1995: https://www.destatis.de/DE/Themen/Arbeit/Verdienste/Verdienste-GenderPayGap/Tabellen/ugpg-01-gebietsstand.html
DeStatis. (31.03.2023). Von Erwerbstätigenquoten 1991 bis 2022: https://www.destatis.de/DE/Themen/Arbeit/Arbeitsmarkt/Erwerbstaetigkeit/Tabellen/erwerbstaetigenquoten-gebietsstand-geschlecht-altergruppe-mikrozensus.html
Henry-Huthmacher, C. (01.04.1998). *Frau & Macht – Frauen in Führungspositionen.* Von Konrad Adenauer Stiftung: https://www.kas.de/de/die-frau-in-unserer-zeit/detail/-/content/frauen-und-macht-frauen-in-fuehrungspositionen

67 **die britische Kulturwissenschaftlerin Angela McRobbie** – McRobbie, A. (2009). *The Aftermath of Feminism – gender culture and social change.* London: Sage.
Wie praktisch – Griffin, C. (2004). Good Girl, Bad Girl. Anglocentrism and Diversity in the Constitution of Contemporary Girlhood. In: A. Harris, *All about the Girl. Culture, Power and Identity* (S. 29-43). New York: Routledge, S. 33.
wie der Backlash in den USA – Faludi, S. (1991). Backlash – The Undeclared War against American Women.

68 **fiel seine konkrete Unterstützung** – Süssmuth, R. (2. April 2010). Helmut Kohl und die Frauen. *Frankfurter Rundschau*.
genügend weibliche Kandidierende – Ebd.

69 **Erste lesbisch-schwule, aber auch separate lesbische Gruppen** – Dennert/Leidinger/Rauchut (2007): »Wir sind keine Utopistinnen«. Lesben in der DDR. In: Dies.: In Bewegung bleiben. 100 Jahre Politik, Kultur und Geschichte von Lesben. Berlin. S. 95-104.

Publikationen ohne staatliche Überprüfung – Sänger, E. (2005). *Begrenzte Teilhabe. Ostdeutsche Frauenbewegung und Zentraler Runder Tisch in der DDR*. Frankfurt a. M.: Campus, S. 74ff.

70 **den Frauen blieben nur informelle Wege** – Bock, J. (25.03.2020). *Die nichtstaatliche Frauenbewegung in der DDR*. Lernen aus der Geschichte: http://lernen-aus-der-geschichte.de/Lernen-und-Lehren/content/14782

formulierten Zweifel, stellten Fragen oder schilderten Überlegungen – Bock, J. (2020). *Frauenbewegung in Ostdeutschland. Aufbruch, Revolte und Transformation in Leipzig 1980-2000*. Halle (Saale): Mitteldeutscher Verlag, S. 9.

zahlreiche Schriftstellerinnen – Zum Beispiel Christa Wolf, Irmtraud Morgner, Sarah Kirsch, Brigitte Reimann, Helga Königsdorf, Helga Schubert, Charlotte Worgitzky, Lia Pirskawetz, und Maya Wiens, um nur einige wenige zu nennen.

Begriffe wie Patriarchat oder Feminismus – Bock, J. (2020). *Frauenbewegung in Ostdeutschland. Aufbruch, Revolte und Transformation in Leipzig 1980-2000*. Halle (Saale): Mitteldeutscher Verlag, S. 67.

71 **für Historiker*innen bis heute schwierig** – Auch heute noch bekannte Frauen der damaligen Bewegung sind etwa Bärbel Bohley, Katja Havemann, Freya Klier, Ulrike Poppe oder Marianne Birthler.

Und plötzlich waren da eine Menge Frauen – Sänger, E. (2005). *Begrenzte Teilhabe. Ostdeutsche Frauenbewegung und Zentraler Runder Tisch in der DDR*. Frankfurt a. M.: Campus, S. 81.

keine zufälligen, individuellen Vorkommnisse – Ebd., S. 80.

72 **Das war der Anfang meiner Frauenbewegung** – Helwerth, U. & Schwarz, G. (1995). *Von Muttis und Emanzen. Feministinnen in Ost- und Westdeutschland*. Frankfurt a. M.: Fischer, S. 41 ff.

wollten Spießigkeit und autoritäre Strukturen überwinden – Sänger, E. (2005). *Begrenzte Teilhabe. Ostdeutsche Frauenbewegung und Zentraler Runder Tisch in der DDR*. Frankfurt a. M.: Campus, S. 80.

75 **Der UFV forderte grundlegende Chancengleichheit** – Feministische Bibliothek Monaliesa. (15.03.2021). *Unabhängiger Frauenverband (UFV)*. Digitales Deutsches Frauenarchiv: https://www.digitales-deutsches-frauenarchiv.de/akteurinnen/unabhaengiger-frauenverband-ufv

76 **Oder sollte der Verband sich auf andere Anliegen konzentrieren** – Ebd.

Frauen wurden aus Leitungsfunktionen – Andruschow, K. (1996). Wohin soll die Reise gehen? Die ungebrochene Erwerbsneigung von ostdeutschen Frauen – ein gesamtdeutsches Modernisierungspotential – oder nicht? *Umbruch – Beiträge zur sozialen Transformation in den alten und neuen Bundesländern, 11 Frauen in den neuen Bundesländern – go west?*, S. 28-53, S. 33ff.

77 **Nun landeten die Frauen** – Haupt, H. (1996). Von der Ungleichheit in die Armut. In: K. Andruschow, R. Hürtgen & R. Mersmann, *Frauen in den neuen Bundesländern – Go West?* (S. 73-98). Berlin: Verlag am Turm.

78 **Die beiden gingen Mitte der 90er** – Helwerth, U. & Schwarz, G. (1995). *Von Muttis und Emanzen. Feministinnen in Ost- und Westdeutschland.* Frankfurt a. M.: Fischer.

In den Gesprächen, die Helwerth und Schwarz aufzeichneten – Ebd., S. 25, hier vergleicht etwa die Westfeministin Sigrid die ostdeutschen Frauen explizit mit Frauen der »Dritten Welt«, was in doppelter Hinsicht problematisch ist, also auch die Absprache eines weniger entwickelten feministischen Bewusstseins von Frauen im globalen Süden ist falsch – und rassistisch.

79 **Westfeministinnen sahen ihren Grundkonsens** – Monecke, N. (24.03.2020). *Digitales Deutsches Frauenarchiv.* Als Frauen aus Ost und West aufeinandertrafen.

während der Fokus auf ostdeutscher Seite – Helwerth, U. & Schwarz, G. (1995). *Von Muttis und Emanzen. Feministinnen in Ost- und Westdeutschland.* Frankfurt a. M.: Fischer.

80 **Frauen gegen Nationalismus – Rassismus/Antisemitismus** – Dennert, Gabriele/Leidinger, Christiane/Rauchut, Franziska (2007): Bündnisorientiert, antirassistisch, queer – neue Staatsgrenzen und neue Bewegungen in den 90ern. In: Dies.: In Bewegung bleiben. 100 Jahre Politik, Kultur und Geschichte von Lesben. Berlin. S. 253-287.

Oepke, Jenny (2007): Ost/West-Begegnungen und Auseinandersetzungen. Das Ost-FrauenLesben-SommerCamp. In: Dennert, Gabriele/Leidinger, Christiane/Rauchut, Franziska (Hrsg.): In Bewegung bleiben. 100 Jahre Politik, Kultur und Geschichte von Lesben. Franziska Berlin. S. 289f.

Baetz, Michaela/Dennert, Gabriele/Leidinger, Christiane (2007): Chronik der Antisemitismusdiskussionen in der (Frauen- und) Lesbenbewegung der BRD der 90er Jahre. In: Dennert, Gabriele/Leidinger, Christiane/Rauchut, Franziska (Hrsg.): In Bewegung bleiben. 100 Jahre Politik, Kultur und Geschichte von Lesben. Berlin. S. 293-296.

Lesben aus der Türkei – Ipekçioglu, Ipek (2007): Die erste Gruppe Lesben aus der Türkei in Berlin 1992-1995. In: Dennert, Gabriele/Leidinger, Christiane/Rauchut, Franziska (Hrsg.): In Bewegung bleiben. 100 Jahre Politik, Kultur und Geschichte von Lesben. Berlin 2007, S. 300-301.

viele Publikationen der Bewegung – Als Beispiel sei der Sammelband »Entfernte Verbindungen. Rassismus, Antisemitismus, Klassenunterdrückung« genannt, gemeinsam herausgegeben von Ika Hügel, Chris Lange, May Ayim, Ilona Bubeck, Gülşen Aktaş und Dagmar Schultz.

Dichterin, Autorin und Aktivistin Audre Lorde – Piesche, Peggy (Hrsg.) (2012): Euer Schweigen schützt Euch nicht. Audre Lorde und die Schwarze Frauenbewegung in Deutschland. Berlin.

81 **in denen es Feminist*innen** – Da in den 90ern queerfeministische Debatten um

Geschlechterbinarität Einzug in die feministische Bewegung hielten und Feminismus seitdem zunehmend alle Geschlechter in den Blick nimmt, nun fortan die Schreibweise Feminist*innen.

82 **Obwohl die Regierung Kohl** – Lenz, I. (Hrsg.). (2008). *Die neue Frauenbewegung in Deutschland. Abschied vom kleinen Unterschied. Eine Quellensammlung.* Wiesbaden: Verlag für Sozialwissenschaften, S. 873.

84 **Nur in wenigen Politikbereichen** – *Drucksache 12/5588 Unterrichtung durch die Bundesregierung.* (25.08.1993). Der Bundestag: https://dserver.bundestag.de/btd/12/055/1205588.pdf

Bereits seit 2003 – *Heinrich Böll Stifung KommunalWiki.* (19.11.2018). Gleichstellungsbeauftragte: https://kommunalwiki.boell.de/index.php/Gleichstellungs beauftragte

sind es in Bayern und Baden-Württemberg nur 0,4 – *Bundesministerium für Familie, Senioren, Frauen und Jugend.* (24.02.2023). Hauptamtliche kommunale Frauen- und Gleichstellungsbeauftragte: https://www.daten.bmfsfj.de/daten/daten/hauptamtliche-kommunale-frauen-und-gleichstellungsbeauftragte-13 2104

85 **in einer Studie aus dem Jahr 2019** – Friedrich, C. (2019). *Gleichstellung als Regionalentwicklung – zur Situation der kommunalen Gleichstellungsarbeit in ländlichen Räumen Deutschlands.* Bundesarbeitsgemeinschaft der kommunalen Gleichstellungsbeauftragten: https://www.frauenbeauftragte.org/l%C3%A4ndliche-r%C3%A4ume/bag-studie-gleichstellung-als-regionalentwicklung

86 **In *Wie wir begehren* schreibt Carolin Emcke** – Emcke, C. (2012). *Wie wir begehren.* Frankfurt a. M: S. Fischer.

87 **Sexuelle Zügellosigkeit und Genozid** – Herzog, D. (2021). *Die Politisierung der Lust. Sexualität in der deutschen Geschichte des 20. Jahrhunderts.* Gießen: Psychosozial-Verlag, S. 15-82.

88 **Der Markt wurde von pädagogischer Literatur** – Ebd., S. 101 ff.

Folglich liberalisierte sich die Sexualpolitik – Ebd., S. 232 ff.

89 **weitestgehend Chauvinisten und Machos** – Ebd., S. 175.

die Schwangerschaften der anderen – Schrupp, A. (2021). *Reprduktive Freiheit: Eine feministische Ethik der Fortpflanzung.* Münster: Unrast, S. 21.

90 **bis die Frau auch ökonomisch emanzipiert** – de Beauvoir, S. (2000). *Das andere Geschlecht. Sitte und Sexus der Frau.* Hamburg: Rowohlt.

Sexualität wird in diesem feministischen Grundlagenwerk – Möser, C. (14.04.2016). *Sexualität bei Simone de Beauvoir: Feministisches Erbe, feministische Kritiken.* Soziopolis: Gesellschaft beobachten: https://www.soziopolis.de/sexualitaet-bei-simone-de-beauvoir.html

wie in ihren Briefen nachzulesen ist – Prinz, A. (2022). *Das Leben der Simone de Beauvoir.* Berlin: Insel Verlag.

91 **Sie argumentierte, dass die Unterwerfung** – Millett, K. (1971). *Sexus und Herrschaft.* München: Verlag Kurt Desch.

92 **Die Nebenwirkungen der Pille** – Szemkus, L. (13.06.2019). *Brot und Rosen*. Digitales Deutsches Frauenarchiv: https://www.digitales-deutsches-frauenarchiv.de/akteurinnen/brot-und-rosen

keinen sichtbaren liberalen Feminismus – Marx Ferree, M. (2012). *Varieties of Feminism – German gender politics from a global perspective.* Stanford: Stanford University Press, S. 62

Statt Literatur- und Psychoanalyse protokollierte und kommentierte Schwarzer – Schwarzer, A. (1995). *Der kleine Unterschied und seine großen Folgen. Frauen über sich. Beginn einer Befreiung.* Frankfurt: Fischer.

93 **In Gesprächen mit Zeitzeuginnen** – Helwerth, U. & Schwarz, G. (1995). *Von Muttis und Emanzen. Feministinnen in Ost- und Westdeutschland.* Frankfurt a.M.: Fischer, S. 40.

94 **Ich verteidige sie ja immer noch** – Ebd., S. 91.

95 **die Werke von Anaïs Nin** – Nin, A. (1977). *Das Delta der Venus.* München: Droemer/Knaur, S. 34.

96 **klar zu wissen, wer Täter und Opfer sind** – Kahneman, D. (2012). *Schnelles Denken, langsames Denken.* München: Siedler Verlag.

99 **begleitet von Zines** – Zines sind Magazine oder Zeitschriften, die von Einzelpersonen produziert und veröffentlicht werden und eine alternative Perspektive auf politische, kulturelle oder persönliche Themen bieten. Sie werden im Do-it-yourself-Stil hergestellt, von Hand geschrieben oder gedruckt, kopiert und gebunden, und haben meist eine kleine Auflage. Zines werden von unabhängigen Künstlerinnen, Aktivistinnen oder Fans erstellt, die eine Plattform suchen, um ihre Gedanken und Ideen zu teilen und eine Gemeinschaft zu finden. Sie dienen auch oft als Mittel zum Selbstausdruck und sind in Subkulturen wie der Punk-, Feminismus-, Queer- oder Kunstszene verbreitet.

100 **Mädchen veranstalteten Kongresse, auf denen sich Riot Grrrls trafen** – Rosenberg, J. & Garofalo, G. (1998). Riot Grrrl: Revolutions from within. *Signs,* 23 (3 Feminisms and Youth Cultures), S. 809-841, S. 809.

Riot Grrrl legte den Schwerpunkt – Peglow, K. & Engelmann, J. (2011). *Riot Grrrl Revisited: Geschichte und Gegenwart einer feministischen Bewegung.* Mainz: Ventil Verlag, S. 30.

102 **dem sogenannten** – Der Begriff *body shaming* wurde im deutschsprachigen Raum erst durch Aktivistinnen wie Magda Albrecht bekannt.

107 **die Klassenherkunft ist bis heute entscheidend** – Ernst, Sonja (9.3.2022): Wenn die soziale Herkunft bestimmt – Monika und Burcu stehen für Bildungsgerechtigkeit ein. Bundeszentrale für politische Bildung. Podcast: wir im Wandel #5

Was kotzt uns so richtig an? Die Einteilung in Frau und Mann. Die 2000er

117 **das Geschlechterverhältnis ist gleichgeblieben** – Statistisches Bundesamt. (29.03.2023). *Elterngeld 2022: Väteranteil steigt weiter auf 26,1 %*. Statistisches Bundesamt: https://www.destatis.de/DE/Themen/Gesellschaft-Umwelt/Soziales/Elterngeld/_inhalt.html
hatte er bei nur 31 Prozent gelegen – Ebd.

118 **Frauen gelten weithin als sich kümmernde** – Eine übersichtliche Auswertung der Daten des Statistischen Bundesamts nebst Datenanalyse: Ehmann, Annick; Franzke, Amna; Tröger, Julius, und Blickle, Paul: So viele Frauen wie noch nie. Zeit Online 21.10.2019.
https://www.zeit.de/campus/2019-10/geschlechterverhaeltnis-studiengaenge-frauen-maenner-studium-universitaet
sodass die Forscher*innen sexistische Diskriminierung – Emily Murphy, Daniel Oesch: The feminization of occupations and change in wages: a panel analysis of Britain, Germany and Switzerland, SOEPpaper 731, Januar 2015 https://www.boeckler.de/de/boeckler-impuls-warum-frauenarbeit-schlechter-bezahlt-ist-7773.htm

119 **zeigt die Auswertung** – Schulz, Gabriele; Ries, Carolin; Zimmermann, Olaf: Frauen in Kultur und Medien. Deutscher Kulturrat, Berlin 2016.
Die Wahrscheinlichkeit eines Studienabbruchs erhöhte sich – Riculan, CJ (30.01.2017): There Aren't Enough Women in Tech. Here's Why. NPR.org: https://www.npr.org/sections/money/2017/01/30/511788585/there-arent-enough-women-in-tech-heres-why

120 **auf die Auswirkungen von Gendermarketing** – Schnerring, Almut und Verlan, Sascha: Die Rosa-Hellblau-Falle. Für eine Kindheit ohne Rollenklischees. *Verlag Antje Kunstmann, München 2014* https://pinkstinks.de/pinker-pudel/die-idee/
Es war 1991 in deutscher Übersetzung erschienen – Butler, J. (1991). *Das Unbehagen der Geschlechter.* Frankfurt am Main: Suhrkamp.

121 **nicht naturgegeben, sondern gesellschaftlich konstruiert** – Ebd., S. 8.

122 **ferner als die Frauen im 18. Jahrhundert** – Duden, B. (1993). Die Frau ohne Unterleib: Zu Judith Butlers Entkörperung. *Feministische Studien, Jahrgang 11 Bd.* 2, S. 24-33.
Das gab uns Hoffnung – Kappert, I. (28.02.2020). *Gewissheiten in Frage stellen.* taz: https://taz.de/Ines-Kappert/!a66/

123 **Bis heute ist so ein Ort** – (kein Datum). f*mz – frauenmusikzentrum: https://frauenmusikzentrum.de/
Ladyfeste handelten nicht ausschließlich von Musik – Zobl, E. (2012). Kommunikation und Lernen in partizipativen kulturellen und medialen Räumen. *Medienimpulse*, Jg. 50(4).

124 **Was bedeutet Lady?** – Trull, T. (08.06.2022). *Digitales Deutsches Frauenarchiv.* La-

dyfeste: Punk, D.I.Y. und Queerfeminismus: https://www.digitales-deutsches-frauenarchiv.de/themen/ladyfeste-punk-diy-und-queerfeminismus

Es war wichtig, dass jede teilnehmen konnte – Zobl, E. (14.4.2010). *Ladyfest Hamburg 2003: Ein Interview mit Chris Köver von Elke Zobl via Skype, Februar 2010*. Grassroots feminism – transnational archives, resources and communities: https://www.grassrootsfeminism.net/cms/node/673

132 **Mit bis zu zehn Jahren Gefängnis** – Kerstin Wolff: Abtreibungsgesetze: 150 Jahre § 218 12.5.2021 Emma.de https://www.emma.de/artikel/150-jahre-ss-218-338579

Dein Bauch gehört dir – *Kritische Medizin München vom 11.05.2021:* Eine kleine Geschichte des § 218 StGB: https://kritischemedizinmuenchen.de/eine-kleine-geschichte-des-%C2%A7218/

133 **Letztere wurde am häufigsten ausgestellt** – Berghahn, S. (2004). Der Ritt auf der Schnecke. Rechtliche Gleichstellung in der Bundesrepublik Deutschland. In: M. Koreuber & U. Mager, *Recht und Geschlecht. Zwischen Gleichberechtigung, Gleichstellung und Differenz* (S. 59-78). Baden-Baden: Nomos.

Eine schwierige Situation – Heinrich Böll Stiftung Sachsen: Abtreibungsreisen in die Niederlande in den 1970er Jahren. 5.10.2022 https://weiterdenken.de/de/2022/09/30/abtreibungsreisen-die-niederlande-den-1980er-jahren

134 **Es werden lediglich Ausnahmen gewährt** – Busch, U. (27.08.2021). *Die aktuellen Auswirkungen von § 218ff StGB*. Von 150 Jahre § 218: https://www.150jahre.de/programm/ abgerufen.

135 **eine selbstbestimmte Entscheidung treffen** – Ebd.

136 **nicht für alle Feminist*innen dieselbe Bedeutung** – Bock, G. (2010). *Zwangssterilisation im Nationalsozialismus. Studien zur Rassenpolitik und Geschlechterpolitik.* Münster: MV-Wissenschaft.

138 **Eugenische, pseudowissenschaftliche Überzeugungen** – Es ist insbesondere der Bewegung von Feminist*innen mit Behinderung, von jüdischen und Feminist*innen of Color zu verdanken, dass das Thema Abtreibung kritisch aufgearbeitet und problematisiert wird. Kirsten Achteliks Buch *Selbstbestimmte Norm* bietet einen guten Überblick über historische und aktuelle Debatten, die sich im Rahmen von neuen Möglichkeiten der Pränataldiagnostik noch einmal verschärft und verkompliziert haben. Achtelik, Kirsten (2015). *Selbstbestimmte Norm. Feminismus, Pränataldiagnostik, Abtreibung.* Berlin: Verbrecher Verlag.

der Bund für Mutterschutz und Sexualreform (BMS) – Achtelik, Kirsten (2005). *Selbstbestimmte Norm. Feminismus, Pränataldiagnostik, Abtreibung.* Berlin: Verbrecher Verlag.

141 **als Vorbild galten die amerikanischen »Women's Studies«** – Roßhart, Julia (2016): Klassenunterschiede im feministischen Bewegungsalltag. Anti-klassistische Interventionen in der Frauen- und Lesbenbewegung der 80er und 90er Jahre in der BRD. Berlin, S. 416f.

eigene Forschungsinhalte von Frauen – Plogstedt, Sybille: Sommeruniversität.

In: Courage: Berliner Frauenzeitung (1976), H. 0, S. 13. http://library.fes.de/cgi-bin/courage.pl?id=07.00006&dok=197600&f=197600_013&l=197600_013
dezidiert Forschung aus Frauenperspektive – Ebd.

142 **Diese Fragen sind umstritten** – Metz-Göckel, S. (2008). Institutionalisierung der Frauen-/Geschlechterforschung: Geschichte und Formen. In: B. Kortendieck, I. Lenz, M. Mae, S. Metz-Göckel, M. Meuser, U. Müller, ... P.-I. Villa, *Handbuch Frauen- und Geschlechterforschung. Theorie, Methoden, Empirie 2., erweiterte und aktualisierte Auflage* (S. 887-895). Wiesbaden: VS Verlag für Sozialwissenschaften.

143 **eklatant wenige Führungspositionen** – Leopoldina, N. A. (2022). *Frauen in der Wissenschaft: Entwicklungen und Empfehlungen.* Halle (Saale).
Vorläufer der Arbeiterkinder-Referate – Abou, Tanja (2020): Prololesben und Arbeiter*innentöchter – Interventionen in den feministischen Mainstream der 1980er- und 1990er-Jahre. In: Seeck, Francis/Theißl, Brigitte: Solidarisch gegen Klassismus. Organisieren, intervenieren, umverteilen. Münster. S. 97-106.

144 **Auf den Webseiten metooscience und gender.macht.wissenschaft** – https://portal.metoo.science/ https://gender-macht-wissenschaft.de/

145 **Eine Studie des Deutschen Zentrums für Hochschul- und Wissenschaftsforschung** – König, J., Otto, A. & Bünstorf, G. (30. 11. 2019). *Karriereentscheidungen und Karriereverläufe Promovierter – zur Multifunktionalität der Promotion.* Von Bundesbericht Wissenschaftlicher Nachwuchs: https://www.buwin.de/downloads/begleitstudien/studie-b3_buwin.pdf

146 **in der alle Geschlechter gleichermaßen geschätzt** – Leopoldina, N. A. (2022). *Frauen in der Wissenschaft: Entwicklungen und Empfehlungen.* Halle (Saale).

148 **Studien haben gezeigt, dass** – Sue, D. (2010). *Microaggressions in everyday life.* Hoboken, NJ: John Wiley & Sons.
von einer »Flaute« der Frauenbewegung sprachen – Gerhard, U. (2006). Nachfolge in der Frauenbewegung. Generationen und sozialer Wandel. *Forschungsjournal Soziale Bewegungen*, 19(1), S. 24-37.

152 **Durch die Linse der Zweigeschlechtlichkeit** – Wood, J. (2002). A critical response to John Gray's Mars and Venus portrayals of men and women. *Southern Communication Journal,* 67(2), 201-210.
Mit der Veröffentlichung von – Schirrmacher, F. (2004). *Das Methusalem-Komplott*, München: Karl Blessing.

153 **Im Buch** – Herman, E. (2006). *Das Eva-Prinzip. Für eine neue Weiblichkeit.* München: Pendo.
Die Politikwissenschaftlerin Barbara Holland-Cunz – Holland-Cunz, B. (2003). *Die alte neue Frauenfrage.* Frankfurt am Main: Suhrkamp.
Ute Gerhard beschäftigte sich – Gerhard, U. (2006). Nachfolge in der Frauenbewegung. Generationen und sozialer Wandel. *Forschungsjournal Soziale Bewegungen,* 19(1), S. 24-37.
die Soziologin Gudrun-Axeli Knapp – Knapp, G.-A. (2003). Aporie als Grund-

lage: Zum Produktionscharakter der feministischen Diskurskonstellation. In G.-A. Knapp & W. Angelika, *Achsen der Differenz. Gesellschaftstheorie und feministische Kritik II* (S. 240-265). Münster: Westfälisches Dampfboot, S. 240.

154 **Junge Frauen hätten heute einen »feministischen Bewusstseinsstand«** – Villa, P.-I. (2003). Woran erkennen wir eine Feministin? In G.-A. Knapp & A. Wetter, *Achsen der Differenz* (S. 267-285). Münster: Verlag Westfälisches Dampfboot.

155 **die Hälfte von allem haben sie trotzdem nicht** – Faller, H. (24.08.2006). Wir brauchen einen neuen Feminismus. *Die Zeit*.

Zum Beispiel Thea Dorns – Dorn, Th. (2006). *Die neue F-Klasse. Warum die Zukunft von Frauen gemacht wird*. München: Piper.

das von Mirja Stöcker herausgegebene – Stöcker, M. (Hrsg.) (2007). Das F-Wort. Feminismus ist sexy. Königstein: Ulrike Heimer

oder *Wir Alphamädchen*. – Haaf, M.; Klingner, S.; Streidl, B. (2008). *Wir Alphamädchen. Warum Feminismus das Leben schöner macht*. Hamburg: Hoffmann und Campe.

156 **im Interview mit der** – FAZ, 19.3.2007: Interview mit Ursula von der Leyen: »Konservativer Feminismus ist ein spannender Begriff« https://www.faz.net/aktuell/politik/inland/ursula-von-der-leyen-konservativer-feminismus-ist-ein-spannender-begriff-1408695.html

Es hatte Fehlanreize geschaffen – Siems, Dorothea: Elterngeld nur bei Frauen eine Erfolgsstory. 5.12.2016. Von Die Welt https://www.welt.de/wirtschaft/article0314626/Elterngeld-nur-bei-den-Frauen-eine-Erfolgsstory.html

157 **2022 stieg der Anteil männlicher Elterngeldbezieher** – Statistisches Bundesamt. (29.03.2023). *Elterngeld 2022: Väteranteil steigt weiter auf 26,1 %*. Statistisches Bundesamt: https://www.destatis.de/DE/Themen/Gesellschaft-Umwelt/Soziales/Elterngeld/_inhalt.html

158 **angemessene Anerkennung der Reproduktionsarbeit** – Schrupp, A. (07.06.2010). *Der falsche Systemwechsel beim Elterngeld*. Aus Liebe zur Freiheit. Notizen zur Arbeit der sexuellen Differenz: https://antjeschrupp.com/2010/06/07/der-falsche-systemwechsel-beim-elterngeld/

159 **die feministische Internetplattform** – *Die Idee lebt weiter: Hamburger AutorInnen als ProduzentInnen!* (06.07.2009). Archiv von The Thing Hamburg. Plattform für Kunst und Kritik 2006 – 2009: https://thing-hamburg.de/indexfe3.html?id=670

Nein heißt Nein – No means No, wer das sagt, der meints auch so. Die 2010er

170 **der Frauenanteil war ressortübergreifend** – Lünenborg, Margreth (2009). Geschlechterordnung und Strukturen des Journalismus im Wandel. In: Lünenborg, Margreth (Hrsg.). Politik auf dem Boulevard. Die Neuordnung der Geschlechter in der Politik der Mediengesellschaft. Bielefeld: transcript., S, 22-43, S. 26.

seit den 90ern fast unverändert – Weischenberg, S., Malik, M. & Scholl, A. (2006). *Die Souffleure der Mediengesellschaft. Report über die Journalisten in Deutschland.* Konstanz: UVK, S. 45.

Der typische Journalist in Deutschland – Hanitzsch, T., Steindl, N. & Lauerer, C. (28.03.2016). *Country Report: Journalists in Germany.* Worlds of Journalism Study: https://epub.ub.uni-muenchen.de/28095/1/Country%20report%20 Germany.pdf

2020 erhob der Verband Neue Deutsche Medienmacher*innen – Neue deutsche Medienmacher*innen: »Viel Wille, kein Weg« – Diversity im deutschen Journalismus, 2020, https://neuemedienmacher.de/zahlen-fakten/diversitaet-im-journalismus/

171 **in Deutschland der Journalistinnenbund** – (kein Datum). Journalistinnenbund: https://www.journalistinnen.de/

Budapester Gellert-Therme – Iwersen, S. (19.5.2011). *»Mordsspaß« mit Prostituierten für die Truppe von Herrn Kaiser.* Handelsblatt: https://www.handels blatt.com/finanzen/banken-versicherungen/versicherer/sexskandal-bei-ergo-mordsspass-mit-prostituierten-fuer-die-truppe-von-herrn-kaiser-/4193282.html

172 **Manche Autor*innen wurden in der Folge** – Wer möchte, kann diese und weitere Blogs im Internetarchiv nachlesen: https://web.archive.org/ Da die Blogs auch untereinander vernetzt waren, kann man einfach von einem zum anderen weiterklicken. Eine gute Übersicht findet sich zum Beispiel auf der Seite des Genderblogs. Im Webarchiv unter http://genderblog.de/

173 **Streitthemen waren Rassismus** – Oestreich, Heide. »Mädchenmannschaft« ausgewechselt. https://taz.de/Zerstrittenes-Feminismus-Blog/!5081236/ taz 23.10.2012

174 **Interview auf der Webseite des Goethe-Instituts** – Wiedeking, L. (10/2014). *Diskussion im Wohnzimmer statt theoretischer Debatte.* Goethe Institut: https://www.goethe.de/ins/es/de/kul/mag/20439915.html

175 **traditionelle Vorstellungen von Aktivismus** – Subramanian, S. (25.04.2015). From the Streets to the Web. Looking at Feminist Activism on Social Media. *Economic & Political Weekly*, 1(17), S. 71-78.

176 **der Raum der Politik hatte sich gewandelt** – Subramanian, Sujatha (2015). From the Streets to the Web. Looking at Feminist Activism on Social Media. In: Economic & Political Weekly. 25.4.2015 vol l no 17, S. 71-78.

Er hatte erklärt, dass »Frauen vermeiden sollten – Mendes, K. (2015). *Slutwalk. Feminism, Activism and Media.* New York: Palgrave Macmillan, S. 1.

die durchschnittliche Teilnehmerzahl bei feministischen Protesten – Albrecht, M. (2015). In: B. Bargetz, A. Fleschenberg dos Ramos Pinéu, R. Kreide, I. Kerner & G. Ludwig, *Kritik und Widerstand: Feministische Praktiken in androzentrischen Zeiten* (S. 97-110). Leverkusen: Barbara Budrich.

One Billion Rising – *Was ist One Billion Rising?* (kein Datum). One Billion Rising: https://www.onebillionrising.de/was-ist-one-billion-rising/

178 **Wizorek hatte einen Vorschlag** – Wizorek, A. (2014). *Weil ein Aufschrei nicht reicht.* Frankfurt a. M.: S. Fischer Verlag, S. 139ff.
#aufschrei reißt uns alle mit – Ebd., S. 143-144.

179 **Sie können ein Dirndl auch gut ausfüllen** – Himmelreich, L. (24.01.2013). Der Herrenwitz. *Der Stern* (05/2013), S. 46-48.
sprengte die Konventionen objektiver Berichterstattung – Messmer, A.-K. (17.02.2014). Aufschrei. *Aus Politik und Zeitgeschichte* (08/2014), S. 3-7.
Migrationsgeschichten. (22.2.2022). May Ayim: https://migrations-geschichten.de/may-ayim/
ein Begriff, der bis dato vor allem als »verstaubt« – Szegin, H. (17.02.2014). Auch Frauenbeine sind zum Laufen da. *Aus Politik und Zeitgeschichte*, S. 10-12.
Ein neuer persönlicher Journalismus – (kein Datum). Journalistinnenbund: https://www.journalistinnen.de/
#Aufschrei führt zu Twitter-Rekord. (03.02.2013). Von *Der Spiegel*: https://www.spiegel.de/netzwelt/web/aufschrei-fuehrt-zu-twitter-rekord-a-882207.html

180 **Sie sollten sich einfach selbst wehren** – Kelle, B. (29.01.2013). *Dann mach doch die Bluse zu!* The European: https://www.theeuropean.de/birgit-kelle/5805-bruederle-debatte-und-sexismus

181 **als hätte plötzlich jede*r etwas zum Thema Sexismus** – Gsenger, M. & Thiele, M. (01 2014). Wird der #aufschrei erhört?: Eine kritische Diskursanalyse der Sexismus-Debatte in Deutschland. *kommunikation.medien*, 03. Von Gender Open: https://www.genderopen.de/bitstream/handle/25595/474/Gsenger_Thiele_2014_Diskursanalyse%20der%20Sexismusdebatte%20in%20Deutschland.pdf?sequence=1&isAllowed=y
Bundespräsident Joachim Gauck, der in einem Interview mit dem – *Der Spiegel*: Gauck beklagt »Tugendfuror« im Fall Brüderle 3.3.2013 https://www.spiegel.de/politik/deutschland/sexismus-debatte-gauck-beklagt-tugendfuror-im-fall-bruederle-a-886578.html
»Schadensbegrenzung« betreiben und Brüderle verteidigen – *Der Spiegel.* (31.1.2013). *Leutheusser-Schnarrenberger verteidigt Brüderle.* Von Spiegel Online: https://www.spiegel.de/politik/deutschland/dirndl-spruch-leutheusser-schnarrenberger-verteidigt-bruederle-a-880771.html
um Schutzlücken zu schließen – Lembke, U. (2020). The #MeToo Movement in Germany. In: A. Noel & D. Oppenheimer, *The Global #MeToo Movement* (S. 197-214). Washington, D.C.: Full Court Press.

182 **Vergewaltigungsvorwürfe gegen Filmproduzenten Dieter Wedel** – Ebd.

183 **ein Meinungsbeitrag auf T-Online** – Stresing, L. (08.03.2018). *Was bleibt von #Aufschrei und #MeeToo?* T-Online: https://www.t-online.de/digital/id_83360788/-netzfeminismus-was-bleibt-von-aufschrei-und-meetoo-.html
die Historikerin Ute Planert – Planert, U. (1998). *Antifeminismus im Kaiserreich.* Göttingen: Vandenhoeck & Ruprecht.

184 **erstmals einen rechtlichen Rahmen** – *Regeln gegen Hass im Netz – das Netzwerk-*

durchsetzungsgesetz. (01. 12. 2022). Bundesministerium für Justiz: https://www.bmj.de/DE/Themen/FokusThemen/NetzDG/NetzDG_node.html

185 **die positive Selbstbezeichnung als »Schlampe«** – Dines, G. & Murphy, W. (5. 8. 2011). *SlutWalk is not sexual liberation.* The Guardian: https://www.theguardian.com/commentisfree/2011/may/08/slutwalk-not-sexual-liberation

186 **die Soziologin Kaitlynn Mendes** – Mendes, K. (2015). *Slutwalk. Feminism, Activism and Media.* New York: Palgrave Macmillan, S. 118.
Sowohl historische als auch gegenwärtige Erfahrungen – Ebd., S. 74.
Stöger, Katrin (2014). Antisemitismus und Sexismus. Historisch-gesellschaftliche Konstellationen, Baden-Baden: Nomos.
Krüger, Gesine (2004). Bestien und Opfer: Frauen im Kolonialkrieg. In: Zimmerer, Jürgen, Zeller, Joachim (Hrsg.): Völkermord in Deutsch-Südwestafrika: Der Kolonialkrieg (1904-1908) in Namibia und seine Folgen. Berlin: Ch. Links Verlag, S. 142-159.

187 **Den Slutwalks gelang es** – Albrecht, M. (2015). In: B. Bargetz, A. Fleschenberg dos Ramos Pinéu, R. Kreide, I. Kerner & G. Ludwig, *Kritik und Widerstand: Feministische Praktiken in androzentrischen Zeiten* (S. 97-110). Leverkusen: Barbara Budrich, S. 109.

189 **Schwarzer hatte im Frühjahr 2008** – Frankfurter Allgemeine Zeitung. (4. 5. 2008). *Schwarzer und Schmidt rechnen mit den Girlies ab.* FAZ Online: https://www.faz.net/aktuell/feuilleton/medien/boerne-preisverleihung-schwarzer-und-schmidt-rechnen-mit-den-girlies-ab-1545955.html

191 **Die PorNo-Kampagne von Alice Schwarzer** – Schwarzer, Alice (Hrsg.) (1994). PorNO. Opfer & Täter. Gegenwehr & Backlash. Verantwortung & Gesetz. Köln: Kiepenheuer & Witsch.
Es handelte sich also um ein Vergütungsverbot – Dolinsek, S. (11 2022). *Prostitution und Menschenhandel (1): Die »Wahrheit« über das »Nordische« und »Schwedische« Modell.* Menschenhandel heute: https://menschenhandelheute.net/2014/07/01/prostitution-und-menschenhandel-1-die-wahrheit-uber-das-nordische-und-schwedische-modell/

192 **Laut Amnesty International** – *Sex workers at risk: A research summary on human rights abuses against sex workers.* (26. 05. 2016), S. 9. Amnesty International: https://www.amnesty.org/en/documents/pol40/4061/2016/en/
Sehr viel bleibt ungestraft – Ebd.
keine vollumfängliche Dekriminalisierung – *Menschenhandel, Prostitution, Sexarbeit* (20. 12. 2012). Menschenhandel heute: https://menschenhandelheute.net/

193 **Stigmatisierung und Vorurteile gegenüber Sexarbeiter*innen** – Holm, C. (17. 03. 2002). »Das bringt uns gar nichts«. *Der Spiegel* (12), S. 60-62.

194 **Was mich an Schwarzers Appell so irritierte** – *Emma.de.* (November/Dezember 2013). https://www.emma.de/sites/default/files/upload/pdf/appell_emma_6_2013.pdf

196 **Es ist meine feministische Pflicht** – Lohaus, S. (15. 11. 2013). *https://blogs.faz.*

net/10vor8/2013/11/15/opfer-oder-femme-fatale-32/. FAZ Online: https://blogs.faz.net/10vor8/2013/11/15/opfer-oder-femme-fatale-32/

197 **wie es regelmäßig in der *Emma*** anklingt – Schwarzer, A. (2013). *Prostitution – Ein deutscher Skandal: Wie konnten wir zum Paradies der Frauenhändler werden?* Köln: Kiepenheuer & Witsch.

weitere autonome Prostituiertenprojekte – *Geschichte von Hydra e. A.* (kein Datum). Hydra Berlin: https://www.hydra-berlin.de/verein/geschichte

198 **Feminist Sex Wars** – Califia, Pat. Sapphistry: The Book of Lesbian Sexuality. Tallahassee: Naiad Press, 1980

Healey, Emma. Lesbian Sex Wars. London: Virago, 1996.

Duggan, Lisa & Nan D. Hunter. *Sex Wars: Sexual Dissent and Political Culture.* New York: Routledge, 1995.

Der Begriff der Moralpanik – Goode, E. & Ben-Yehuda, N. (1994). Moral Panics: Culture, Politics, and Social Construction. *Annual Review of Sociology*, 20, S. 149-171.

200 **im Allgemeinen Gleichbehandlungsgesetz** (AGG) – Antidiskriminierungsstelle des Bundes: Das Allgemeine Gleichbehandlungsgesetz.

202 **Seine These war, dass die lesbische Sexualität** – Califia, Pat. Sapphistry: The Book of Lesbian Sexuality. Tallahassee: Naiad Press, 1980.

zu einer noch stärkeren Normierung von Sexualität – Ingelfinger, A. & Penkwitt, M. (2004). Entfesselung des Imaginären? Zur neuen Debatte um Pornografie. *Freiburger Frauenstudien* (15) S. 13-45.

203 **den Film** – *Lesbischer Pornofilm »Airport« (1994) von Manuela Kay und Silke Dunkhorst* (1.4.2022). Schwules Museum: https://www.schwulesmuseum.de/bibliothek-archiv/lesbischer-pornofilm-airport-1994-von-manuela-kay-und-silke-dunkhorst/

die deutsche Regisseurin Petra Joy – Hecht, P. (16.10.2019). *»Das Ziel war immer: mittenrein«*. die tageszeitung: https://taz.de/Gruenderinnen-des-PorYes-Festivals/!5629684/

204 **die Publikation** – Gehrke, Claudia (Hrsg.) (1988). Frauen & Pornografie. Tübingen: Konkursbuch Verlag.

auf das Zivilrecht berufen können – Baer, S. & Slupik, V. (1988). Entwurf eines Gesetzes gegen Pornographie. *Kritische Justiz* (2), S. 177-188. Nomos elibrary: https://www.nomos-elibrary.de/10.5771/0023-4834-1988-2-171.pdf?download_full_pdf=1

205 **1998 versuchte Schwarzer die Kampagne** – Emma (1998). *Ein Bündnis für die Frauen*, Mai/Juni 1998, S. 26-29: https://www.emma.de/artikel/bonner-politik-ein-buendnis-fuer-die-frauen-265016Porno

206 **Menschenrechtsorganisationen wie Human Rights Watch** – *Why Sex Work Should Be Decriminalized*. (07.08.2019). Human Rights Watch: https://www.hrw.org/news/2019/08/07/why-sex-work-should-be-decriminalized

Sex workers at risk: A research summary on human rights abuses against sex workers.

(26.05.2016). Amnesty International: https://www.amnesty.org/en/documents/pol40/4061/2016/en/
Stellungnahme: Prostitution und Sexkaufverbot. (10/2019). Deutsches Institut für Menschenrechte: https://www.institut-fuer-menschenrechte.de/publikationen/detail/prostitution-und-sexkaufverbot

207 **§ 177 StGB zu reformieren** – Dittrich, M. (10.05.2022). *Als Ehemänner nicht mehr vergewaltigen durften*. Deutschlandfunk: https://www.deutschlandfunk.de/sexualstrafrecht-vergewaltigung-ehe-bundestag-100.html

208 **Über 30 Prozent gaben Frauen eine Mitschuld** – Köpcke, Monika. Als der Bundestag die Strafbarkeit von Vergewaltigung in der Ehe beschloss, Deutschlandfunk 15.5.2022 https://www.deutschlandfunk.de/gesetz-strafbarkeit-vergewaltigung-ehe-100.html
Seit 1994 war erstmals mehr als ein Viertel – *Frauenanteil im Deutschen Bundestag*. (15.11.2017). Bundeszentrale für politische Bildung: https://www.bpb.de/themen/gender-diversitaet/frauen-in-deutschland/49418/frauenanteil-im-deutschen-bundestag/
der die Reform von § 177 vorsah – Köpcke, Monika. Als der Bundestag die Strafbarkeit von Vergewaltigung in der Ehe beschloss, Deutschlandfunk 15.5.2022 https://www.deutschlandfunk.de/gesetz-strafbarkeit-vergewaltigung-ehe-100.html

209 **auch Männer und andere Geschlechter Opfer sexueller Gewalt** – Sanyal, M. (2016). *Vergewaltigung. Aspekte eines Verbrechens*. Hamburg: Edition Nautilus.

210 **äußerte sie mehrfach deutlich ein »Hör auf«** – Steinitz, S. (08.06.2016). *Chronik einer angekündigten Schändung*. Der Stern: https://www.stern.de/lifestyle/leute/gina-lisa-lohfink–chronik-einer-angekuendigten-schaendung-6888744.html
ohne physischen Widerstand des Opfers – Sanyal, M. (14.06.2016). *Warum Gina-Lisa Lohfink unsere Heldin ist*. Missy Magazine: https://missy-magazine.de/blog/2016/06/14/warum-gina-lisa-lohfink-unsere-heldin-ist/

211 **Nein heißt nein** – *#Nein heißt nein. Schaffen Sie ein modernes Sexualstrafrecht*. (15.09.2015). Change.org: https://www.change.org/p/neinheisstnein-schaffen-sie-ein-modernes-sexualstrafrecht
Wir schließen zudem inakzeptable Schutzlücken – *Deutschlands Zukunft gestalten. Koalitionsvertrag zwischen CDU, CSU und SPD. 18. Legislaturperiode*. (27.11.2013). Bundestag.de: https://www.bundestag.de/resource/blob/194886/696f36f795961df200fb27fb6803d83e/koalitionsvertrag-data.pdf

213 **Am Ende steht immer nur die eine als »Lösung«** – Drüeke, R. (22.11.2016). *Die TV-Berichterstattung in ARD und ZDF über die Silvesternacht 2015/16 in Köln*. Gunda Werner Institut der Heinrich Böll Stiftung: https://www.gwi-boell.de/sites/default/files/web_161122_e-paper_gwi_medienanalysekoeln_v100.pdf

214 **die Schlussfolgerung der Kommunikationswissenschaftlerin Ricarda Drüeke** – Ebd.

215 **der Eindruck erweckt wurde, sexuelle Übergriffe** – Bundesverband der Frauennotrufe und Beratungsstellen bff e.V.: Nein heißt Nein! – Paradigmenwechsel im Sexualstrafrecht https://www.frauen-gegen-gewalt.de/de/aktionen-themen/kampagnen/vergewaltigung-verurteilen.html

217 **Hall selbst stellt hier** – Hall, S. (2000). Rassismus als ideologischer Diskurs. In: N. Räthzel, *Theorien über Rassismus* (S. 7-17). Hamburg: Argument Verlag.

Existenz von Rassismus und Antisemitismus – Antisemitismus ist eine Sammelbezeichnung für unterschiedliche ideologische Begründungen für die pauschale Feindschaft gegen und Herabwürdigung von Juden. Im Laufe der Jahrhunderte bildeten sich religiöse, soziale, politische, rassistische, sekundäre und antizionistische Ideologieformen heraus. Vgl. Pfahl-Traughber, Armin, Bundeszentrale für politische Bildung 24.7.2017. https://www.bpb.de/shop/zeitschriften/apuz/30327/ideologische-erscheinungsformen-des-antisemitismus/

Erst 2020 stellte der Bundestag erstmals – Dezim Institut. (2022). *Rassistische Realitäten – Wie setzt sich Deutschland mit Rassismus auseinander?* Rassismusmonitor: https://www.rassismusmonitor.de/fileadmin/user_upload/NaDiRa/CATI_Studie_Rassistische_Realit%C3%A4ten/DeZIM-Rassismusmonitor-Studie_Rassistische-Realit%C3%A4ten_Wie-setzt-sich-Deutschland-mit-Rassismus-auseinander.pdf

der Lyrikerin May Ayim – *Migrationsgeschichten* (22.2.2022). May Ayim: https://migrations-geschichten.de/may-ayim/

Veröffentlichungen wie *Farbe bekennen* – Ayim, May, Ogontoye, Katharina, Schultz, Dagmar (Hrsg.): Farbe bekennen. Afro-Deutsche Frauen auf den Spuren unserer Geschichte. Orlanda Verlag, Berlin 1986 (Neuauflage 2020).

219 **Julia Korbiks** – Korbik, J. (2014). *Stand Up. Feminismus für Anfänger und Fortgeschrittene.* Berlin: Rogner & Bernhard.

Margarete Stokowskis – Stokowski, M. (2016). *Untenrum frei.* Hamburg: Rowoht.

220 **Anthologien wie** – Franke, Y., Mozygomba, K., Pöge, K., Ritter, B. & Venohr, D. (2014). *Feminismen heute. Positionen in Theorie und Praxis.* Bielefeld: transcript.

Lena Dunhams – Dunham, L. (2014). *Not That Kind of Girl: Was ich im Leben so gelernt habe.* Frankfurt a. M.: S. Fischer

Roxane Gays – Gay, R. (2014). *Bad Feminist. Essays.* New York: Harper Perennial.

Das Buch der Facebook-Managerin Sheryl Sandberg – Sandberg, S. (2015). *Lean In. Frauen und der Wille zum Erfolg.* Berlin: Ullstein.

221 **Das Festival hatte 500 Euro von der israelischen Botschaft** – Leister, A. (23.8.2017). *Warum Künstler das Berliner Pop-Kultur Festival boykottieren.* Der Spiegel: https://www.spiegel.de/kultur/pop-kultur-2017-der-boykott-von-kuenstlern-und-die-bds-kampagne-erklaert-a-00000000-0003-0001-0000-000001623203

222 **typische antisemitische Ressentiments** – Broschüre des JFDA: https://t.co/dmQkMxi7mx
Im Buch *Globaler Antisemitismus* von Salzborn gibt es auch ein Kapitel zu BDS.
Thomaus Haury: Antisemitismus von links: https://www.schule-ohne-rassismus.org/produkt/baustein-8-antisemitismus-von-links-facetten-der-judenfeindschaft/
Lars Rensmann: Israelbezogener Antisemitismus: https://www.bpb.de/themen/antisemitismus/dossier-antisemitismus/326790/israelbezogener-antisemitismus/
wie Judith Coffey und Vivien Laumann kritisch anmerken – Coffey, Judith/Laumann, Vivien (2021): Gojnormativität. Warum wir anders über Antisemitismus sprechen müssen. Berlin, S. 104f.

223 **wc-Deutsche** – wc steht für weißchristlich und ist ein Begriff, den Debora Antmann im Missy Magazine eingeführt hat. Antmann, Debora: Not Your Goy*Toy. Missy Magazine: https://missy-magazine.de/blog/2017/05/23/not-your-goytoy/ 23.05.2017
Erst recht nicht in Deutschland – Antmann, D. (18.8.2020). *Zwischen den Stühlen*. Missy Magazine: https://missy-magazine.de/blog/2020/08/18/zwischen-den-stuehlen/
bis heute gibt es zu wenig Diskussion – Coffey, Judith/Laumann, Vivien (2021): Gojnormativität. Warum wir anders über Antisemitismus sprechen müssen. Berlin, S. 87ff.

224 **die weltweit bestbezahlte Schauspielerin** – Kammerer, F. (15.8.2016). *Jennifer Lawrence verdient am meisten – allerdings nur unter den Schauspielerinnen*. Der Spiegel.
ihre Hemmung, mehr Geld zu fordern – Lawrence, J. (5.12.2017). *Why Do I Make Less Than My Male Co-Stars?* Lenny Letter: https://www.lennyletter.com/story/jennifer-lawrence-why-do-i-make-less-than-my-male-costars

225 **Ich betrachte mich als Feministin** – Stokowski, M. (2.5.2017). *Der Bullshit-Feminismus*. Spiegel Online: https://www.spiegel.de/kultur/gesellschaft/ivanka-trump-und-ihr-verdrehtes-bild-vom-feminismus-kolumne-a-1145655.html

226 **um ein besserer Mensch zu werden** – Zeisler, A. (2017). *Wir waren doch mal Feministinnen. Vom Riot Grrrl zum Covergirl.* Zürich: Rotpunktverlag.
Schwarze Körper als Konsumprodukte – hooks, b. (11.05.2016). *Beyoncé's Lemonade is capitalist money-making at its best*. The Guardian: https://www.theguardian.com/music/2016/may/11/capitalism-of-beyonce-lemonade-album

227 **die Sozialwissenschaftler Luc Boltanski und Ève Chiapello** – Boltanski, L. & Chiapello, E. (1999). *Der neue Geist des Kapitalismus.* München: UVK.
Briegleb, T. (11.5.2010). *Distanzlos*. Von Süddeutsche Zeitung: https://www.sueddeutsche.de/kultur/maritimes-museum-hamburg-distanzlos-1.187467
können von so einem Hipster-Appeal nur träumen – Lohaus, S. (2.11.2016).

Topmodel, Popstar, Aktivistin. Ach ja? Zeit Online: https://www.zeit.de/kultur/2016-11/aktivismus-cara-delevingne-werbung-vermarktung-10nach8/seite-2

Eure Kinder werden so wie wir, eure Kinder werden queer. Die 2020er

234 **Erschöpfungs-, Stress- und Burnout-Symptomatiken** – Bujard, M., von den Driesch, E., Ruckdeschel, K., Laß, K., Thönissen, C., Schumann, A. & Schneider, N. (2021). Belastungen von Kindern, Jugendlichen und Eltern in der Corona-Pandemie. Bundesinstitut für Bevölkerungsforschung: https://www.bib.bund.de/Publikation/2021/Belastungen-von-Kindern-Jugendlichen-und-Eltern-in-der-Corona-Pandemie.html?nn=1219558

Früh prognostizierte Jutta Allmendinger – Allmendinger, Jutta: Auf dem Rücken der Frauen. Zeit Online 1.3.2022 https://www.zeit.de/gesellschaft/2022-02/corona-gleichstellung-studien-frauen-geschlechterrollen/komplettansicht

die Bundeselternrats-Vorsitzende Christiane Gotte – Spiegel Online, 5.8.2023 https://www.spiegel.de/panorama/bildung/personalmangel-in-kitas-elternrat-warnt-vor-burnout-welle-a-1103569b-9eff-4676-bc2f-7274aa973bb4

235 **Die Ökonom*innen betonen** – Wirtschaftssachverständigenrat (Gastbeitrag): Keine Privilegien für die Alleinverdienerehe. FAZ Online 21.7.2023 https://www.faz.net/aktuell/wirtschaft/elterngeld-reform-und-ehegattensplitting-fuer-frauen-kaum-arbeitsanreiz-19049315.html

236 **Die Strömung richtet sich daher gegen jede emanzipatorische Bewegung** – *Alter Rassismus in neuem Gewand: Die »neue« Rechte*. (kein Datum). Amadeu Antonio Stiftung: https://www.amadeu-antonio-stiftung.de/rechtsextremismus-rechtspopulismus/alter-rassismus-in-neuem-gewand-die-neue-rechte/

237 **wie der Schulterschluss zwischen konservativen und rechten Kräften** – Hanfeld, Michael: Übers Gendern in Medien freut sich nur die AfD. 4.6.2023 FAZ Online: https://www.faz.net/aktuell/feuilleton/medien/gendern-in-den-medien-nur-die-afd-freut-sich-laut-friedrich-merz-18941458.html

238 **Auch Trans- und Intersexuelle, lesbische und bisexuelle Menschen** – Baumgärtner, M., Höfner, R., Müller, A. & Rosenbach, M. (12.2.2021). Feindbild Frau. Spiegel Online: https://www.spiegel.de/politik/deutschland/frauenfeindlichkeit-im-internet-die-duestere-welt-enthemmter-maenner-a-00000000-0002-0001-0000-000175304147?context=issue

239 **Sie behaupteten, dass institutionelle Errungenschaften** – Kommentar Frauenrechte: Was durch Self-ID auf dem Spiel steht. (10.11.2021). Fair play für Frauen: http://fairplayfuerfrauen.org/frauenrechte-was-durch-self-id-auf-dem-spiel-steht/

Die Geschlechterforscherin Ilse Lenz – Lenz, I. (20.4.2018). *Von der Sorgearbeit bis #MeToo. Aktuelle feministische Themen und Debatten in Deutschland. Bundes-*

zentrale für politische Bildung. bpb.de/apuz/267940/von-der-sorgearbeit-bis-metoo-aktuelle-feministische-themen-und-debatten-in-deutschland?p=all

240 **Ein in Vergessenheit geratener Begriff** – An dieser Stelle ein Dank an Heike Radvan und an Prof. Dr. Christine Leidinger, die dieses wichtige Konzept wieder ins Gedächtnis gerufen hat

241 **Diese Politik ist nicht nur im Interesse aller Frauen** – List, E. & Studer, H. (1989). Denkverhältnisse. Feminismus als Kritik. In: E. List & H. Studer, Denkverhältnisse. Feminismus und Kritik (S. 7-19). Frankfurt a. Main: Suhrkamp. S. 9f.

der Prozess für Lohngleichheit von Birte Meier – Verdi.de: Birte Meier – das Urteil hat sie hart erkämpft!. 30.06.2020 https://frauen.verdi.de/themen/gleiches-geld/++co++f8559490-19f8-11e7-b106-525400940f89

242 **Nur sehr wenige der gut 22000 deutschen Stiftungen** – Pätsch, A. (14.5.2018). *Gendergerechtigkeit in Stiftungen: Lasst uns die Regeln ändern!* Bundesverband deutscher Stifter: https://www.stiftungen.org/themen/geschlechtergerechtigkeit/gendergerechtigkeit-in-stiftungen-lasst-uns-die-regeln-aendern.html